# Saggezza eterna

## Volume 2

# Saggezza eterna

## Volume 2

Insegnamenti spirituali di
Sri Mata Amritanandamayi

Compilato da
Swami Jnanamritananda Puri

Mata Amritanandamayi Center, San Ramon
California, Stati Uniti

Saggezza eterna, Volume 2
Compilato da Swami Jnanamritananda Puri

Pubblicato da:
Mata Amritanandamayi Center
P.O. Box 613
San Ramon, CA 94583
Stati Uniti

---------------- *Eternal Wisdom 2 (Italian)* ----------------



Prima edizione a cura del MA Center: agosto 2016

In Italia: www.amma-italia.it

In India:
inform@amritapuri.org
www.amritapuri.org

# *Madre*

*Possa ogni mia azione*
*Essere un'adorazione a Te*
*Compiuta con completo abbandono,*
*Possa ogni suono che esce dalle mie labbra*
*Essere una recitazione del Tuo grande mantra,*
*Possa ogni movimento delle mie mani*
*Essere un mudra in Tua venerazione,*
*Possa ogni mio passo*
*Essere una circumambulazione intorno a Te,*
*Possa tutto ciò che mangio e bevo*
*Essere un'offerta nel Tuo fuoco sacro,*
*Possa il mio riposo*
*Essere un inchino a Te.*
*Madre, possa ogni mia azione,*
*Ed ogni gioia,*
*Essere in Tua lode.*

# Indice

# Prefazione

Davvero rari sono i *mahatma* (grandi anime) dotati della capacità di vedere l'intero universo all'interno dell'Atman (Sé), e l'Atman all'interno dell'universo. Anche se vengono riconosciuti, possono non essere propensi a comunicare con noi o a consigliarci, immersi come sono nell'eterno silenzio del Sé. È per noi quindi una grande fortuna quando un mahatma pienamente realizzato è pronto a consigliarci e disciplinarci con il tenero amore di una madre e l'inesplicabile compassione di un Guru. Oggi in tutto il mondo, il *darshan* e le dolcissime parole di Sri Mata Amritanandamayi Devi stanno trasformando la vita di centinaia di migliaia di persone. Questo libro, sebbene incompleto, è una preziosa raccolta di conversazioni fra la Santa Madre e i Suoi discepoli, devoti e visitatori, nel periodo compreso tra il giugno e il novembre 1985.

La saggezza dei mahatma che sono venuti con la missione di risollevare il mondo ha un significato sia immediato che eterno. Anche se delucidano valori che sono immortali, essi sono in sintonia con i bisogni dei tempi in cui vivono, e le loro parole sono una risposta al battito del cuore di chi li ascolta.

Amma pronuncia le Sue parole immortali, che trasformano la società, in un momento in cui l'uomo ha perso i suoi valori tradizionali, i sentimenti più nobili e la pace mentale nel frenetico tentativo di rafforzare il mondo esteriore dei piaceri sensoriali, del potere e del prestigio. L'insensata ricerca di queste distrazioni è costata all'uomo, che rimane ignaro del suo stesso Sé, l'armonia e la grazia della vita. Mancanza di fede, paura e competitività hanno distrutto i legami personali e i rapporti familiari. L'amore è diventato un miraggio in questa cultura dal consumismo eccessivo.

L'amore incondizionato per Dio ha lasciato il posto ad una forma di devozione motivata soltanto dai desideri. L'uomo dà eccessiva importanza ad un intelletto che ricerca i frutti di un guadagno immediato, e rifiuta la gloria duratura assicurata dalla vera saggezza. I princìpi spirituali sublimi e le esperienze nobili non risplendono nella vita della gente, ma sono relegati solo alle parole. È in un tale momento critico che Amma ci parla con un linguaggio di devozione pura, il linguaggio del cuore, della saggezza e dell'amore, che è tutta la Sua vita. Le Sue parole, dolci come il nettare, hanno una rilevanza immediata ma anche eterna.

La saggezza di Amma, che ha ascoltato personalmente gli innumerevoli problemi che Le sono stati confidati da centinaia di migliaia di persone, rivela la Sua profonda comprensione della condizione umana. La Madre riconosce i bisogni delle diverse persone e scende al livello del razionalista, del credente, dello scienziato, dell'uomo comune, della casalinga, dell'uomo d'affari, dello studioso e dell'analfabeta – uomo, donna o bambino – e dà ad ognuno la risposta appropriata, che si adatta alle loro necessità.

Amma fa riferimento alla propria vita e dichiara: "Poiché vedo ogni cosa come la Verità, o Brahman, m'inchino a quella Verità; m'inchino al mio Sé. Sono al servizio di tutti, vedendo il Sé in loro." Amma accetta l'*advaita* (non-dualità) come verità ultima; però il sentiero che generalmente consiglia è una miscela armoniosa di *mantra japa*, meditazione su una forma divina, canto devozionale, *archana*, *satsang* e servizio altruistico al mondo.

I Suoi consigli non sono soltanto teorici, ma estremamente pratici, e radicati nella vita quotidiana. I Suoi insegnamenti fanno luce sul bisogno di un'educazione spirituale e di una *sadhana* (pratica spirituale) nella vita dell'individuo e nella società, sul ruolo del servizio disinteressato nella ricerca del Sé, sull'importanza della preghiera sincera piena di devozione e amore puro. La Madre affronta anche argomenti che riguardano la condotta per le persone sposate, i problemi della vita quotidiana, il *dharma* della relazione fra uomo e donna, e agli aspiranti spirituali offre consigli pratici, e a volte enigmi di natura filosofica.

La sentiamo esortare i Suoi figli a seguire la spiritualità nella vita, ad abbandonare i lussi, ad eliminare le cattive abitudini e a servire coloro che soffrono: "Figli miei, la realizzazione di Dio è il vero scopo della vita." La spiritualità non è fede cieca, è l'ideale che disperde le tenebre. È il principio che c'insegna ad affrontare le circostanze avverse e gli ostacoli con un sorriso. È un insegnamento per la mente. Amma sottolinea che possiamo utilizzare in modo efficace ogni altro tipo di sapere soltanto se abbiamo la conoscenza della spiritualità.

L'infinita saggezza della Madre emerge nelle parole di conforto a coloro che cercano sollievo dai problemi della vita, nelle risposte a domande di persone interessate alla spiritualità, e nelle istruzioni date di tanto in tanto ai Suoi discepoli. Amma fornisce ogni risposta tenendo in considerazione la natura e le circostanze di chi le pone la domanda. Anche quando una persona non è in grado di esprimere completamente le sue idee, Amma, che conosce il linguaggio del cuore, dà la risposta appropriata. Ricevere una risposta da Amma ancor prima di aver avuto il tempo di esprimere il proprio dubbio, è un'esperienza comune per coloro che vengono da Lei.

Rispondendo ad una domanda che Le è stata posta da qualcuno, Amma spesso include dei consigli anche per qualcun altro che sta ascoltando in silenzio. Soltanto quella persona saprà che una determinata risposta era per lei. Quando si studiano gli insegnamenti di Amma, bisogna tenere a mente queste caratteristiche particolari.

Le parole di un mahatma hanno molti livelli di significato. Noi dovremmo cercare di assorbire il significato più adatto a noi. Una nota storia delle *Upanishad* racconta che quando il Signore Brahma pronunciò la parola 'da', i demoni la interpretarono come un consiglio a mostrare più compassione *(daya)*, gli esseri umani come un'esortazione a dare in beneficenza *(dana)*, e gli esseri celesti come un'esortazione a praticare un maggiore controllo dei sensi *(dama)*.

È un'esperienza dolcissima ascoltare Amma, e osservarLa parlare con espressioni e gesti vivaci, in un linguaggio che è semplice e al tempo stesso abbellito da storie estremamente appropriate e analogie tratte dalla vita attorno a Lei. L'amore che brilla negli occhi di Amma, il Suo viso radioso e compassionevole rimangono vivi nello specchio della mente degli ascoltatori e diventano oggetto di meditazione.

Oggigiorno c'è una gran produzione di letteratura spirituale, ma è triste accorgersi che gli ideali più elevati si trovano solo sulla lingua delle persone, e non nella loro vita. La Madre, invece, parla sulla base della Sua vita quotidiana. Non dà mai consigli che Lei stessa non mette in pratica nella Sua stessa vita. Amma ci ricorda spesso che i princìpi spirituali ed i mantra non devono soltanto restare sulle labbra, ma devono essere trasferiti anche nella vita. Il segreto dietro questi princìpi spirituali profondi che fluiscono ininterrottamente da Amma, che non ha studiato le Scritture né ricevuto istruzioni da un guru, non è altro che la Sua esperienza diretta del Sé.

Le vite dei mahatma sono le fondamenta stesse delle Scritture. "Il mondo intero appartiene a colui che conosce la Realtà", "La compassione verso i poveri è il nostro dovere verso Dio", "Se prendete rifugio in Dio, Egli vi darà quello di cui avete bisogno quando ne avrete bisogno": queste ed altre parole di Amma sono lo specchio della Sua stessa vita. In ognuna delle Sue azioni c'è una danza di compassione per il mondo intero, e di amore per Dio. In verità, quest'armonia di pensiero, parola ed azione nella vita della Madre è alla base della Sua affermazione che i Suoi figli non hanno bisogno di studiare nessun'altra scrittura se analizzano e studiano attentamente la Sua vita. Amma risplende nella società come una personificazione vivente del *Vedanta*.

I mahatma che santificano il mondo con la loro presenza sono *tirtha* (luoghi sacri di pellegrinaggio) in movimento. Come i pellegrinaggi regolari e i riti devozionali nei templi purificano la nostra mente quando vengono praticati per molti anni, così un solo darshan, un tocco o una parola di un mahatma ci santificano e depositano in noi semi di *samskara* elevati.

Le parole dei mahatma non sono dei semplici suoni. I mahatma riversano la loro grazia insieme alle parole. Le loro parole sono destinate a risvegliare la Coscienza, anche in chi le ascolta senza comprenderne il significato. Quando queste parole appaiono sotto forma di libro, il loro studio diventa il satsang e la meditazione migliori. Mahatma come Amma, che hanno fatto l'esperienza della Realtà, trascendono il tempo e lo spazio. Leggere o ascoltare le parole immortali della Madre ci permette di mantenere un invisibile legame interiore con Lei e di diventare degni della Sua benedizione. Questa è la vera grandezza dello studio di tali libri.

Offriamo umilmente ai lettori questa collezione delle parole immortali della Madre, con la preghiera che li possa ispirare a emulare i sublimi ideali spirituali che splendono nella vita di Amma, e a progredire sul sentiero verso la Verità ultima.

Gli editori-

# Capitolo 1

## Amma ascolta il Bhagavatam

Kavyakaustubham[1] Ottur stava tenendo un discorso sullo Srimad Bhagavatam davanti al kalari.[2] Ne sgorgava una corrente dolce come il nettare, sul punto di rompere gli argini. Tutti sedevano rapiti. La Madre era fra il pubblico e ascoltava la storia dei giochi d'infanzia di Krishna. Ottur, che aveva superato da parecchio l'ottantina e la cui mente dimorava perennemente in Krishna, stava raccontando la storia come se la stesse vedendo con i suoi stessi occhi.

"Che birichinata sta per fare? E chi lo sa? Ha rotto la pentola e dappertutto c'è stato un diluvio di yogurt – anche tutt'addosso a Lui. Così è facile scoprire da che parte è andato: ci sono delle impronte imbrattate di yogurt. Ma poi, dopo pochi passi, non c'è più niente nessuna impronta!

"Beh, anche noi abbiamo questo dilemma. Possiamo fare tre o quattro passi verso il Signore grazie all'aiuto di varie tracce – solo pochi passi, usando tutte le Upanishad e i Purana – ma questo è tutto. Dopo di ciò, Lo dobbiamo scoprire grazie alla nostra stessa ricerca.

"Yashoda Lo sta cercando. Lei sa molto bene dove cercare Krishna: in tutti i posti dove sono custoditi il burro o il latte! È

---

[1] "La gemma kaustubha fra i poeti." (La kaustubha è una gemma preziosa che il Signore Vishnu indossa sul petto.) Questo era il titolo di poeta illustre conferito ad Ottur Unni Nambudiripad. Era un poeta famoso, un dotto del sanscrito e l'autore dei 108 nomi della Madre. Trascorse i suoi ultimi anni di vita all'ashram.

[2] Il piccolo tempio dove i primi tempi si teneva il bhava darshan e che, prima di diventare un tempio, era stato una stalla quando la Madre era bambina.

impossibile non trovarLo! Che benedizione sarebbe se anche noi potessimo vedere il Signore così facilmente! Ma a quei tempi era così: ogni volta che Lo si voleva vedere, bastava andare a cercarlo.

"Così Yashoda continua a guardarsi attorno e poi Lo vede, appollaiato su un mortaio che ha capovolto. C'è un vero e proprio esercito attorno a Lui – l'esercito di Sri Rama![3] Tutti tendono le mani e divorano le prelibatezze. E Krishna rimpiange di aver lasciato due delle Sue quattro braccia in quella prigione, poiché nemmeno mille braccia sarebbero sufficienti per nutrire tutte queste scimmie.[4] 'Presto! Presto!', dice. 'Dovete mangiare tutto prima che arrivi mia Madre!' E, ogni tanto, questo Testimone che tutto vede si guarda furtivamente attorno. Ed ecco che la vede!

"Si dice che un corvo ed il vento entrino in un luogo solo se entrambe le porte d'entrata e d'uscita sono aperte. Krishna ha previsto anche questo. Ha tenuto aperta l'uscita di sicurezza, e quando è a un pelo dalla presa di Sua madre, schizza via."

"Perché corre via? Beh, Yashoda ha un bastone in mano, e Krishna sa che non è così vecchia da aver bisogno di un bastone per camminare Sa che è per Lui. E quindi scappa via."

*"...e la madre inseguì Krishna*
*che nemmeno la mente di uno yogi,*
*bene addestrata da pratiche e austerità,*
*riesce a raggiungere senza la Sua grazia."*

– Bhagavatam 10:9

---

[3] Qui Ottur si riferisce ai gopa, i ragazzi mandriani, che erano compagni di Krishna, definendoli l'"esercito di Sri Rama", cioè un esercito di "scimmie."

[4] Quando Krishna nacque, i suoi genitori, Devaki e Vasudeva, erano in prigione, dove erano stati rinchiusi dallo zio di Krishna, Kamsa. Krishna offrì ai genitori la visione della Sua gloriosa forma a quattro braccia del Signore Vishnu, per poi riprendere la forma di bambino umano. Il potere di Maya (illusione) fece sì che i Suoi genitori si dimenticassero immediatamente della visione che avevano avuto.

Mentre il *satsang* proseguiva, la Madre si alzò e s'incamminò verso il lato ovest dell'ashram. Si fermò tra il kalari e la scuola di *Vedanta*, davanti a delle piante in vaso che pendevano dalle travi dell'edificio scolastico. Accarezzò dolcemente ogni rampicante, e poi, uno ad uno, tenne fra le mani i rami fioriti di ogni pianta e li baciò. Toccava le piante con tutto l'amore con cui una madre tocca il suo neonato.

Una ragazza si avvicinò ad Amma con una domanda, ma la Madre le fece cenno di restare in silenzio. Quando la ragazza si allungò per toccare una pianta, la Madre la fermò come se temesse che la presa della ragazza potesse far male alla pianta. Amma continuò a comunicare con le piante ancora per un po'. Forse avevano bisogno di condividere i loro dolori con la Madre, proprio come i Suoi figli umani. Chi se non Amma avrebbe potuto consolarli?

Ormai il racconto era finito. La Madre ritornò al *kalari mandapam* (il portico aperto del piccolo tempio) e si sedette.

## Tyaga

Un devoto con famiglia: "Amma, parli sempre dell'importanza di *tyaga* (rinuncia). Cos'è tyaga?"

Madre: "Figlio, ogni azione compiuta senza considerare il proprio comodo o interesse è tyaga. Amma chiama tyaga ogni azione fatta come offerta a Dio per il beneficio del mondo, senza nessun senso di 'io' o di 'mio', e senza riguardo per i propri comodi. Lo sforzo che una persona affronta per trarne un beneficio personale non può essere considerato tyaga."

Devoto: "Lo puoi spiegare, Amma?"

Madre: "Quando tuo figlio sta male, lo porti all'ospe-dale. Se necessario, vai a piedi fino all'ospedale anche se è molto lontano. Sei disposto ad inginocchiarti di fronte a qualsiasi persona per far ammettere tuo figlio in ospedale e, se le stanze sono al completo, sei pronto a dormire con tuo figlio sul pavimento sporco. Ti prendi diversi giorni di permesso dal lavoro per restare con tuo figlio. Ma poiché tutti questi sforzi sono per il bene di tuo figlio, non lo si può chiamare tyaga.

"C'è chi è pronto a salire e scendere infinite volte le scale del tribunale solo per combattere per un fazzoletto di terra. Ma lo fa per se stesso. C'è chi lavora fino a tardi e rinuncia a dormire per avere lo straordinario. Questo non è tyaga. Ma se si sacrificano tutti i propri agi e si va in aiuto di un'altra persona, allora lo si può chiamare tyaga. Se si aiuta un poveretto con i soldi guadagnati grazie al duro lavoro, ciò è tyaga. Supponiamo che il figlio del tuo vicino di casa sia ammalato e non ci sia nessuno che possa stare con lui in ospedale; se tu resti con quel bambino e non ti aspetti niente in cambio da nessuno, nemmeno un sorriso, ciò viene considerato tyaga. Se riduci le spese, rinunciando a qualche vantaggio personale, e usi questi risparmi per uno scopo caritatevole, questo è tyaga.

"Grazie a questi atti di sacrificio si bussa alla porta che conduce al regno del Sé. È grazie a queste azioni che si ottiene l'accesso a quel mondo. Questo è ciò che è conosciuto col nome di *karma yoga*. Le altre azioni conducono solo alla morte. Le azioni compiute con l'attitudine di 'io' o di 'mio' non vi porteranno mai nessun reale beneficio.

"Quando fate visita ad un'amica che non vedete da molto tempo, magari le portate un mazzo di fiori. Ma siete voi i primi a godere della bellezza e del profumo dei fiori, ed inoltre provate la soddisfazione dell'offrire. Allo stesso modo, dalle azioni disinteressate di tyaga si deriva automaticamente felicità e appagamento.

"Figli, anche se qualcuno che è impegnato in azioni di tyaga non trova il tempo per il *japa* (la ripetizione di un mantra), raggiungerà comunque lo stato immortale. La sua vita sarà di beneficio agli altri come il nettare. Una vita colma di tyaga è la suprema forma di *satsang*[5], poiché gli altri la possono vedere ed emulare."

## Consigli per il japa

Br: "Amma, va bene rinunciare al sonno e restare svegli la notte per fare japa?"

Madre: "Per anni hai avuto l'abitudine di dormire. L'interruzione improvvisa ti causerebbe dei disturbi. Dormi almeno quattro o cinque ore, non meno di quattro. Non ridurre il sonno in modo brusco; fallo gradualmente."

Br: "Spesso mentre recito il *mantra* perdo la concentrazione."

Madre: "Il mantra deve essere recitato con grande attenzione. Concentrati o sul suono del mantra o sul significato; oppure puoi visualizzare ogni sillaba del mantra che reciti. Puoi anche visualizzare la forma della tua Divinità Prediletta mentre reciti. Decidi il numero totale di ripetizioni del mantra per ogni giorno. Questo ti aiuterà a fare japa con determinazione. Ma non eseguire la ripetizione in modo sbadato, solo per raggiungere un determinato numero. La cosa più importante è che la tua mente sia focalizzata solo su quello. L'uso di un *mala* (rosario) ti aiuta a contare e anche a mantenere la concentrazione.

"All'inizio non sarà facile concentrarsi, quindi farai bene a muovere le labbra mentre reciti. A tempo debito sarai in grado di ripetere il mantra mentalmente, senza muovere le labbra o la lingua. Esegui il japa con vigilanza, mai meccanicamente. Ogni ripetizione dovrebbe essere come assaporare un dolce. Alla fine raggiungerai uno stato in cui, anche se lascerai andare il mantra, il mantra non lascerà andare te.

"Yashoda non legò forse Krishna al mortaio? Allo stesso modo, immagina di legare la tua Divinità Prediletta con la fune

---

5 Sat = Verità, essere; sanga = associazione con.

dell'amore e poi di liberarLa. Visualizza nella tua mente, con le immagini vivide di un film, che giochi e parli con Lei, La rincorri per raggiungerLa. Quando sarai colmo d'amore, nessuno avrà più bisogno di dirti di immaginare queste cose, perché il pensiero del tuo Amato sarà l'unico pensiero spontaneo nella tua mente.

"Figli, cercate di coltivare l'amore dentro di voi, e sviluppate l'attitudine: 'Dio è il mio Tutto'."

### *Venerdì 15 novembre 1985*

Era l'imbrunire. La Madre ed i Suoi discepoli erano appena giunti alla casa di un devoto a Kayamkulam. Amma era già stata invitata molte volte, ma solo ora aveva accettato l'invito.

Davanti alla casa era stata allestita una tettoia provvisoria per il programma dei *bhajan* (canti devozionali). C'era una grande folla e la maggior parte delle persone non erano istruite ed avevano una comprensione spirituale limitata. Nell'aria c'era odore d'alcool ed i membri della famiglia non si sforzavano molto per controllare la folla. In quell'atmosfera era difficile per i *brahmachari* cantare i *kirtan* (inni religiosi). Forse Amma lo aveva previsto, e perciò non aveva accettato gli inviti precedenti. La Madre aveva spesso detto: "Amma è pronta ad andare ovunque; è pronta a cantare in un bazar e a ricevere insulti da chiunque, questo non è un problema per Lei. Dopotutto, Amma non canta il nome di Dio? Che vergogna ci potrebbe essere in questo? Ma i figli di Amma non tollerano il fatto che qualcuno dica qualcosa di negativo su di Lei. Inoltre con noi ci sono anche delle ragazze e loro non possono andare a cantare ovunque. Devono essere protette. Ecco perché Amma non accetta tutti gli inviti indiscriminatamente."

## Il segreto del karma

Il viaggio di ritorno all'ashram col furgone divenne una buona occasione di satsang con la Madre. Un brahmachari chiese:

"Amma, è inevitabile che si debba soffrire per ogni errore compiuto?"

Madre: "Dobbiamo accettare la punizione anche per i piccoli errori. Persino Bhishma[6] dovette subire le conseguenze del suo errore."

Br: "In cosa sbagliò? E come fu punito?"

Madre: "Rimase lì a guardare mentre Draupadi veniva spogliata, non è vero? Anche se sapeva che Duryodhana ed i suoi fratelli non avrebbero sentito ragioni, avrebbe dovuto almeno ricordargli del loro *dharma*. Ma non lo fece. Rimase in silenzio. Avrebbe dovuto avvisare quei malfattori del loro dharma, senza preoccuparsi se il suo consiglio sarebbe stato ascoltato o no. Per il fatto di non aver detto niente contro di loro divenne complice della loro azione malvagia. È a causa di ciò che in seguito dovette giacere sul letto di frecce.

"Osservare un'azione ingiusta che sapete essere contraria al dharma e tenere la bocca chiusa, è la più grande forma di ingiustizia. Questa è la condotta del codardo, non della persona di coraggio. Nessuno che commette un tale peccato deve pensare di poter farla franca. L'inferno è per persone così."

Br: "Dov'è l'inferno?"

Madre: "Qui sulla terra."

Br: "Ma non è Dio che ci fa compiere sia le buone sia le cattive azioni?"

Madre: "Figlio, ciò è vero per qualcuno che è convinto che tutto sia opera di Dio. In questo caso, dovremmo essere in grado di vedere che tutto ci viene da Dio, sia quando godiamo i frutti delle nostre buone azioni che quando soffriamo per i nostri errori.

---

[6] Bhishma era il nonno dei Pandava e dei Kaurava. Era un grande guerriero di enorme saggezza. In seguito ad un giuramento prese le parti dei Kaurava nella guerra del Mahabharata, malgrado le sue simpatie andassero ai Pandava.

"Dio non è responsabile dei nostri errori – lo siamo noi. Supponiamo che un medico ci prescriva un ricostituente. Ci dice quanto prenderne e con che frequenza. Se ignoriamo le sue istruzioni e ci beviamo tutta la bottiglia in una volta sola, e come conseguenza ci roviniamo la salute, che senso ha incolpare il medico? In modo analogo, se guidiamo con imprudenza e poi facciamo un incidente, possiamo dare la colpa alla benzina? Come possiamo quindi incolpare Dio per i problemi causati dalla nostra stessa ignoranza? Dio ci ha spiegato molto chiaramente come dovremmo vivere su questa terra. È inutile dare la colpa a Lui per le conseguenze del non aver seguito le Sue istruzioni."

Br: "La *Bhagavad Gita* ci dice di agire senza nutrire alcun desiderio per i frutti delle nostre azioni. Amma, non è una cosa impossibile?"

Madre: "Il Signore ci ha consigliato così per liberarci dalla sofferenza. Dovremmo compiere le nostre azioni con *shraddha*[7], senza pensare o preoccuparci dei risultati. Allora certamente otterremo i risultati che le nostre azioni si meritano. Per esempio, se sei uno studente, impara le lezioni con grande attenzione, senza preoccuparti se passerai l'esame oppure no. Se stai costruendo un edificio, costruiscilo con attenzione rispettando il progetto, senza preoccuparti se l'edificio resterà in piedi oppure crollerà.

"Le buone azioni portano dei buoni risultati. Se un agricoltore vende del riso di buona qualità, la gente lo compra e egli sarà ripagato per il suo lavoro. Ma se vende un prodotto adulterato con la speranza di un profitto extra, oggi o domani verrà punito e perderà la pace della mente. Allora, compite ogni azione con attenzione e con un'atti-tudine di abbandono a Dio. Ogni azione

---

[7] Shraddha in sanscrito significa fede radicata nella saggezza e nell'esperienza; lo stesso termine, in malayalam, significa dedizione al proprio lavoro e attenta consapevolezza in ogni azione. La Madre usa questo termine nel secondo significato.

otterrà il suo risultato in piena misura, sia che vi preoccupiate o no. E allora perché perdere tempo a preoccuparsi dei frutti delle vostre azioni? Perché non usare il tempo per pensare a Dio?"

Br: "Se il Sé è onnipresente, non dovrebbe continuare ad esistere in un corpo morto? E se è così, come può verificarsi la morte?"

Madre: "Quando una lampadina si fulmina o un ventilatore si rompe, non vuol dire che non ci sia elettricità. Quando smettiamo di farci aria con un ventaglio, il flusso di aria si ferma, ma ciò non significa che non ci sia aria. O quando scoppia un palloncino, non significa che l'aria contenuta nel palloncino cessi di esistere. È ancora lì. Allo stesso modo il Sé è ovunque. La morte avviene non per l'assenza del Sé, ma a causa della distruzione dello strumento, ovvero il corpo. Al momento della morte il corpo cessa di manifestare la coscienza del Sé. Quindi la morte indica la rottura dello strumento, e non un'imperfezione del Sé."

Poi la Madre cominciò ad insegnare un bhajan a due brahmachari. Ne cantò un verso per volta, ed essi ripeterono dopo di Lei:

**Bhagavane, Bhagavane**

*O Signore, Signore!*
*O Signore, a cui sono cari i devoti,*
*O Puro, Distruttore di peccati,*
*Sembra che su questa terra ci siano solo peccatori.*

*C'è qualcuno che possa mostrarci la retta via?*
*O Narayana, la virtù è scomparsa.*
*L'uomo ha perso ogni senso di verità e virtù.*
*Le verità spirituali sono solo sulle pagine dei libri.*

*Tutto ciò che si vede veste l'abito dell'ipocrisia,*
*Ravviva e proteggi il dharma,*
*O Krishna!*

Poi la Madre cantò un'altra canzone.

**Amme kannu turakkule**

*O Madre, non puoi aprire gli occhi e venire?*
*Rimuovi queste tenebre.*
*In continuazione ripeterò i tuoi innumerevoli nomi,*
*Con somma riverenza.*

*In questo mondo d'ignoranza*
*Chi se non Tu può rimuovere la mia ignoranza?*
*Tu sei l'Essenza della Saggezza,*
*La Forza che muove l'Universo.*

*O Madre che adori i Tuoi devoti,*
*Tu sei il sangue della nostra stessa vita.*
*Quando ci inchiniamo ai Tuoi piedi,*
*Ci lancerai uno sguardo benevolo?*

*I sette saggi sono sempre impegnati*
*A cantare le Tue lodi.*
*Ora, noi esseri afflitti ti chiamiamo;*
*O Suprema, verrai?*

Il furgone si fermò al molo di Vallickavu. Il tempo era trascorso così velocemente che tutti si stupirono nel vedere che erano quasi arrivati all'ashram.

Al cancello dell'ashram, un devoto aspettava la Madre con gioiosa anticipazione. Con lui c'era un giovane. Vedendo Amma, il devoto si inchinò, mentre il giovane gli restò accanto con aria noncurante. La Madre condusse entrambi al kalari e si sedette con loro sotto il portico del piccolo tempio.

Madre: "Figli, quando siete arrivati?"

Devoto: "Qualche ora fa. Eravamo sull'autobus a Ochira, per venire qua, quando abbiamo visto il vostro furgone che andava nella direzione opposta. Temevamo che oggi non saremmo riusciti a vederti affatto. Ma quando siamo arrivati, ci hanno detto che saresti tornata stasera, così ci siamo sentiti molto meglio."

Madre: "Amma è andata a casa di un figlio a Kayamkulam. Sono molto poveri e avevano invitato Amma da tempo. Nel vedere quanto erano tristi, alla fine Amma ha promesso di andarci oggi. Come va la tua *sadhana* (pratica spirituale), figlio?"

Devoto: "Per grazia di Amma, tutto fila liscio. Amma, posso farti una domanda?"

Madre: "Naturalmente, figlio."

## Ricevere l'iniziazione del mantra da un guru

Devoto: "Amma, uno dei miei amici ha ricevuto un mantra da un *sannyasi* (monaco). Recentemente ha provato a convincermi a prendere anch'io un mantra da quel sannyasi. Ha continuato ad insistere, malgrado io gli avessi detto che avevo già ricevuto un mantra da Te. Alla fine sono riuscito a svicolare. Amma, quando qualcuno ha ricevuto un mantra da un guru, fa bene ad accettare un mantra anche da qualcun altro?"

Madre: "Dopo aver scelto un guru, se consideri qualcun altro come tuo guru è come l'infedeltà nel matrimonio. Ma se non hai ricevuto un mantra da un guru, allora non c'è problema.

"Una volta che hai ricevuto un mantra da un *satguru* (un maestro che ha realizzato il Sé), non hai bisogno di andare da nessun'altra parte. Il tuo guru si prenderà cura di te in ogni modo. Puoi onorare e rispettare altri guru, questo va bene, ma non otterrai niente se continui a cambiare. Avvicinare un altro guru quando il satguru che ti ha dato l'iniziazione al mantra è ancora vivo, è come una donna che tradisce il marito accettando un altro uomo. Hai ricevuto un mantra dal tuo guru perché avevi fede totale in lui. Scegliere un'altra persona come tuo guru indica che hai perso la fede."

Devoto: "Cosa dovrebbe fare una persona che ha perso la fede nel guru che gli ha dato il mantra?"

Madre: "Bisogna provare a conservare la fede il più possibile, ma se ciò risulta impossibile, allora è inutile restare con quel guru. Far rivivere la fede persa è come provare a far crescere i capelli su una testa calva. Una volta che si è persa la fede, è estremamente difficile riconquistarla. Allora, prima di accettare una persona come vostro guru, dovreste osservarla attentamente. La cosa migliore è ricevere un mantra da un satguru."

Devoto: "Qual è il vantaggio di ricevere un mantra da un satguru?"

Madre: "Grazie al suo *sankalpa* (risoluzione divina), il satguru può risvegliare la forza spirituale dentro di voi. Se si versa del latte nel latte, non si otterrà lo yogurt. Ma se si mette una piccola quantità di yogurt in una tazza di latte, tutto il latte si trasformerà in yogurt. Quando un *mahatma* (grande anima) vi dà un mantra, in esso c'è il suo sankalpa. La sua forza divina entra nel discepolo."

Devoto: "Tanti si assumono il ruolo di guru, dando mantra a destra e a manca. Si deriva qualche beneficio dai loro mantra?"

Madre: "C'è chi tiene discorsi sulla base di una conoscenza libresca, o chi legge ad alta voce il *Bhagavatam* e il *Ramayana* per guadagnarsi da vivere. Tali persone non sono in grado di salvare se stesse. Come possono allora salvare gli altri? Se hai ricevuto un mantra da una persona simile e poi incontri un satguru, allora dovresti certamente chiedere di essere iniziato di nuovo dal satguru.

"Solo chi ha fatto pratiche spirituali e ha realizzato il Sé è qualificato per dare mantra agli altri. Coloro che si atteggiano soltanto a guru sono come barche fatte di spugna. Non possono trasportare nessuno sull'altra sponda. Se qualcuno sale su una tale barca, questa affonda ed il passeggero cola a picco con essa. Un satguru, invece, è come una nave enorme, e salendo su questa nave, innumerevoli persone possono raggiungere l'altra sponda. Qualcuno che accetta discepoli e dà l'iniziazione ad altri senza prima aver acquisito la necessaria forza attraverso la sadhana, è come un piccolo serpente che prova ad ingoiare una grossa rana. Il serpente non è in grado di ingoiare la rana, ma la rana non riesce a liberarsi."

Giovane: "Le Scritture consigliano di trascorrere il tempo in compagnia di persone sagge. Qual è il beneficio del satsang con un mahatma?"

Madre: "Figlio, se passiamo attraverso un bottega di incensi, il profumo rimarrà su di noi anche in seguito. Non dobbiamo lavorare lì, o comprare dell'incenso, o nemmeno toccare qualcosa – tutto ciò che dobbiamo fare è entrare in quel luogo, e il profumo si poserà su di noi, senza alcuno sforzo da parte nostra. Allo stesso modo, quando siete alla presenza di un mahatma, dentro di voi avviene un cambiamento, anche senza che ne siate consapevoli. Il tempo che trascorrete con un mahatma è inestimabile. La presenza di una grande anima crea in noi *vasana* (abitudini o tendenze), qualità e *samskara* (inclinazioni) positive. La compagnia di persone dalla mente tenebrosa, invece, è come entrare in una stanza piena di carbone. Anche se non tocchiamo il carbone, quando usciamo il nostro corpo è nero.

"Si può facilmente trovare l'occasione di praticare *tapas* (austerità) per molti anni, ma la compagnia di un mahatma è estremamente rara e difficile da ottenere. Un'occasione del genere non dovrebbe mai essere sprecata. Dovremmo essere estremamente pazienti e provare a ricavare il massimo dall'esperienza. Il semplice tocco o sguardo di un mahatma ci possono dare un beneficio molto superiore a dieci anni di tapas. Ma per fare l'esperienza di questo beneficio, dobbiamo abbandonare l'ego e avere fede."

## L'importanza di praticare sadhana in solitudine

Giovane: "Oggi abbiamo camminato per l'ashram e guardato in giro."

Madre: "Cosa c'è da vedere qui, figlio?"

Giovane: "Non capisco il bisogno della grotta dietro il kalari."

Madre: "All'inizio la solitudine è essenziale per il ricercatore spirituale. Impedisce le distrazioni della mente, che perciò si volgerà all'interno. Se si seguono le istruzioni del guru, si sarà in grado di vedere Dio in ogni cosa.

"In questa zona non ci sono montagne, solo case ovunque. Non c'è solitudine qui. Non possiamo nemmeno scavare nella terra per fare una grotta per la meditazione perché c'è così tanta acqua. Così la grotta è profonda meno di un metro. Non si può nemmeno chiamarla grotta.

"Prima di seminare è necessario preparare il campo. Ci dobbiamo liberare dalle erbacce, arare la terra, spianarla e livellarla, e poi, alla fine, possiamo seminare. E quando il germoglio comincia a crescere, dobbiamo continuare a rimuovere le erbacce. Ma più avanti, quando le piante saranno cresciute completamente, non dovremo più preoccuparci delle erbacce perché allora le piante saranno abbastanza forti per resistere e le erbacce non potranno nuocere. All'inizio, però, quando le piante sono giovani e delicate, le erbacce possono facilmente distruggerle. Così all'inizio dovremmo fare le nostre pratiche spirituali in solitudine. Dovremmo immergerci nel japa e nella meditazione, senza mescolarci troppo agli altri. Il nostro campo dovrebbe essere libero dall'ostruzione delle erbacce. In una fase successiva, dopo aver praticato sadhana per un certo periodo, avremo la forza per trascendere tutti gli ostacoli esterni.

"Se provi a pompare l'acqua ad un livello superiore, non ci riuscirai se alla base dell'impianto c'è una perdita. Allo stesso modo è necessario fermare la perdita della forza mentale che abbiamo acquisito, rinunciando a tutti i nostri interessi esteriori. Abbiamo bisogno di passare del tempo in solitudine e purificare la mente, liberandoci delle vasana negative che abbiamo accumulato nel passato. Dovremmo evitare di interagire con troppe persone.

"Uno studente non può studiare in una stazione ferroviaria affollata e rumorosa, vero? Ha bisogno di un ambiente idoneo per lo studio. Analogamente, un *sadhak* (aspirante spirituale) all'inizio necessita di solitudine. Dopo un certo periodo di pratiche spirituali, sarete in grado di meditare in qualsiasi condizione. Ma per ora sono necessari questi particolari accorgimenti.

"Oltre alla solitudine, c'è anche un altro motivo per meditare in una grotta. Sottoterra, e anche in montagna, le vibrazioni possiedono una qualità unica che dona una forza speciale alla sadhana. I mahatma affermano che le grotte sottoterra sono particolarmente utili alle pratiche spirituali. Le loro parole sono come i Veda. Ci rechiamo dal dottore quando non stiamo bene e accettiamo ciò che ci dice. Analogamente, le parole di un mahatma sono l'auto-rità a cui conformarsi lungo il cammino spirituale.

"Nei tempi antichi, c'erano tante foreste e grotte dove i ricercatori spirituali potevano praticare le loro austerità. Vivevano di frutta e radici ed erano immersi nelle tapas. Ma oggi le circostanze sono diverse. Se abbiamo bisogno di una grotta, dobbiamo farcene una. Malgrado questa non sia una grotta naturale, va comunque bene per la solitudine e la meditazione."

Giovane: "Ma un ricercatore ha bisogno di una grotta per fare tapas? Non si resta tagliati fuori dal mondo stando in una grotta? Non è una forma di debolezza?"

Madre: "Sebbene in un lago artificiale ci possano essere delle onde, non c'è perdita d'acqua. Ma se la diga si rompe, tutta l'acqua andrà dispersa. Analogamente, il sadhak perde la sua energia sottile quando parla e interagisce con gli altri. Al fine di evitare questo, all'inizio è meglio stare isolati. Questo è il periodo di pratica di un sadhak. Se vuoi imparare ad andare in bicicletta vai in un posto libero e all'aperto dove ti puoi esercitare senza disturbare nessuno; non la consideri una debolezza. Qui i figli[8] (i residenti dell'ashram) hanno bisogno di questa grotta e della solitudine che essa fornisce. In seguito usciranno per servire il mondo."

Giovane: "Ma perché non vanno a Mukambika[9] o sull'Himalaya per fare tapas? Lì troverebbero l'ambiente ideale."

Madre: "Figlio, la compagnia di un guru sostituisce il fatto di essere a Mukambika o sull'Himalaya. Le Scritture affermano che i piedi del guru sono la confluenza di tutte le acque sacre. Inoltre, questi figli sono dei sadhak, e i sadhak hanno bisogno di stare vicino al loro guru per ricevere le istruzioni di cui hanno bisogno. Un discepolo non dovrebbe mai allontanarsi dal guru senza il suo permesso.

"A un paziente gravemente ammalato, il medico non prescrive qualche medicina e poi lo rimanda a casa. Trattiene il paziente in ospedale per curarlo. Lo esamina spesso e modifica le dosi delle medicine in base allo stadio della malattia. Questo vale anche per un discepolo che pratica sadhana. Dovrebbe restare sempre sotto l'occhio attento del guru. Il guru deve essere a portata di mano e chiarire tutti i dubbi che possono nascere nel discepolo, e guidarlo in ogni passo della sadhana con i consigli necessari. Inoltre, il guru deve essere qualcuno che ha percorso quella strada egli stesso.

"Se il sadhak non è guidato correttamente, può diventare mentalmente instabile. Quando si medita molto il corpo si surriscalda. Se ciò succede, il sadhak deve essere consigliato su come raffreddare il corpo. A quel punto la sua dieta deve essere

---

8 La Madre chiama sempre 'figli' i Suoi discepoli e devoti.

9 Le colline vicino al famoso tempio Mukambika, luogo ideale per praticare sadhana in solitudine.

modificata, deve stare in solitudine e non meditare troppo. Se una persona che non ha la forza per sollevare più di quaranta chili improvvisamente ne solleva cento, barcolla e poi cade. Analogamente, se si medita più di quanto il corpo possa sopportare, si possono avere tanti problemi. Ecco perché il guru dovrebbe essere lì vicino, per dare al discepolo le istruzioni di cui ha bisogno.

"Se qualcosa va storto nella meditazione, non si può incolpare Dio o la meditazione in sé. La colpa è della particolare tecnica di meditazione che si usa. In questa fase, i figli che sono qui hanno bisogno di avere Amma a portata di mano, in modo da poter praticare la meditazione in modo appropriato e progredire. Per loro non è ancora arrivato il momento di fare sadhana da soli, e allora è meglio che non si allontanino troppo. In seguito, invece, ciò non sarà un problema."

Giovane: "Che cosa si guadagna realmente facendo tapas?"

Madre: "Una persona comune può essere paragonata a una piccola candela, mentre una persona che fa tapas è come un potente trasformatore, capace di distribuire energia ad una grande area. Le tapas danno al sadhak un'enorme forza interiore. Quando egli deve affrontare gli ostacoli, non ne viene indebolito. È estremamente efficiente qualsiasi cosa faccia. Le tapas risvegliano il distacco, cosicché il sadhak agisce senza aspettarsi i frutti delle sue azioni. Grazie alle tapas, acquista l'abilità di considerare tutti allo stesso modo. Non nutre particolare attaccamento verso nessuno, e non tratta nessuno con ostilità. Queste qualità portano beneficio sia al sadhak sia al mondo.

"È facile dire: 'Io sono *Brahman*' anche quando la mente è colma di gelosia e ostilità. Tapas è l'addestramen-to che si fa per trasformare la mente impura in una mente divina.

"Per superare un esame, bisogna studiare. Non ci si può aspettare di superarlo senza studiare affatto, non è vero? E prima di guidare un'auto, bisogna imparare a guidare. Questo può essere paragonato al fare tapas. Avendo raggiunto il controllo della mente si può procedere in ogni circostanza senza indebolirsi. La semplice conoscenza libresca non porta a questo; sono necessarie le tapas. Il risultato del compiere tapas può essere paragonato al sole che acquisisce un profumo meraviglioso. Coloro che fanno tapas si dirigono verso uno stato di completezza. Le loro parole vibrano di vita. Le persone si sentono beate in loro presenza. I *tapasvi* sono di beneficio al mondo perché grazie alle loro tapas hanno acquisito la forza per elevare gli altri."

Giovane: " Cosa si intende per realizzazione del Sé o supremo stato del risveglio?"

Madre: "Vedere Dio in tutte le cose, percepire tutto come un'unica cosa, conoscere tutti gli esseri come il tuo stesso Sé – questa è realizzazione. Quando tutti i pensieri sono cessati e non ci sono più desideri, quando la mente è perfettamente immobile, allora si fa l'esperienza del *samadhi*. In questa condizione, l'attitudine dell''io' e del 'mio' è svanita. Allora si è di servizio a tutti e non più un peso per gli altri.

Una persona comune può essere paragonata ad un piccolo stagno, mentre un'anima realizzata è come un fiume o un albero, e offre conforto e frescura a coloro che giungono a lei."

Si era fatto tardi. La Madre si alzò e disse al giovane: "Figlio, perché non resti qui fino a domani? Se Amma continua a rimanere qui seduta, anche questi figli resteranno qui e domani mattina salteranno la loro routine. Amma ti rivedrà domani."

## *Sabato 16 novembre 1985*

Il mattino seguente diversi brahmachari non presero parte all'*archana*, poiché la notte precedente avevano fatto tardi con Amma. Più tardi, quando stava per cominciare la meditazione, arrivò la Madre e chiese loro perché non avessero partecipato all'archana. Disse: "Chi ha *vairagya* (distacco) non interrompe mai la sua pratica giornaliera, per quanto stanco sia. Figli, non saltate la vostra archana quotidiana. Se vi dovesse capitare, allora iniziate la vostra meditazione solo dopo aver fatto l'archana per conto vostro."

Tutti smisero di meditare e cominciarono a cantare il *Lalita Sahasranama*, mentre la Madre sedeva con loro. Al termine dell'archana, Amma si alzò e attraversò il cortile sul lato settentrionale dell'ashram. Fu raggiunta da alcuni brahmachari e dal giovane arrivato la sera prima.

## Brahmacharya

Giovane: "Qui è obbligatorio il celibato?"

Madre: "Amma ha detto ai figli che vivono qui di trasformare la loro energia sessuale in *ojas* (energia sottile), poiché così arriveranno a scoprire la loro reale natura: è questa la vera felicità. Questo è il loro stile di vita. Restano qui solo coloro che sono in grado di farlo. Gli altri possono andarsene e seguire il *grihasthashrama* (vita di famiglia orientata verso la spiritualità). Ai figli che vengono qui viene chiesto di praticare il celibato. Coloro che sentono di non farcela, sono liberi di andarsene in qualsiasi momento.

"Il dipartimento di polizia ha le sue regole, così pure quello militare. Allo stesso modo, i brahmachari e le brahmacharini che vivono all'ashram devono seguire le regole del *brahmacharya*. L'osservanza del celibato è essenziale per coloro che hanno scelto di vivere qui, e ciò va inteso non solo dal punto di vista sessuale. Devono dominare tutti i sensi: gli occhi, il naso, la lingua, ed anche le orecchie. Amma non li forza; dice solo che questa è la strada.

"In effetti, Amma gli ha consigliato di sposarsi, ma loro non ne vogliono sapere. Così gli ha detto che qui devono vivere in un certo modo e seguire determinate regole, e se non ne sono capaci sono liberi di andarsene. Nessuno è costretto a vivere in questo modo. Non tutti riescono a perseverare in questo percorso. Amma dice loro: 'Non reprimete niente. Potete provare questo stile di vita, e se non va bene per voi, sposatevi.'

"Se ci si prepara per un ruolo, bisogna interpretarlo bene, altrimenti è meglio non cominciare nemmeno a recitare quella parte. Se si vuole raggiungere il Traguardo Supremo, il brahmacharya è essenziale. Cosa hanno detto i nostri mahatma a questo proposito?"

Giovane: "A chi ti riferisci?"

Madre: "Buddha, Ramakrishna, Vivekananda, Ramana, Ramatirtha, Chattampi Swami, Narayana Guru. Che cosa hanno detto tutti? Perché Buddha, Ramatirtha, Tulsidas, e altri mahatma hanno abbandonato le loro mogli e case? Perché Sri Shankaracharya[10] prese sannyasa così giovane? Le loro azioni indicano forse che il brahmacharya non è necessario? Sri Ramakrishna non praticò forse il brahmacharya persino dopo essersi sposato, per essere d'esempio agli altri?

"Brahmacharya non è soltanto qualcosa di esteriore, non significa solo rinunciare al matrimonio. Ogni passo deve essere fatto in armonia col principio supremo. Nemmeno un pensiero dovrebbe violare quel principio. Brahmacharya include anche l'astensione dal ferire gli altri in qualsiasi modo, non ascoltare o guardare ciò che non è necessario, e parlare solo quando è indispensabile. Solo in questo caso si può parlare di vero brahmacharya. Nel cammino spirituale, brahmacharya è assolutamente essenziale.

"Poiché all'inizio può essere difficile controllare i pensieri, si può cominciare a praticare il brahmacharya esteriormente. Se non si osserva il brahmacharya, tutta la forza acquisita grazie

---

10 Sri Shankaracharya fu un grande mahatma e filosofo che visse nell'ottavo secolo. Fu un esponente della filosofia Advaita.

alla sadhana va perduta. Amma non intende dire che queste cose vadano represse con la forza. Per coloro che hanno *lakshya bodha* (determinazione a raggiungere il traguardo spirituale) l'autocontrollo non è così difficile. Le persone che vanno a lavorare nei paesi del Golfo Persico, spesso tornano solo dopo molti anni[11]. In quel periodo vivono lontano da moglie e figli. Quando si tratta di trovare lavoro, non si permette all'attaccamento alla propria famiglia e al proprio paese di frapporsi. Allo stesso modo, se l'obiettivo è la realizzazione del Sé, non si pensa a null'altro. Gli altri pensieri svaniscono automaticamente, senza che ci sia la necessità di controllarli con la forza.

"La gente crede che la felicità possa essere trovata negli oggetti esterni, e così lavora duramente per quelle cose, sprecando tutta la sua energia. Dovremmo riflettere su ciò e comprenderne la verità. Grazie al nostro amore per Dio e ad una pratica di tapas concentrate diventeremo forti. Questo non è difficile per chi capisce che cercare la felicità esteriore è solo una perdita di energia.

"Alcune piante non fanno frutti se hanno troppe foglie. Soltanto se vengono potate fioriscono e danno frutti. Allo stesso modo, se consentiamo a noi stessi di essere controllati dai piaceri esterni, non saremo in grado di trovare la Verità interiore. Dobbiamo liberarci dai nostri desideri per i piaceri mondani se vogliamo cogliere il frutto della realizzazione del Sé."

Giovane: "La cultura spirituale indiana nega completamente la vita materiale?"

Madre: "No, non proprio. Afferma solo che la vera felicità non la si può trovare in quel modo."

Giovane: "Perché non si può raggiungere la Meta e godere allo stesso tempo della vita materiale?"

---

[11] È dagli anni '70 che dall'India, e in special modo dal Kerala, molte persone si recano a lavorare nei paesi del Golfo Persico.

Madre: "Chi desidera davvero intensamente la realizzazione non ci pensa nemmeno alla vita mondana e ai piaceri fisici. Coloro che conducono una vita di famiglia possono comunque raggiungere la Meta, purché riconoscano i limiti della vita mondana e siano totalmente distaccati, facendo una vita di japa, meditazione e rinuncia."

Giovane: "Quindi è veramente difficile ottenere la realizzazione del Sé quando si vive nel mondo?"

Madre: "Per quanto si provi, non è possibile assaporare la beatitudine del Sé quando allo stesso tempo si cerca anche la felicità terrena. Se si mangia il *payasam* (budino di riso) in un contenitore usato per conservare il tamarindo, come si fa a sentire il vero sapore del payasam?"

Giovane: "Potresti spiegarti meglio?"

Madre: "Quando sperimenti dei piaceri fisici, provi una certa felicità, non è vero? Se non controlli queste cose, non puoi ascendere al piano della beatitudine spirituale. Ti puoi sposare e vivere con tua moglie e i figli – non ci sono problemi in questo – purché contemporaneamente tu tenga la mente focalizzata sul Sé Supremo. Se si ricerca la felicità nelle cose del mondo, come si fa a raggiungere la gioia che non appartiene a questo mondo?"

Giovane: "Ma i piaceri terreni non fanno parte della vita? Per esempio, il fatto stesso che siamo seduti qui ora, è il risultato dei rapporti fisici intercorsi tra altre persone. Se non ci fossero rapporti tra uomini e donne, quale sarebbe la condizione del mondo? Come facciamo perciò a negare queste cose? Inoltre, la beatitudine suprema può essere negata a qualcuno solo perché vive un rapporto fisico?"

Madre: "Amma non sta dicendo che i piaceri terreni debbano essere completamente eliminati, ma bisogna capire che la vera felicità non si trova in questo tipo di piaceri. La dolcezza di un frutto non è nella buccia, ma nella parte interna del frutto.

Sapendo ciò, non si dà alla buccia più importanza di quanta ne meriti. Quando si capisce che i piaceri sensoriali non sono il vero scopo della vita, ci si sente legati solo al *Paramatman* (lo Spirito Supremo). Sì, è possibile raggiungere la Meta facendo una vita di famiglia, purché si resti completamente distaccati, come un pesce nel fango[12].

"Nei tempi antichi, le persone seguivano le regole stabilite per i diversi membri della società. Vivevano in conformità ai princìpi delle Scritture. Non volevano i piaceri dei sensi; era Dio lo scopo della loro vita. Dopo la nascita di un bambino, il marito trattava la moglie – che aveva dato alla luce una sua immagine nella forma del bambino – come sua madre. Quando il figlio diventava adulto, i genitori passavano a lui tutte le responsabilità e se ne andavano a vivere una vita solitaria nella foresta. A questo punto la coppia aveva raggiunto un certo livello di maturità, avendo fatto a lungo vita di famiglia. Il lavoro, il compito di allevare i figli e lo sforzo per superare i vari ostacoli della vita avevano maturato il loro carattere. Nel *vanaprastha* (lo stadio dell'isolamento nella foresta), la moglie continuava a stare col marito. Ma alla fine, quando diventavano sannyasi – rinuncianti totali – spezzavano anche quel legame. E infine raggiungevano la Meta. Questa era la pratica di quei tempi. Ma oggi è diverso. A causa dell'attaccamento delle persone ai loro averi e alla loro famiglia e a causa del loro egoismo nessuno vive più così. Ciò deve cambiare. Abbiamo bisogno di prendere consapevolezza del vero scopo della vita e vivere di conseguenza."

Giovane: "Non affermano alcuni che l'unione fra un uomo e una donna sia la felicità suprema? E che persino l'amore di una madre per i suoi figli è in origine sessuale?"

---

[12] In India c'è un certo tipo di pesce che vive nel fango. Questo pesce è come il teflon: il fango non gli si attacca.

Madre: "Ecco quanto è limitata la loro conoscenza. Questo è tutto ciò che sono in grado di vedere. Anche nella vita coniugale, la sessualità non dovrebbe essere la forza trainante. La base del rapporto tra marito e moglie dovrebbe essere un amore autentico. L'amore è il fondamento di tutto. L'amore è la base dell'universo. Se non ci fosse l'amore, non ci sarebbe il creato. La vera fonte di quell'amore è Dio, non un impulso sessuale.

"Alcune coppie dicono ad Amma: 'Il desiderio sessuale ci indebolisce la mente. Non riusciamo a mantenere un atteggiamento fraterno. Non sappiamo cosa fare.'

"Qual è il motivo di tale condizione? Oggigiorno l'uomo vive schiavo della lussuria. Se ciò viene ulteriormente incoraggiato, quale sarà la condizione del mondo? Così Amma consiglia alle persone di guardarsi dentro e di ricercare la fonte della vera beatitudine. Cosa dovremmo fare, incoraggiare le persone a perseverare nei modi sbagliati seguendo impulsi incoscienti, o allontanarli da quegli errori e portarli verso il sentiero del discernimento?

"Ci sono persone che in passato hanno commesso innumerevoli errori, e ciò nonostante grazie alla sadhana sono riusciti a controllare la mente fino ad essere di beneficio per il mondo. Quelli che guardavano con lussuria persino le loro stesse sorelle, hanno imparato a considerare tutte le donne come sorelle.

"Supponiamo che in una famiglia ci siano cinque fratelli. Uno è un alcolizzato, il secondo fratello insegue lussi sfrenati, il terzo litiga con tutti, e il quarto fratello ruba tutto ciò che vede. Ma il quinto fratello è diverso dagli altri. Conduce una vita semplice. È di buona natura, compassionevole, e ama donare. È un autentico *karma yogi*. Questo fratello mantiene l'armonia nella famiglia. Allora, chi dovremmo scegliere di emulare tra questi cinque?

"Amma non può sostenere nessun altro punto di vista. Non gira le spalle alle altre persone. Prega affinché anch'esse giungano su questo sentiero, poiché solo allora ci sarà pace e appagamento nel mondo."

Giovane: "Amma, potresti entrare più in dettaglio circa la beatitudine del Sé di cui hai parlato?"

Madre: "È qualcosa che bisogna provare. Sai spiegare la bellezza di un fiore o descrivere la dolcezza del miele? Se qualcuno ti picchia, puoi dire che è doloroso, ma come fai a convertire in parole esattamente quanto dolore provi? E allora come si può descrivere la bellezza dell'Infinito?

"L'esperienza della beatitudine spirituale non si può fare con l'intelletto. È necessario il cuore. L'intelletto taglia le cose a pezzi come un paio di forbici, ma il cuore le ricuce insieme come un ago. Amma non sta dicendo che non abbiamo bisogno dell'intelletto: il cuore e l'intelletto sono entrambi necessari. Come le due ali di un uccello, ciascuno ha il suo ruolo. Che cosa si fa se la diga di un fiume si sta per rompere e l'intero villaggio sta per essere inondato? Bisogna prendere una decisione molto velocemente. In tale situazione è richiesto l'intelletto e bisogna essere forti. Alcune persone si disperano e piangono persino quando devono affrontare dei piccoli problemi. Dovremmo essere in grado di affrontare tutti gli ostacoli con lucidità mentale. Dobbiamo scoprire la nostra forza interiore. Ciò avviene grazie alle pratiche spirituali."

Come una brezza gentile, le parole della Madre allontanarono le nuvole dell'ignoranza dalla mente degli aspiranti che avevano partecipato a questo intimo incontro, consentendo loro di godersi la luce della Sua saggezza.

## *Martedì 7 gennaio 1986*

Alle 9.45 del mattino, la Madre raggiunse i brahmachari nella stanza della meditazione.

Madre: "Figli, se vi attaccate ad Amma nella forma di questa persona, non sarete in grado di progredire. Dovreste amare la

Madre dell'Universo, non questo corpo fisico. Dovreste essere in grado di riconoscere il vero principio che è dietro ad Amma, e vedere Amma in voi stessi, in ogni essere vivente e in ogni oggetto. Quando viaggiate su un autobus, non provate attaccamento per l'autobus, non è vero? L'autobus è soltanto il mezzo che usate per arrivare a destinazione."

Un giovane di nome Jayachandra Babu si fece avanti e si inchinò. Viveva a Thiruvanantapuram ed il giorno precedente aveva ricevuto per la prima volta il darshan della Madre. Ora era tornato dopo aver lasciato un messaggio a casa per informare la sua famiglia che si trasferiva definitivamente all'ashram.

La Madre gli disse: "Figlio mio, se resti qui ora, la tua famiglia farà un pandemonio e darà la colpa ad Amma. Diranno che Amma ti tiene qui senza il loro consenso. Così, almeno per ora, devi tornare a casa."

Dapprima Babu non voleva ripartire ma, poiché la Madre insisteva, acconsentì infine ad andare a casa. Si inchinò nuovamente davanti ad Amma e si alzò.

"Figlio, hai abbastanza soldi per l'autobus?", si informò la Madre.

"No, non ne ho portati abbastanza perché non avevo in programma di tornare."

La Madre chiese a Br. Kunjumon di dargli dei soldi per il biglietto dell'autobus. Babu se ne andò insieme a Kunjumon e la Madre continuò a parlare ai brahmachari[13].

## Venerare una forma

Madre: "Alcune persone dicono: 'Non meditare su una forma. Brahman non ha forma, quindi medita sul Senza-Forma.' Che logica è questa? Di solito immaginiamo l'oggetto della nostra

[13] Poco tempo dopo Babu si unì all'ashram e divenne un brahmachari.

meditazione, non è vero? Persino quando meditiamo su una fiamma o su un suono, ciò è sempre basato sull'immaginazione. Qual è la differenza fra quel tipo di meditazione e la meditazione su una forma? Anche coloro che meditano sul Senza-Forma fanno affidamento sull'immaginazione. Alcuni pensano a Brahman come puro amore, immensità, o onnipresenza. Alcuni ripetono: 'Io sono Brahman,' o si chiedono: 'Chi sono io?' Ma questi sono solo concetti mentali. Perciò non è veramente una meditazione su Brahman. Qual è allora la differenza tra ciò e la meditazione su una forma? Per portare acqua ad un assetato, c'è bisogno di un contenitore. Per capire il Brahman senza forma è necessario uno strumento o un sostegno. Inoltre, se decidiamo di meditare sul Senza-Forma, come possiamo farlo senza sviluppare amore per Brahman? Perciò non è altro che *bhakti* (devozione). Il Dio personale non è nient'altro che una personificazione di Brahman."

Br. Rao[14]: "È quel Dio che noi vediamo come Amma."

Madre (ridendo): "Immagina Brahman con una testa, due occhi, il naso e gli arti! Che aspetto ha?"

Un brahmachari: "A cosa serve immaginare un essere simile?"

Madre: "La venerazione diventa semplice quando diamo a Brahman una forma specifica. Poi, grazie al nostro *prema* (amore supremo), possiamo facilmente realizzare il Principio eterno. Tutta l'acqua di una vasca può fuoriuscire da un solo rubinetto, che ci permette di dissetarci più facilmente."

Br. Venu[15] fece una domanda diversa: "Amma, si dice che Jarasandha fece fuggire dalla battaglia persino il Signore Krishna. Com'è possibile?

Madre: "Un *avatar* come Krishna fuggirebbe solo per insegnarci qualcosa, e non per paura."

---

[14] Alcuni anni dopo, quando fu iniziato al sannyasa, Brahmachari Rao ricevette il nome di Swami Amritatmananda.

[15] Swami Pranavamritananda.

Venu: "Jarasandha non era destinato ad avere la fortuna di morire per mano del Signore, così il Signore scappò. Non è così, Amma?"

Madre: "Sì, è così. Inoltre Krishna estirpava l'orgoglio di qualcuno solo dopo averlo portato al limite estremo. Quando un bambino fa la faccia cattiva, il padre sta al gioco e fa finta di avere paura, ma naturalmente non è affatto spaventato dal bambino."

Un altro brahmachari pose una domanda: "Amma, recentemente ho sempre sonno durante la meditazione. Cosa posso fare?"

Madre: "Al mattino corri un po', o fai qualche lavoro che ti faccia muovere. Fa' che *rajas* (attività) elimini *tamas* (inerzia). Senza un lavoro fisico, il *vata*, *pitta* e *kapha* dentro di te non saranno equilibrati[16], e ti sentirai troppo assonnato per meditare." Con una risata la Madre aggiunse, "Alla fine Dio darà un mucchio di fastidi a chi è troppo pigro per lavorare."

## La Madre e l'erudito

La Madre, uscendo dalla stanza di meditazione, trovò uno *shastri* (dotto in materia religiosa) che La stava aspettando. Nel vedere Amma, l'anziano signore si annodò lo scialle attorno alla vita come segno di rispetto, si prostrò completamente e depositò ai Suoi piedi la frutta che aveva portato. Aveva anche una copia dei *Brahma Sutra*, che negli ultimi quarant'anni aveva portato con sé ovunque andasse e che aveva studiato quotidianamente. Amma si sedette con lui sulla veranda della stanza di meditazione.

---

[16] Secondo l'antica scienza dell'Ayurveda, ci sono tre forze vitali primarie o umori biologici chiamati vata, pitta e kapha, corrispondenti agli elementi di aria, fuoco ed acqua. Questi tre elementi determinano il processo vitale della crescita e della decadenza, e sono le forze che causano il processo della malattia. Nell'individuo la predominanza di uno o più di questi elementi, determina la sua natura psicofisica.

Madre: "Quando sei arrivato, figlio?"

Shastri: "Non sono qui da molto. Sto tornando da Thiruvanantapuram. Mio figlio è stato qui lo scorso mese e mi ha parlato di Amma. Così ho deciso di fermarmi per incontrarti sulla strada di ritorno."

La Madre chiuse gli occhi e restò per un po' seduta in meditazione. Quando riaprì gli occhi, lo shastri continuò: "Amma, studio e parlo di Vedanta da quarant'anni, ma fino ad oggi non ho raggiunto alcuna pace mentale."

Madre: "Figlio, il Vedanta ha poco a che vedere con la lettura o col tenere discorsi. Il Vedanta è un principio che va adottato nella nostra vita. Puoi disegnare un progetto accurato, tutto colorato, di una casa su di un pezzo di carta, ma non puoi vivere in un disegno, non è vero? Anche se vuoi solo un posticino che ti protegga dalla pioggia e dal sole, devi trasportare i mattoni, arrivare con fatica sul posto e costruire il riparo. Allo stesso modo, non si può fare l'esperienza del Supremo senza una sadhana. Se non hai acquisito il controllo della mente, non serve a niente ripetere il *Brahma Sutra*. Un pappagallo o un registratore possono fare altrettanto."

L'erudito non aveva detto alla Madre che ripeteva quotidianamente i *Brahma Sutra* e il *Panchadashi*. Restò quindi sbalordito nel sentirLa accennare a ciò. Allora Le raccontò tutti i suoi problemi. Amma lo accarezzò e confortò con parole di consolazione. Lo fece sedere accanto a Sé e cominciò a dare il darshan agli altri. L'anziano signore restò seduto a guardare la Madre con grande concentrazione. Improvvisamente i suoi occhi si riempirono di lacrime e lui incominciò a piangere. La Madre si voltò verso di lui e lo accarezzò.

Shastri: "Amma, provo una pace che non ho trovato in quarant'anni! Non ho più bisogno del mio sapere e della mia erudizione. Voglio solo la Tua benedizione affinché non perda più questa pace."

Madre: "Namah Shivaya! Non basta leggere il Vedanta e cercare di assorbirlo con la mente. Deve essere portato nel cuore. Solo così si possono sperimentare i princìpi del Vedanta. Avendo sentito parlare della dolcezza del miele, te ne puoi mettere un po' sulla mano, ma finché non lo assaggi con la lingua, non ne puoi sperimentare la dolcezza. La conoscenza che hai accumulato con l'intelletto deve essere portata nel cuore, perché è lì che risiede l'esperienza. Verrà il momento in cui il tuo intelletto ed il tuo cuore saranno una cosa sola. Questo stadio non si può descrivere a parole. È un'esperienza diretta, una percezione diretta. Leggere tutti i libri del mondo non ti darà quell'esperienza. Devi essere convinto che solo Dio è reale, e pensare costantemente a Lui. Purifica il tuo cuore. Vedi Dio in ogni cosa ed ama tutti gli esseri. Non devi fare nient'altro. Ti sarà dato tutto ciò di cui hai bisogno."

Shastri: "Amma, sono stato da tanti mahatma ed in molti ashram, ma il mio cuore si è aperto solo oggi. Lo so." Con grande tenerezza la Madre gli asciugò le lacrime, mentre lui continuava: "È la Tua grazia che mi ha fatto infine giungere a Te. Se Amma è d'accordo, vorrei trattenermi per qualche giorno."

"Come desideri, figlio."

La Madre chiese ad un brahmachari di organizzare la permanenza dello shastri, e poi andò in camera Sua.

## Abhyasa Yoga – lo Yoga della Pratica

Alle tre del pomeriggio la Madre terminò di dare il darshan. Andò a sedersi con lo shastri ed alcuni brahmachari vicino alla stalla, nella parte settentrionale dell'a-shram.

Un brahmachari: "Amma, come facciamo a tenere sempre la mente su Dio?"

Madre: "Per fare questo è necessaria una pratica regolare. Pensare costantemente a Dio non è un'abitudine naturale, così è necessario coltivarla. La ricetta è il japa. Non smettete di fare japa nemmeno per un momento, né mentre mangiate o dormite.

"I bambini piccoli che si sforzano di imparare l'a-ritmetica, ripetono: 'Uno più uno fa due, uno più due fa tre,' e così via, che siano seduti, camminino o vadano in bagno. Temono che se non imparano a memoria le addizioni, a scuola saranno puniti. Così, qualsiasi cosa stiano facendo, continuano a ripetere mentalmente le addizioni. Dovete fare così.

"Ricordatevi che al mondo non c'è altro che Dio, e che nulla può funzionare senza di Lui. Dovreste vedere Dio in ogni cosa che toccate. Quando prendete gli abiti che state per indossare, immaginate che siano Dio. E quando afferrate il pettine, vedetelo come Dio.

"Pensate a Dio nello svolgimento di qualsiasi vostra azione. E pregate: 'Tu sei il mio unico rifugio. Niente altro dura per sempre. L'amore di nessun altro dura. L'amore terreno mi può far stare bene per un po', ma alla fine finirà col ferirmi. È come essere accarezzati da mani velenose, poiché alla fine quest'amore porta solo sofferenza. Da lì non deriverà alcuna salvezza. Solo Tu, Dio, puoi appagare la mia brama.' Dovremmo pregare costantemente in questo modo. Senza questo tipo di distacco non possiamo crescere spiritualmente, né aiutare gli altri. Dovremmo essere fermamente convinti che solo Dio è eterno.

"Dobbiamo liberarci di tutte le vasana che abbiamo accumulato. Ma è difficile fare questo tutto in una volta. Ci vuole una pratica costante. Dovremmo ripetere continuamente il nostro mantra, quando siamo seduti, mentre camminiamo e quando siamo sdraiati. Recitando il mantra e visualizzando la forma di Dio, gli altri pensieri spariranno e la mente si purificherà. Per lavare via il senso dell''io', usiamo il sapone del 'Tu'. Quando percepiamo che tutto è Dio, l'"io', cioè l'ego, svanisce e dentro di noi risplende il supremo 'Io'."

Br: "Non è difficile visualizzare la propria Divinità Prediletta mentre si recita il mantra?"

Madre: "Figlio, in questo momento stai parlando con Amma. Guardarla ti rende difficile parlare con Lei? Puoi parlare con Amma e guardarla allo stesso tempo, non è vero? Analogamente, possiamo visualizzare la forma della nostra Divinità Prediletta e contemporaneamente fare japa. Ma questo non è nemmeno necessario se riesci a piangere e a pregare così: 'Madre, dammi la forza! Distruggi la mia ignoranza! Prendimi tra le Tue braccia! Le Tue braccia sono il mio unico rifugio; solo lì troverò pace. Madre, perché mi spingi in questo mondo? Non voglio stare senza di Te nemmeno per un momento. Non sei Tu Colei che dà rifugio a tutti? Ti prego, sii mia! Fa che la mia mente sia la Tua!' Prega in questo modo."

Br: "Ma non sento nessuna devozione. E per essere in grado di pregare così, devo provare devozione, non è vero? Amma, dici che dovremmo piangere e implorare Dio, ma prima devo aver voglia di piangere!"

Madre: "Se all'inizio non riesci a piangere, continua a ripetere le parole e fatti piangere. Un bambino tormenta sua madre per farsi comprare ciò che vuole. Continua a girarle intorno e non smette di piangere finché non ha l'oggetto del desiderio fra le mani. Dobbiamo tormentare la Madre Divina allo stesso modo. Ci sediamo e piangiamo. Non lasciamoLe un momento di pace! Dovremmo implorare: 'Mostrati a me! Fatti vedere!' Figlio, quando dici che non sei capace di piangere, significa che non hai un desiderio autentico. Tutti piangono se hanno una tale brama. Se non riesci a piangere, *fatti* piangere, anche se richiede dello sforzo.

"Immagina di aver fame, ma non aver cibo o soldi. Andresti da qualche parte o faresti qualcosa per procurarti del cibo, non è vero? Implora la Madre Divina e di': 'Perché non mi dai le lacrime?' ChiediLe: 'Perché non mi fai piangere? Significa che non mi ami?' Poi Lei ti darà la forza, e sarai in grado di piangere. Figli, questo è ciò che faceva Amma, voi potete fare lo stesso.

"Queste lacrime non sono lacrime di dolore. Sono una forma di beatitudine interiore. Queste lacrime scorreranno quando il *jivatman* (l'anima individuale) si fonderà con il *Paramatman* (lo Spirito Supremo). Le nostre lacrime segnano un momento di unità con Dio. Quelli che ci guardano lo possono interpretare come dolore. Per noi però è beatitudine. Ma è necessario usare dell'immaginazione creativa per arrivare a quel punto. Provaci, figlio!"

Br: "Una volta meditavo sulla forma di Bhagavan (riferendosi a Krishna). Ma dopo aver incontrato Amma, mi è diventato impossibile, perché riuscivo solo a meditare sulla forma di Amma. Ora non riesco nemmeno a fare quello. Amma, quando ti penso, mi viene alla mente la forma del Signore; e quando penso a Lui, appare la tua forma. Mi sento infelice perché non riesco a decidere su chi meditare. Così adesso non medito su nessuna forma. Medito sul suono del mantra."

Madre: "Focalizza la mente su ciò che ti piace di più. Cerca di comprendere che ogni cosa è contenuta in esso e non è separata da te. Qualsiasi persona o cosa incontri, sappi che sono tutti diversi volti di quell'unica forma."

## L'amore, la cosa più importante

Shastri: "Amma, cosa dovremmo fare affinché durante la meditazione la forma della nostra Divinità Prediletta diventi chiara?"

Madre: "La forma appare nitida solo quando si sviluppa amore puro per la divinità. Fintanto che non riuscite a vedere Dio, dovreste avvertire un'implacabile senso di angoscia.

"Un sadhak dovrebbe avere verso Dio lo stesso atteggiamento che un innamorato ha verso la sua amata. Il suo amore dovrebbe essere tale da non poter sopportare di restare separato da Dio nemmeno per un momento. Se un innamorato ha visto l'ultima volta la sua amata vestita di azzurro, ogni volta che vede un po' di azzurro da qualche parte, rivede la sua amata e gli torna in mente la sua forma. La sua mente si sofferma solo su di lei, mentre mangia e persino quando dorme. Quando al mattino si alza e si lava i denti e poi beve il caffè, si chiede cosa stia facendo lei in quel momento. Questo è il tipo d'amore che dovremmo avere per la nostra Divinità Prediletta. Dovremmo essere in grado di non pensare a nient'altro che al nostro oggetto di venerazione. Persino l'indivia perde la propria amarezza e diventa dolce se si lascia immersa per un po' di tempo nello zucchero. Allo stesso modo, una mente negativa si purifica se la si abbandona a Dio e si pensa ininterrottamente a Lui.

"Una volta una gopi, camminando per Vrindavan, vide un piccolo avvallamento nel terreno ai piedi di un albero. Cominciò ad immaginare: 'Krishna deve essere passato di qui! La gopi che era con Lui deve avergli chiesto un fiore di quest'albero. Si sarà appoggiato alla spalla di lei per salire sull'albero. Questo buco nel terreno dev'essere il segno lasciato dal Suo piede nel saltar su.' La gopi chiamò le altre gopi per mostrare loro l'impronta del Signore. Pensando al Signore, esse si dimenticarono completamente di tutto il resto.

"Agli occhi di questa gopi, tutti erano Krishna. Se qualcuno le toccava la spalla, lei immaginava che fosse Krishna, e nella sua intensa devozione perdeva completamente la consapevolezza esteriore. Anche le altre gopi, ogni volta che le pensavano a Krishna, perdevano la consapevolezza del mondo esterno e versavano lacrime di beatitudine. Anche noi dovremmo cercare di raggiungere quello stato, associando a Dio tutto ciò che vediamo. Per noi non dovrebbe esistere altro mondo se non quello di Dio. A quel punto non ci sarà più bisogno di uno sforzo speciale per vedere Dio durante la meditazione, perché la nostra mente non sarà mai senza di Lui.

"La mente dovrebbe implorare ogni cosa che vediamo: 'Cari alberi e care piante, dov'è mia Madre? O uccelli e animali, L'avete vista? Caro oceano, dov'è l'onnipotente Madre che ti dà la forza di muoverti?' Possiamo usare la nostra immaginazione in questo modo. Continuando così, la nostra mente supererà tutti gli ostacoli; raggiungeremo i Piedi dell'Essere Supremo e ci aggrapperemo ad essi. Usate la vostra immaginazione in questo modo. Allora senz'altro la forma diventerà chiara nella nostra mente."

Br: "Qualche volta mi sembra che gli altri stiano facendo la cosa sbagliata e questo distrugge la mia pace mentale. Come possiamo imparare a perdonare gli altri?"

Madre: "Facciamo finta che accidentalmente ti colpisci l'occhio con una mano. L'altra mano non dà uno schiaffo alla mano che ha colpito l'occhio, vero? Non penseresti mai ad una punizione. Semplicemente perdoni la tua mano. Se il piede si fa male accidentalmente inciampando in qualcosa, o se ti tagli una mano, sopporti e basta. Sei sempre così paziente con i tuoi occhi, mani e piedi, perché sai che fanno parte del tuo corpo. Per quanto dolore ti possano causare di tanto in tanto, tu lo sopporti. Allo stesso modo dovremmo considerare gli altri come parte di noi stessi. Dovremmo avere la consapevolezza: 'Io sono la causa di tutto. Io sono in tutto. Nessuno è separato da me.' Allora non notiamo gli errori degli altri e, anche se li vediamo, li consideriamo come nostri e li perdoniamo.

"Possiamo anche avere lo stesso atteggiamento di abbandono che aveva Kuchela[17], per cui tutto ciò che succede è il volere di Dio.

---

[17] Kuchela era un amato amico e compagno di scuola del giovane Krishna. In seguito, Kuchela si sposò e condusse una vita semplice da povero ma austero e felice brahmino. Un giorno, la moglie di Kuchela, stanca della loro povertà, chiese al marito di andare a trovare il suo vecchio amico Krishna per

Dovremmo considerare noi stessi come servi di Dio. Allora non saremo capaci di arrabbiarci con nessuno e svilupperemo l'umiltà.

"Un modo è quello di considerare gli altri come il proprio Sé. L'altro modo è quello di vedere tutti come Dio e servirli.

"Vivete ogni momento con shraddha. Mangiate solo dopo aver recitato il vostro mantra e la preghiera: 'O Dio, hanno mangiato tutti? Hanno tutto ciò di cui necessitano? Ti prego, benedici tutti in modo che abbiano il necessario.' Dovremmo avere compassione per chi soffre. In questo modo la nostra mente diventerà pura, e la compassione ci avvicinerà a Dio."

Elogiando così l'amore universale, la Madre concluse il Suo discorso sulla pratica della devozione. Ascoltando i Suoi consigli dolci come il nettare, lo shastri e i brahmachari sentirono i loro cuori fiorire.

*Mercoledì 15 gennaio 1986*

## La Madre insieme ai Suoi devoti

Erano da poco passate le otto del mattino. Amma era seduta con i brahmachari nella stanza della meditazione.

---

chiederGli un aiuto economico. Kuchela decise di andare a trovare Krishna non per chiederGli aiuto, ma semplicemente per rivedere il suo vecchio amico. Krishna gli diede un caldo benvenuto. Kuchela fu colmo di gioia e di pace e non disse una parola sulla sua situazione. Krishna, che conosceva il cuore di Kuchela, decise in segreto di stupire il suo amico con grandi ricchezze. Senza saperlo, Kuchela cominciò il suo viaggio di ritorno verso casa. Il suo unico cruccio era che avrebbe dovuto dire alla moglie di non essere stato capace di chiedere aiuto a Krishna. Quando giunse a casa, restò stupefatto nel vedere che al posto della sua povera capanna c'era ora un palazzo con un bellissimo giardino, e che sua moglie indossava gioielli e vesti preziose ed era circondata da servitù. Kuchela pregò di non sviluppare mai attaccamento alla ricchezza che gli era stata data, ma di amare sempre il Signore solo per amore dell'amore.

Madre: "Figli, se vi sedete soltanto e pensate: 'Adesso incomincio a meditare', la forma non vi apparirà nella mente. Resterete solo lì seduti con gli occhi chiusi e dopo un po' vi ricorderete: 'Oh! Dovrei meditare!' Perciò, quando vi sedete per meditare, cominciate con l'implorare Dio: 'O Dio, non vuoi venire nel mio cuore? Non riesco a vederTi senza il Tuo aiuto. Sei il mio unico rifugio!' Immaginate la vostra Divinità Prediletta in piedi di fronte a voi. Poi, dopo un po', la Sua forma splenderà chiaramente nella vostra mente."

Amma uscì dalla stanza della meditazione alle nove e mezza. Le venne incontro una devota sposata che era all'a-shram da qualche giorno e adesso si rifiutava di tornare a casa. La Madre provò a convincerla, ma la donna rispose che non voleva separarsi da Amma. La Madre si girò verso coloro che Le erano vicini e disse: "Amma le ha detto che può restare se porta una lettera di suo marito. Senza il suo consenso, non sarebbe corretto consentirle di restare. Se lui dovesse venire qui a lamentarsi, cosa potrebbe rispondergli Amma? Per di più, altre potrebbero seguire il suo esempio. È da un po' che dice che suo marito arriverà da un giorno all'altro, ma non è ancora arrivato. Ha anche una figlia a casa." Girandosi verso la donna, la Madre disse: "Amma non può aspettare oltre, domani devi partire."

La donna era in lacrime. "Amma", disse, "Se non viene domenica, prometto di andarmene lunedì."

Alla richiesta della donna in lacrime, il cuore della Madre si sciolse, e le consentì di restare.

Nel dirigersi verso la capanna del darshan, la Madre lanciò un'occhiata verso la lezione di Vedanta che era in corso. Nel vedere un brahmachari che ascoltava l'espo-sizione appoggiato al muro, gli disse: "Figlio mio, una persona spirituale non dovrebbe appoggiarsi al muro in un luogo di studio. Dovresti stare seduto diritto, perfettamente attento, senza appoggiarti a niente e senza muovere le braccia o le gambe; altrimenti aumenterà solo il tuo tamas. Un sadhak dovrebbe essere stabile in se stesso, e non dipendere da nessun sostegno esterno. Vita spirituale non significa restare seduti senza far niente, alimentando le qualità tamasiche. Per quanto possa essere difficile, cerca di stare seduto con la schiena diritta."

La Madre proseguì verso la capanna del darshan. Entrò nella capanna e si sedette su una semplice panchetta di legno coperta da una trapunta ricavata dalla corteccia di un albero. Le persone che La stavano aspettando si fecero avanti, una ad una, prostrandosi. Uno di loro si era fatto male al collo. Questa era la seconda volta che si recava da Amma. Durante il primo incontro, non era nemmeno in grado di tenere la testa alzata e la sua spalla era immobilizzata. Prima di ciò, aveva subito un intervento, ma non era servito. La Madre gli aveva dato del *bhasma* (cenere sacra) e gli aveva chiesto di portare della cenere presa da una pira funeraria.

Madre: "Come stai adesso, figlio mio?"

Devoto: "Molto meglio. Adesso riesco tenere la testa alzata. E posso viaggiare senza difficoltà. Prima non ci riuscivo; dovevo stare a letto tutto il tempo. È stato molto difficile venirti a trovare la prima volta, ma oggi non ho avuto problemi. Ti ho portato la cenere dalla pira funeraria." Diede il pacchetto alla Madre.

La Madre aprì il pacchetto e prese un po' di cenere in mano.

Madre: "Figlio, c'è un sacco di terra in questa cenere. Dovresti portare della cenere pura, senza terra. La prossima volta fai attenzione. Per questa volta Amma ti darà del bhasma che abbiamo qui."

La Madre prese della cenere sacra da un piatto e la strofinò sul collo dell'uomo. Chiese ad un brahmachari di prendere della carta per incartare la cenere. Egli ne portò un pezzo che aveva strappato da un foglio bianco.

Madre: "Figlio, come hai potuto strappare della carta così bella? Per incartare della cenere sarebbe bastato un pezzo di giornale. Questa carta bianca poteva essere usata per scrivere. Amma pensa all'utilità di ogni cosa. Non sprecare mai niente. Non sprecare è shraddha, e solo con shraddha si può progredire."

Una donna svizzera era seduta vicino alla Madre. Era appena arrivata all'ashram e incontrava Amma per la prima volta. Aveva portato dei doni per la Madre ed ora li aveva aperti e glieli mostrava.

Donna: "Ci ho messo un sacco di tempo per scegliere queste cose. Non sapevo cosa sarebbe piaciuto alla Madre."

Madre: "Amma sa quanto tu L'abbia pensata quando hai comprato questi regali. Ma Amma non ha bisogno di queste cose. Lei vuole la tua mente.

"Hai comprato questi doni con amore, ma non ti sarà sempre possibile portare regali così. Se, ad un certo punto, non potrai portare niente, non sentirti triste per questo, e non smettere di venire perché non hai nulla da dare ad Amma. Tutte queste cose sono periture. Ma se offri la mente, il beneficio durerà per sempre; la mente tornerà a te in uno stato puro."

La devota: "Non si dice che non bisogna arrivare da un guru a mani vuote, e che si dovrebbe sempre portare qualcosa?"

Madre: "Sì, ma non perché il guru abbia bisogno di qualcosa. I devoti portano le offerte come simbolo di resa della loro mente. In questo modo abbandonano il loro *prarabdha* (frutti delle azioni passate) ai piedi del guru. Se non si ha nient'altro da dare, anche un limone è sufficiente. E se non è possibile nemmeno questo, si dice che basti anche solo un pezzo di legna da ardere."

Mentre Amma parlava, una donna arrivò fino a Lei, Le poggiò la testa sul grembo e scoppiò a piangere. Tra i singhiozzi, disse: "Amma, dammi la devozione! Ti sei presa gioco di me fino ad ora, ma adesso non funziona più!" Con affetto, la Madre provò a consolarla, ma la donna continuò: "Questo trucco non funziona più. Amma, che conosce tutto, mi fa tutte queste belle domandine solo per prendersi gioco di me. Amma, non farmi domande del genere! Cosa ti posso dire? Tu mi conosci meglio di me stessa!"

La donna desiderava donare la sua casa all'ashram, ma Amma non accettava. La donna piangeva perché voleva che la Madre acconsentisse, ma Amma non cedeva.

La Madre non tornò nella Sua stanza per pranzare fino alle tre e mezza del pomeriggio. Due brahmachari La stavano aspettando; mentre mangiava, Amma parlò con loro.

"Figli miei, accogliete le persone che vegono qui e offrite loro tutto l'aiuto di cui hanno bisogno, ma non sprecate troppo tempo a parlarci. È inutile cercare di rafforzare la loro fede con le parole. Quando si pianta un alberello, potrebbe avere qualche foglia, ma è solo con l'apparire delle nuove foglie, quando la pianta ha messo le radici, che si può valutare quanto la pianta stia veramente crescendo. Solo la fede che viene dalla propria esperienza sarà permanente, come le nuove foglie che spuntano dopo che la pianta ha messo le radici. Passate più tempo a parlare solo con chi ha un vero desiderio di conoscenza."

Il giorno precedente, uno dei brahmachari era rimasto a parlare per molto tempo con un devoto venuto per il darshan. Dalle parole di Amma il brahmachari capì che la Madre, che dimora dentro tutti noi e che sa ogni cosa, ne era al corrente.

Br: "Amma, cosa dovremmo fare quando le persone ci vengono dietro facendoci un sacco di domande?"

Madre: "Dite loro solo quel tanto che basta a chiarire i loro dubbi."

## Le preoccupazioni della compassionevole Madre

Erano le cinque del pomeriggio. Un adolescente era all'ashram da alcuni giorni, e adesso erano arrivati i suoi familiari per riportarlo a casa. Erano in piedi davanti all'edificio sul lato nord dell'ashram e gli parlavano da molto, ma lui non voleva partire. Sua madre era agitata. Alla fine arrivò Amma. Condusse la donna sulla veranda dell'edificio, si sedette con lei e le parlò per un po'. La donna pianse e chiese alla Madre di rimandare suo figlio a casa e Amma acconsentì. Il giovane accettò le parole di Amma e se ne andò con la famiglia. Dopodiché la Madre si sedette sulla soglia dell'edificio assieme a qualche brahmachari.

Madre: "Che cosa può fare Amma? Quante madri in lacrime deve ancora vedere? Amma prevede che verranno qui molti brahmachari. Dai segni che vediamo ora, sembra che arriveranno presto. L'altro giorno, è arrivato un figlio da Nagercoil, ma è stato rimandato indietro a chiedere il permesso al padre. L'ultima volta che il figlio che è andato via un attimo fa era qui, Amma gli aveva detto di ritornare all'ashram solo dopo qualche tempo. Gli aveva detto che sarebbe potuto tornare solo dopo aver ricevuto il consenso dei genitori, ma non lui non ha ascoltato.

"Dove ci sarà posto per tutti? Amma sta considerando di mettere delle regole per l'ammissione dei brahmachari."

Poi, la conversazione si spostò su un altro argomento.

Madre: "Una figlia è venuta da Pandalam per il *bhava darshan*. Non ha preso il *tirtham* (l'acqua benedetta) che Amma le ha dato. Ha sofferto molto, ma le sue sofferenze non sono finite. Amma le ha offerto il tirtham con compassione totale, ma cosa può fare Amma se non viene accettato? Quella ragazza non crede in Amma, ma il figlio che ha intenzione di sposarla è un devoto. L'ha portata qui con la speranza che la sua futura moglie potesse provare della devozione per Amma.

"Amma ha avuto pietà di loro. Quella ragazza non sta forse per sposare un figlio di Amma? La mente di Amma e tutta la Sua compassione sono fluite verso di loro attraverso il tirtham e il *prasad* (offerte consacrate). Dopo che se ne sono andati, Amma ha chiamato il fratello del ragazzo, che era all'ashram, e gli ha detto: 'Amma vede tanta sofferenza nel loro futuro. Li attende un terribile pericolo. Chiedi loro di pregare sinceramente. Quando non hanno accettato il tirtham, Amma non se lo è ripreso indietro, ma l'ha versato per terra. Per questo motivo, non dovranno soffrire così tanto.'

"Quella figlia alla fine certamente tornerà. Dopotutto, sarà la moglie di un figlio di Amma. Amma non le permetterà di allontanarsi. Ma solo lavorando molto duramente potrà sfuggire al suo prarabdha. Se avesse accettato il tirtham che Amma le aveva donato, la sua sofferenza sarebbe stata minore."

Sono davvero fortunati coloro che riescono a ricevere e conservare la grazia della Madre, poiché Amma è l'incar-nazione della Compassione. Ma come possiamo ricevere i raggi della Sua grazia se trascuriamo di aprire il nostro cuore? Ecco perché la Madre ci consiglia di seguire alla lettera le Sue parole – non per il Suo bene, ma per il nostro.

*Venerdì 17 gennaio 1986*

## La Madre, fiume di compassione

La Madre e i brahmachari partirono al mattino per Ampalappara, nel nord del Kerala. Quando giunsero sulle sponde del fiume Bharata, la Madre decise di fermarsi per una nuotata. Il livello dell'acqua era basso e la maggior parte del letto sabbioso del fiume era a secco. L'acqua fluiva solo in uno stretto rivolo accanto alla sponda opposta. Il furgone stava giusto cominciando ad attraversare il ponte per raggiungere il lato opposto quando la Madre improvvisamente chiese al conducente di fermarsi. Gli disse di tornare indietro e di svoltare in una strada stretta proprio prima del ponte. La stradina conduceva davanti al portico di una grande casa. Amma disse al guidatore di fermarsi a breve distanza dalla casa. Tutti si chiedevano perché la Madre li avesse portati in quel punto, poiché da lì il fiume non era facilmente accessibile.

Non appena il furgone si fermò, la Madre chiese dell'acqua calda di *kanji* (acqua di cottura del riso) da bere. Ma sul furgone c'era solo dell'acqua fredda. Un brahmachari chiese ad Amma se poteva andare a prenderLe qualcosa da bere nella casa lì vicino. Lei accettò immediatamente. Ciò era sorprendente, poiché in questo tipo di viaggi solitamente la Madre non accettava mai niente dalle case lungo il tragitto. Bevevano solo ciò che portavano con sé.

Il brahmachari si affrettò verso la casa. Pochi minuti dopo una donna anziana, seguita da un bambino, uscì correndo dalla casa e si diersse verso il furgone. Il brahmachari li seguiva con un bicchiere di acqua di kanji. Quando la donna arrivò al furgone, la Madre allungò le braccia fuori dal finestrino e le prese le mani. L'anziana nonna piangeva e recitava ripetutamente: 'Narayana, Narayana'. Ma era talmente senza fiato per aver corso che non era in grado di pronunciare bene il nome divino. La sua devozione era qualcosa da ammirare.

Quando fu infine in grado di parlare, disse con voce tremolante: "Ottur Unni Nambudiripad mi ha parlato di Amma. Da allora non vedevo l'ora di vederti. Ma sono molto vecchia, e per me è difficile viaggiare. Ero tanto triste di non poterti incontrare. Non passa giorno che non ti pensi. Ho saputo che sei stata nel *kovilakam*[18] a Tripunittura. Io faccio parte di quella famiglia. Speravo in qualche modo, per tua grazia, di vederti in questa vita. Quel desiderio è stato appagato oggi. Non mi sarei mai aspettata di vederti così presto! E tutto per la tua grazia. Un giovane è venuto a chiedermi del kanji. Ha detto che era per la Madre. 'Quale Madre?' gli ho chiesto. Quando ha detto il tuo nome, sapevo che era la stessa Madre che non vedevo l'ora di

[18] Residenza dei membri della famiglia reale.

vedere. Gli ho dato del kanji e del mango sott'aceto e poi sono corsa qui con mio nipote." La sua voce tremava.

"Ahimè, a parte questo kanji, non ho nient'altro da offrirti! Perdonami Amma!" Lacrime rotolavano sul viso dell'anziana donna.

La Madre asciugò con le Sue sacre mani le lacrime della donna e le disse con dolcezza: "Figlia mia, Amma non ha bisogno di niente. Vuole solo il tuo cuore."

La Madre bevve quasi tutta l'acqua di kanji e mangiò un po' del mango sott'aceto. L'anziana donna spiegò ad Amma come raggiungere il fiume, e mentre la Madre si avviava lungo il sentiero con gli altri, la donna disse: "Amma, quando avete finito di nuotare, ti prego, benedicimi entrando nella mia casa!"

Quando la Madre tornò dal fiume, soddisfò il desiderio della donna ed entrò nella casa, dove la donna aspettava assieme al marito. L'anziana donna condusse la Madre ad una sedia sulla veranda, ed era così sopraffatta dalla gioia che si dimenticò di tutto. Suo maritò entrò a prendere l'acqua. Insieme lavarono i piedi di Amma. In risposta alla loro perfetta devozione, la Madre entrò in *samadhi*. Per non perdere tempo a cercare un bel panno, la donna asciugò i piedi di Amma con il bordo del sari che indossava. Nel piegarsi per fare ciò, le sue lacrime caddero sui piedi della Madre.

Dopo aver trascorso ancora un po' di tempo con loro, la Madre e i Suoi figli ripresero il viaggio. Shashi, un devoto di Amma, La stava aspettando al di là del ponte con la sua auto. Dietro insistenza di Shashi, la Madre viaggiò nella sua auto per il resto del viaggio.

Verso le due e mezza del pomeriggio, la Madre e i Suoi figli raggiunsero la casa di Narayanan Nair ad Ampalappara, un piccolo villaggio a circa 250 chilometri a nord-est dall'ashram. La bellezza naturale dei villaggi rurali del Kerala, che in molti luoghi è andata distrutta, qui era ancora evidente. Circondato da colline ricoperte di foreste, il villaggio di capanne dal tetto di paglia giaceva nascosto in un lussureggiante giardino tropicale di palme da cocco, alberi e cespugli in fiore. Molte persone attendevano l'arrivo della Madre.

Quando Amma entrò nella casa, la famiglia di devoti della Madre La fece accomodare sul *pitham* (sedia sacra). Le lavarono i piedi e glieli decorarono con pasta di sandalo e *kumkum* rosso (curcuma). Poi eseguirono l'*arati* con la canfora. La stanza risuonava dei mantra vedici recitati dai brahmachari. Tutti erano profondamente commossi, mentre i loro occhi si dilettavano della forma divina della Madre. Dopo la *pada puja*[19], Amma si spostò nella stanza attigua dove ricevette i devoti per il darshan.

La famiglia offrì ai brahmachari tazze di *jappy* e tutti apprezzarono la bevanda calda di latte zuccherato.

La Madre notò una devota che stava aiutando un brahmachari a lavarsi le mani, versandogli dell'acqua. Più tardi commentò: "Come sadhak, non dovreste cercare l'aiuto di nessuno, perché in questo modo perdete l'ener-gia acquistata grazie alle vostre tapas. Non dovremmo permettere a nessuno di sollevare nemmeno una foglia per noi. Al contrario, dovremmo essere noi a servire gli altri il più possibile."

Un brahmachari stava preparando delle lampade ad olio e altre cose sul posto dove si sarebbero svolti i bhajan. Proprio mentre stava per accendere le lampade, la Madre lo fermò dicendogli: "Figlio, quando accendi le lampade, fallo girandoti verso nord." Il brahmachari non comprese ciò che Lei voleva dire, così Amma prese il piccolo lume che egli stava usando per accendere le altre lampade. Sistemò le lampade con attenzione e coprì il *kindi*[20], che era pieno d'acqua, con una foglia. Poi sistemò il kindi davanti alle lampade, mise dei petali di fiori sulla foglia ed accese le lampade.

---

[19] Cerimonia che consiste nel lavare i piedi di un santo.

[20] Un tradizionale contenitore di bronzo o di ottone con beccuccio.

Disse al brahmachari: "Non stare rivolto verso sud quando accendi le lampade. Inoltre, quando accendi gli stoppini delle lampade, procedi in senso orario, proprio come si fa *pradakshina* (circumambulazione) in un tempio."

La Madre presta grande attenzione a questi dettagli, in special modo quando dà istruzioni ai brahmachari. Dice: "Un giorno dovranno andare nel mondo, per cui devono stare molto attenti a tutto ciò che fanno."

Il programma dei bhajan ebbe inizio e dopo non molto arrivò fino alla Madre un bambino piccolo camminando gattoni. Amma sollevò il piccolo e se lo mise in grembo. Gli diede da tenere i campanelli e mentre continuava a cantare il kirtan, aiutava il bambino a suonarli, tenendo il ritmo della musica.

### Gopivallabha Gopalakrishna

*O Gopala Krishna,*
*Amato dalle Gopi,*
*Che sollevasti la collina Govardhana,*
*Dagli occhi di loto,*
*Che vivi nella mente di Radha,*
*Tu sei del colore del loto azzurro.*

*O Krishna, che ti aggiri per Vrindavan,*
*I cui occhi sono come i petali del loto rosso,*
*O figlio di Nanda,*
*Liberami da ogni schiavitù.*

*O Bambino Bellissimo,*
*O Krishna, Che concedi la liberazione*

# Capitolo 2

*Mercoledì 22 gennaio 1986*

Due signore occidentali stavano meditando nella sala della meditazione. Una bambina, figlia di una delle donne, era seduta lì vicino e riempiva un libro da colorare. Sua madre le aveva affidato il compito di colorare affinché non disturbasse la meditazione. Seguita dai Suoi discepoli, la Madre arrivò nella stanza e guardò la bambina che colorava tranquillamente le figure.

Quando la meditazione si concluse, Amma indicò la bambina e disse agli altri: "Dovremmo dirigere l'attenzio-ne dei bambini piccoli su attività positive come disegnare e cantare. Questa bimba sarebbe forse in grado di colorare le figure se non avesse pazienza? Colorare e disegnare le insegnano ad essere paziente, e anche a sviluppare la concentrazione. Se invece abbandoniamo i bambini a se stessi, se ne andranno a gironzolare, buttando via il loro tempo e facendo guai. E in seguito sarà difficile insegnare loro la disciplina."

Quel giorno all'ashram non c'erano quasi visitatori, ad eccezione di un piccolo gruppo di occidentali arrivati da qualche giorno. Avevano trascorso il loro tempo aiutando nelle faccende dell'ashram e leggendo i libri della biblioteca. Il desiderio per la Verità era intenso in questi devoti, che avevano già conosciuto gli agi ed i piaceri della vita materiale. Stanchi di un mondo ostile e competitivo, vedevano nella Madre la sorgente dell'Amore puro e disinteressato, e avevano attraversato gli oceani per bere da quell'Amore.

Un brahmachari disse ad Amma che un giovane aspettava di vederLa. Lei gli disse di chiamare il giovane, si sedette nel lato ovest della sala di meditazione e fece cenno al giovane di sedersi accanto a Lei.

Madre: "Sei qui da molto, figlio?"

Giovane: "No, sono appena arrivato."

Madre: "Come hai saputo dell'ashram?"

Giovane. "Per un po' ho visitato diversi ashram. Il mese scorso è stato qui un mio amico. Mi ha detto che dovevo assolutamente venire a incontrare Amma."

Madre: "Hai finito gli studi?"

Giovane: "Ho un master universitario e sto cercando lavoro. Nel frattempo ho trovato un lavoro temporaneo in un college privato, così guadagno qualcosa. Ma ho deciso di non cercare un altro lavoro. Ho una sorella. Appena si sposa, mi piacerebbe entrare in un ashram."[21]

Madre: "Ma la tua famiglia non sarà contraria?"

Giovane: "Perché dovrebbe?"

Madre: "I tuoi genitori non ne patirebbero?"

Giovane: "Ricavano ciò di cui hanno bisogno dalla loro pensione. Hanno anche della terra."

Madre: "Chi si prenderà cura di loro quando invecchieranno? Non lo dovresti fare tu?"

Giovane: "Che garanzia c'è che potrò essergli vicino quando saranno vecchi? Potrei essere a lavorare da qualche parte all'estero, e come farei allora a correre ad aiutarli? E se muoio prima di loro?"

La Madre scoppiò a ridere e disse: "Giovane furbacchione!"

Giovane: "Il mio amico voleva che Ti chiedessi di trovarmi un lavoro, ma io gli ho detto che se avessi visto Amma Le avrei solo chiesto la mia elevazione spirituale."

---

[21] In India, i genitori e i fratelli maggiori hanno per tradizione la responsabilità di organizzare il matrimonio delle ragazze, per garantire il loro futuro.

## Il sadhak e lo scienziato

Giovane: "Amma, in che modo la vita di un sadhak è superiore a quella di uno scienziato? Sia il sadhak per raggiungere la sua meta che lo scienziato per avere successo nelle ricerche devono avere entrambi tutta la loro concentrazione rivolta su un solo punto. Allora, che differenza c'è fra loro? La vita di uno scienziato non è anch'essa una forma di sadhana?"

Madre: "Sì, è una sadhana. Ma il ricercatore pensa ad un oggetto. Se, per esempio, studia un computer, il suo oggetto di meditazione è solo il computer. Ci pensa molto e arriva a conoscerlo. Ma la mente è concentrata solo per il tempo in cui è impegnato nella ricerca. In altri momenti, la mente va in tutte le direzioni ed è coinvolta nelle cose di tutti i giorni. Ecco perché in lui non si risveglia il potere infinito. Un tapasvi, invece, è completamente diverso. Nelle sue pratiche spirituali comincia a percepire tutte le cose come una. Un sadhak si sforza di realizzare Ciò che è latente in tutte le cose. Una volta raggiunta la realizzazione, ha acquisito tutti i poteri. Per lui, non c'è più null'altro da conoscere.

"Pensa ad una piscina con dell'acqua salmastra dentro. Se si versa un po' di acqua dolce in un lato della piscina, in quella parte si riduce per un po' la salinità. Se piove, invece, l'acqua diventa meno salata in tutta la piscina. Allo stesso modo, praticando tapas con apertura mentale, nel sadhak si risveglia una forza infinita, ed egli realizza ogni cosa. Questo non succede allo scienziato, perché il suo approccio è completamente differente."

Giovane: "Nelle Scritture si dice che tutto è il Sé. In questo caso, se una persona raggiunge lo stato di realizzazione, non dovrebbero raggiungerlo anche tutti gli altri nello stesso momento?"

Madre: "Figlio, se accendi l'interruttore generale, l'e-lettricità è disponibile in tutta la casa. Ma affinché ci sia la luce in camera tua, devi accendere l'interruttore di quella stanza, non è vero?

Accendere la luce in una stanza, non significa automaticamente accenderla in tutte le altre. Tutto è lo stesso Sé, ma solo chi purifica la propria mente attraverso la sadhana realizza quel Sé.

"Pensa ad un lago coperto dalla lenticchia d'acqua. Se si tolgono le alghe in un lato del lago, quel lato sarà pulito e si potrà vedere l'acqua, ma ciò non significa che l'intero lago diventi pulito."

## Domande sulla sadhana

Giovane: "Molte persone affermano che un ricercatore dovrebbe attenersi rigorosamente agli *yama* ed ai *niyama* (ingiunzioni e proibizioni sul sentiero dello yoga). È proprio importante? Non basta conoscerne solo i princìpi? Dopotutto, l'importante è acquisire conoscenza, vero?"

Madre: "Figlio, la terra attira a sé ogni cosa, non è così? Se dormi sulla sabbia scura del bagnasciuga[22], quando al mattino ti alzi sei stanchissimo, perché la sabbia assorbe le tue forze. In questa fase, sei sotto il controllo della natura e così devi obbedire ad alcune regole e limitazioni. In questo momento, esse sono essenziali. Ma una volta che trascendi il controllo della natura, non c'è più problema. A quel punto la tua forza non potrà andar perduta, perché la natura sarà sotto il tuo controllo. Fino ad allora, comunque, certe regole e restrizioni sono necessarie.

"Quando si pianta un seme, bisogna recintarlo per proteggerlo ed evitare che venga dissotterrato e mangiato dalle galline. In seguito, quando il seme è cresciuto fino a diventare un albero, offrirà riparo agli uccelli, agli esseri umani e a tutto il resto. All'inizio, però, il seme ha bisogno di essere protetto persino da piccole galline. Analogamente, poiché all'inizio la mente è debole,

[22] In alcune zone del Kerala, inclusa quella dove si trova l'ashram, la sabbia delle spiagge è nera a causa dell'alto contenuto di metallo.

abbiamo bisogno di regole e proibizioni fino a quando non avremo sviluppato abbastanza forza mentale."

Giovane: "Per sviluppare questa forza, la mente non deve amare la disciplina di una sadhana seria?"

Madre: "Sì, si deve amare la disciplina tanto quanto si ama Dio. Chi ama Dio ama anche la disciplina. Bisognerebbe amare la disciplina più di ogni altra cosa.

"Chi ha l'abitudine di bere il tè a certi orari avrà mal di testa o proverà altri disturbi se non prende il suo tè. Chi fuma regolarmente la marijuana si sentirà agitato se non la fuma alla solita ora. L'abitudine di ieri si farà automaticamente sentire a una certa ora del giorno anche oggi. Similmente, se facciamo un programma per tutte le nostre attività e lo osserviamo scrupolosamente, si trasformerà in un'abitudine; all'ora giusta ci ricorderà persino cosa dobbiamo fare. Seguire questo tipo di routine nella propria sadhana è di grande beneficio."

Un devoto, padre di famiglia, che era stato ad ascoltare la Madre, disse: "Amma, medito tutti i giorni, ma non mi sembra di fare alcun progresso."

Madre: "Figlio, la tua mente è legata a molte cose. La vita spirituale richiede moltissima disciplina e autocontrollo, senza i quali è difficile trarre dalla sadhana il beneficio desiderato. Può essere vero che fai sadhana, ma sai a cosa si può paragonare? È come prendere un'oncia di olio e versarla in un centinaio di recipienti, uno dopo l'altro. Alla fine non c'è più olio – solo una sottile pellicola all'interno di tutti i recipienti. Figlio, tu fai le tue pratiche spirituali, ma poi ti lasci coinvolgere da tante cose. Tutta la forza che hai guadagnato attraverso la concentrazione si disperde nelle tue distrazioni. Se solo potessi vedere l'unità nella molteplicità, non disperderesti tanto. Se riuscissi a percepire l'essenza di Dio in ogni cosa, non perderesti la tua forza spirituale."

Devoto: “A casa tutti hanno paura di me. Mi arrabbio molto se gli altri non vivono secondo le mie regole.”

Madre: “Figlio, non trarrai un vero beneficio dalla tua sadhana se contemporaneamente alle pratiche spirituali covi rabbia e orgoglio. È come mettere lo zucchero da una parte e le formiche dall’altra: le formiche si mangeranno lo zucchero. E tu nemmeno ti accorgi di ciò che succede! Tutto ciò che guadagni con la sadhana, lo perdi attraverso la collera. Una pila elettrica perde tutto il suo potere dopo che l’hai fatta funzionare un po’ di volte, non è vero? Allo stesso modo, ogni volta che ti arrabbi, perdi la tua energia attraverso gli occhi, il naso, la bocca, le orecchie e attraverso ogni poro del tuo corpo. Solo praticando il controllo mentale puoi preservare l’energia che hai acquisito con la sadhana.”

Devoto: “Dici che chi si arrabbia non può provare la beatitudine che nasce dalla sadhana?”

Madre: “Supponi di calare in un pozzo un secchio per prendere dell’acqua, ma il secchio è pieno di buchi. A fatica riesci a tirare su il secchio, ma quando arriva in superficie, non c’è più acqua. Tutta l’acqua è fuoriuscita dai buchi. Figlio, ecco com’è la tua sadhana. La tua mente è invischiata nella collera e nei desideri. Di volta in volta, lasci scappare via tutto ciò che hai acquisito con grande sforzo facendo sadhana. Malgrado tu compia pratiche spirituali, non ne godi i benefici e non ne apprezzi il vero valore. Ogni tanto, passa un po’ di tempo in solitudine, calma la mente, e prova a fare sadhana. Tieniti lontano da situazioni che risvegliano sentimenti di collera o desiderio. In questo modo arriverai certamente a conoscere la fonte di ogni potere.”

Devoto: “Amma, a volte non riesco a controllare i miei desideri. Se provo a controllarli, diventano anche più forti.”

Madre: “I desideri sono molto difficili da controllare. Bisogna comunque osservare alcune restrizioni, altrimenti non è possibile domare la mente. Alimenti come la carne, le uova ed il pesce producono più seme, il che incrementa il desiderio sessuale. Allora i sensi agiranno in modo da soddisfare quei desideri, e tu perderai energia. Mangiare cibo sattvico in quantità moderata non fa male. Il controllo della dieta è essenziale quando si fa sadhana, specialmente per le persone che non hanno una mente forte, poiché ne subiscono facilmente l'effetto. Ma per chi ha molta forza mentale, qualche cambio nella dieta non avrà effetti rilevanti."

Giovane: "La natura di una persona cambia secondo la sua dieta?"

Madre: "Senz'altro. Ogni tipo di cibo ha una sua qualità intrinseca, ed ogni gusto, piccante, aspro o dolce, ha il suo effetto. Persino il cibo sattvico dovrebbe essere consumato con moderazione. Per esempio, il latte e il *ghi* (burro chiarificato) sono sattvici, ma non se ne dovrebbe consumarne troppo. Ogni cibo ha un effetto diverso su di noi. Mangiare carne rende la mente instabile. Per chi fa sadhana con l'intenso desiderio di conservare energia e realizzare il Sé, all'inizio la disciplina nell'alimentazione è assolutamente essenziale.

"Quando si pianta un seme, bisogna proteggerlo dal sole. Ma una volta che è diventato un albero, avrà la forza di resistere al sole. Proprio come qualcuno che sta guarendo da una malattia deve attenersi ad una dieta sana ed adeguata, una persona che fa sadhana dovrebbe prestare attenzione a ciò che mangia. In seguito, quando avrete fatto un certo progresso nella sadhana, le restrizioni sul cibo non saranno più cruciali."

Giovane: "Spesso si dice che un sadhak dovrebbe essere modesto e umile, ma veramente a me questi sembrano segni di debolezza."

Madre: "Figlio, se desideri sviluppare un buon samskara, devi essere umile nei rapporti con gli altri. Umiltà non è debolezza. Se per presunzione ti arrabbi o ti comporti con superiorità verso gli altri, perdi la tua energia e la consapevolezza di Dio.

"Quasi nessuno desidera essere umile. Le persone non hanno alcuna umiltà perché sono orgogliose di ciò che non è reale. Il corpo è una forma piena soltanto di ego, il senso dell'"io'. Il corpo[23] è inquinato dall'ego, dalla rabbia e dal desiderio. Per purificarlo, è necessario coltivare qualità come l'umiltà e la modestia. Perpetuando l'ego, l'orgoglio del corpo aumenta. Per eliminare l'ego, devi essere disposto ad essere umile e ad inchinarti agli altri.

"Non ha senso versare acqua in un secchio sporco, poiché tutta l'acqua diverrà sporca. Se si mischia qualcosa di acido al payasam, non sarà possibile gustarne il sapore. Allo stesso modo, se conservi l'ego mentre fai sadhana, non potrai rifugiarti completamente in Dio, o sperimentare i benefici della tua sadhana. Quando si distrugge il senso dell'"io' grazie all'umiltà, emergono le buone qualità, e il jivatman si eleva al Paramatman.

"In questo momento sei come una piccola lampada da tavolo che dà luce sufficiente solo per leggere un libro, se lo si tiene vicino alla lampada. Ma se fai tapas ed elimini l'ego, splenderai come il sole."

## Abbandonarsi al guru

Giovane: "Amma, di questi tempi molte persone considerano l'obbedienza al guru una debolezza. Ritengono che inchinarsi di fronte ad una grande anima sminuisca la loro dignità."

Madre: "Nei tempi antichi, la porta d'ingresso delle case era molto bassa. Uno dei motivi era coltivare l'umiltà. Per non picchiare la testa contro lo stipite della porta, bisognava abbassarla quando si entrava. In modo simile, quando chiniamo la testa di fronte al guru, evitiamo il pericolo dell'ego e ciò permette al Sé di risvegliarsi.

[23] Quando qui la Madre si riferisce al corpo, è inclusa la mente.

"Oggigiorno siamo tutti l'immagine delle otto forme dell'orgoglio, o senso dell'"io'. Se desideriamo cambiare e far emergere la nostra vera forma, dobbiamo assumere il ruolo di discepolo ed obbedire con umiltà alle parole del guru. Se oggi ci atteniamo alle parole del guru, domani potremo diventare un rifugio per il mondo intero. Grazie alla nostra vicinanza al guru, la *shakti* (forza divina) dentro di noi si risveglierà e la nostra sadhana la farà fiorire."

Giovane: "Amma, ma le Scritture non dicono che Dio è dentro di noi e non separato da noi? Allora che bisogno c'è di un guru?"

Madre: "Sì, figlio, senza dubbio Dio è dentro di te. C'è uno forziere pieno di diamanti dentro di te; ma non essendone consapevole, li stai cercando all'esterno. La chiave di quel forziere è in tuo possesso, ma poiché non è stata usata per molto tempo, si è arrugginita. La devi lucidare per rimuovere la ruggine ed aprire lo scrigno. È per questo che ci avviciniamo al guru. Se desideri conoscere Dio, devi eliminare l'ego trovando rifugio in un guru, obbedendogli con umiltà e abbandono.

"Un albero può dare frutti a innumerevoli persone. Al momento attuale, però, sei solo un seme; non sei ancora diventato un albero. Grazie alle tapas, il guru è diventato *purnam* (completo). Quindi hai bisogno di avvicinarti ad un guru e fare sadhana secondo le sue istruzioni.

"Se scavi un pozzo in cima a una montagna, puoi non trovare acqua nemmeno se scavi in profondità per decine di metri. Ma se scavi anche solo una piccola buca accanto ad un fiume, troverai subito l'acqua. Allo stesso modo la stretta vicinanza ad un satguru farà emergere le tue buone qualità, e le pratiche spirituali daranno i loro frutti. Adesso sei schiavo dei sensi, ma se vivi in armonia con la volontà del guru, i sensi diventeranno tuoi schiavi.

"Chi vive col proprio guru deve solo sforzarsi di ricevere la sua grazia. Attraverso la grazia, riceverà il potere delle tapas del guru. Se toccassi direttamente qualcosa che porta la corrente elettrica, l'elettricità entrerebbe dentro di te, non è vero? Se ti rifugi nel guru, il suo potere fluirà in te.

"Il guru è altruista. Il guru è un deposito di buone qualità, come verità, dharma, amore e compassione. Parole come 'verità' e 'dharma' non hanno vita in se stesse, ma un satguru è l'incarnazione vivente di tali qualità. Il mondo riceve solo bontà da questi esseri. Se facciamo amicizia con una persona di cattive qualità, ciò avrà una brutta influenza su di noi; ma se abbiamo un amico con buone qualità, la nostra natura cambierà di conseguenza. Analogamente, chi è a contatto con un guru diventa un campo fertile in cui crescono le buone qualità.

"Se non togli le erbacce da un campo coltivato, queste distruggeranno i semi che sono stati piantati. Se fai sadhana senza sradicare l'ego, la sadhana non darà frutti. Quando si prepara il cemento, prima si lava la ghiaia. Analogamente, il pensiero di Dio diventa stabile solo in una mente pura. Facendo sadhana in modo altruistico, senza nessun senso dell'ego, sperimenterai la verità: che tu sei Dio."

Le dolci parole di saggezza della Madre si arrestarono per un momento. Si volse verso alcuni devoti in visita e disse: "L'area attorno alla cucina è sporca. Amma era scesa per pulirla, ma poi ha visto questa bimba che disegnava e si è fermata a guardarla. Poi è venuto questo figlio, e Amma si è seduta per parlargli. Figli, voi non partirete fino a dopo il darshan di domani, vero? Amma vi vedrà più tardi." Detto ciò, si avviò verso la cucina.

## *Venerdì 7 febbraio 1986*

Dopo la *puja* e l'*arati* del mattino (riti devozionali) nel kalari, Br. Unnikrishnan[24] portò la canfora accesa all'ester-no, dove i devoti stavano aspettando. Avvicinarono le mani alla fiamma e poi si toccarono la fronte. Alcuni di loro presero un po' di cenere sacra dal piatto su cui era bruciata la canfora, e se la misero sulla fronte. Dopo qualche minuto la Madre giunse nel kalari e tutti si prostrarono. Dopo la meditazione arrivarono anche Rao e Kunjumon. Si inchinarono alla Madre e Le si sedettero accanto.

## Colei che rimuove i dubbi

Rao: "Amma, dici che dovremmo provare dolore per l'intenso desiderio di vedere Dio. Ma tu sei qui con noi, e quando meditiamo sulla tua forma, come possiamo quindi essere tristi?"

Madre: "Dovreste provare il dolore della separazione da Dio. Questo è il dolore che dovreste sentire!"

Rao: "Se abbiamo un vero maestro come guru, non ci darà lui quel dolore?"

Madre: "Namah Shivaya! Non basta avere un guru con le migliori credenziali – anche il discepolo deve essere qualificato."

Kunjumon: "Siamo arrivati ad Amma, quindi non abbiamo niente di cui preoccuparci! Siamo salvi!"

Madre: "Questa fede è buona, figli. Ma non limitatevi all'Amma esteriore che vedete come questo corpo. Se farete così, perderete la vostra forza e vacillerete. Provate a vedere la vera Amma, il vero Principio. Provate a vedere questa Amma in tutti. Amma è venuta per aiutarvi a raggiungere questo obiettivo."

Kunjumon: "Ieri qualcuno chiedeva qual è l'intenzione di Amma nel creare quest'ashram."

---

[24] Swami Turiyamritananda

Madre: "Accrescere la fede delle persone in Dio, ispirarle a compiere buone azioni e a percorrere il sentiero della verità e della rettitudine. È questo il nostro obiettivo."

Una devota: "Amma, coloro che si rivolgono a Dio sembrano provare molto dolore nella loro vita."

Madre: "Figli, le lacrime versate quando si prega Dio con amore, non sono lacrime di dolore; sono lacrime di beatitudine. Oggigiorno la gente prega Dio solo nei momenti di dolore. Se si prega Dio sia nei momenti di felicità che in quelli di dolore, non si proverà più alcuna sofferenza. Persino quando proverai del dolore, non ti sembrerà tale. Dio si prenderà cura di te. Se preghi Dio con cuore aperto e versi qualche lacrima d'amore per Lui, sei salvo."

Parlando dell'amore per Dio, la Madre entrò in un sublime stato di devozione. Incominciò a descrivere i giorni che aveva trascorso immersa in *prema bhakti* (amore e devozione supremi).

"Oh, che momenti difficili ha dovuto passare Amma a quei tempi! Non poteva uscire per strada senza essere schernita dalla gente. Era oggetto di derisione. Nessuno Le offriva nemmeno un pasto. Lei desiderava almeno un libro spirituale da leggere, ma non ce n'erano. E non aveva nemmeno un guru. Figli, la vita spirituale senza guru è come la vita di un figlio senza madre. Amma è cresciuta come un'orfana. Le persone attorno a Lei non sapevano niente di spiritualità. Quando si sedeva in meditazione, arrivava qualcuno che Le versava dell'acqua fredda addosso, oppure La schiaffeggiava. Poi La cacciarono di casa. Questo è il tipo di trattamento che riceveva Amma! Nonostante ciò, Lei non la considerava una sofferenza, perché aveva fede che Dio non l'avrebbe mai abbandonata. Malgrado quello che doveva sopportare, si dimenticava di tutto nel momento in cui pronunciava il nome della Devi. Ogni volta che si sentiva triste, confidava la Sua tristezza solo alla Devi. Comunicava con la Devi per mezzo delle lacrime."

La Madre restò seduta in silenzio per un po'. Poi con voce tremante incominciò a cantare:

**Oru tulli sneham**

*O Madre, offri una goccia del tuo Amore*
*Al mio cuore infuocato,*
*E la mia vita sarà appagata.*
*Perché fertilizzi con del fuoco ardente*
*Questo rampicante inaridito?*

*Scoppio sempre in lacrime.*
*Ma quante calde lacrime ti devo*
*Ancora offrire?*
*Non senti i battiti del mio cuore*
*E tutta l'agonia nei miei sospiri trattenuti?*

*Non lasciare che il fuoco entri e danzi*
*Nella foresta di alberi di sandalo.*
*Non permettere a questa fornace di tristezza*
*Di mostrare la sua intensità*
*Ed esplodere come mattoni che si frantumano.*

*O Devi,*
*Cantando "Durga, Durga"*
*La mia mente ha dimenticato tutti gli altri sentieri.*
*Non voglio né il paradiso, né la liberazione,*
*Voglio solo pura devozione per te.*
*Non voglio né il paradiso, né la liberazione,*
*Voglio solo pura devozione per te*

La Madre cantò gli ultimi due versi diverse volte e gli occhi Le si riempirono di lacrime. Si asciugò gli occhi e disse: "A quei tempi, Amma cantava queste strofe ogni volta che si sentiva sopraffare dal dolore, e piangeva cantando ogni verso. Qualche volta, nel pronunciare il nome di Dio, scoppiava in fragorose risate. Nel vedere ciò, Sugunachan (il padre di Amma) pensava: 'È la fine! Mia figlia è impazzita!' Arrivava di corsa e La colpiva sulla testa. La gente pensava che se in tali occasioni L'avessero picchiata in testa, la Sua mente avrebbe funzionato di nuovo. Ma Lei non mostrava nessun cambiamento, e allora lui chiamava la madre: 'Damayanti, la ragazza è impazzita! Va' a prendere dell'acqua e versaglieLa sulla testa. Svelta!' Così aveva inizio il *dhara*[25], ed essi Le versavano pentole e pentole piene d'acqua sulla testa. Quando piangeva per Dio, loro Le portavano delle medicine, pensando che stesse male.

"Arrivavano delle bambine e chiedevano: 'Perché piangi, *ceci* (sorella maggiore)? Hai mal di testa?' Le si sedevano accanto e cominciavano a piangere anche loro. Dopo un po' compresero perché ceci piangeva: perché non riusciva a vedere la 'Madre Devi'. Così le bambine si mettevano il sari e andavano da Lei facendo finta di essere la Madre Devi. Amma le abbracciava quando le vedeva vestite così. Non le vedeva come bambine, per Lei erano la Devi in persona.

"A volte, quando Amma piangeva in modo incontrollabile, Suo padre La prendeva in braccio e se L'appog-giava sulla spalla. La consolava dicendoLe: 'Non piangere, mia cara. Fra un attimo ti farò vedere la Devi.' Lei era così innocente che gli credeva e smetteva di piangere.

"A quei tempi, Amma non amava parlare con nessuno. Ogni volta che qualcuno Le si avvicinava per parlarLe, Lei disegnava un triangolo per terra ed immaginava che la Devi vi fosse seduta

[25] Il fluire continuo di un liquido. Il termine è usato per denotare un trattamento medico in cui un liquido medicamentoso si fa scorrere in modo continuo sul paziente. È anche un tipo di cerimonia in cui si lava l'immagine di una divinità.

dentro. La persona ben presto capiva che Amma era in un altro mondo, così si alzava e se ne andava. Lei vedeva tutti come la Devi. Per questo motivo, a volte, quando le ragazze del villaggio Le passavano accanto, Lei provava ad abbracciarle."

Rao: "Perché noi non proviamo questo tipo di devozione innocente?"

Madre: "Non è per devozione che siete venuti qui, abbandonando casa e famiglia?"

Rao: "Amma, quando ti vediamo qui, davanti a noi, chi dovremmo implorare, e per chi dovremmo piangere?"

La Madre rise e cambiò argomento: "Non è l'ora della vostra lezione? Non perdete tempo a restar seduti con Amma. Andate!"

La Madre prese in braccio un bambino che Le stava seduto accanto e si alzò. Col bimbo in braccio si avviò nella capanna del darshan, chiamando: "Figli miei, venite!" I devoti La seguirono dentro.

## La personificazione delle Scritture

La Madre era fuori dalla stanza di Ottur. Era lì da un po' che ascoltava silenziosa, nascosta dietro la porta. Dalla stanza buia proveniva il nome di Krishna, pronunciato da una voce tremula.

"Narayana, Narayana, Narayana"

Alla fine la Madre entrò nella stanza di Ottur. Nel vedere la bella forma di Amma in piedi dinanzi a lui, l'anziano uomo scattò in piedi e si prostrò, malgrado le obiezioni della Madre.

Ancor prima che Amma si fosse seduta sul letto, egli si inginocchiò e pose il suo capo sul grembo di Lei, con la libertà di un bambino.

Madre: "Figlio mio, Amma non ha potuto fare a meno di stare lì ad ascoltare quando ti ha sentito recitare il nome del Signore con così tanta devozione!"

Ottur: "Non credo di avere veramente della devozione per il Signore. Altrimenti Kanna, infinitamente compassionevole, non mi avrebbe già dato il darshan?"

Un brahmachari che era stato ad ascoltare, disse: "Ma adesso non stai vedendo Amma?"

Ottur: "Sembra che Sharada Devi una volta abbia detto a Ramakrishna Deva: 'Lo sai che io non ho pazienza di aspettare tanto quanto te. Non sopporto di vedere i miei figli soffrire.' Credo che sia la stessa persona che mi ha dato il darshan oggi. Amma parla sempre di devozione, proprio come Sharada Devi."

Madre: "Sai perché Amma parla sempre di devozione? Perché questa è la Sua esperienza. Oggigiorno ci sono così tanti eruditi e sannyasi. Parlano di *advaita* (non-dualità), ma non la vivono. La loro mente è piena di rabbia e desideri. L'advaita non è qualcosa di cui parlare; è da sperimentare.

"C'è una storia nelle *Upanishad*. Un padre mandò suo figlio ad imparare le Scritture. Quando il figlio tornò, il padre vide quanto era diventato orgoglioso, e comprese che il ragazzo non aveva assimilato l'essenza di ciò che aveva appreso. Decise di insegnare a suo figlio i veri princìpi. Gli chiese di portare del latte e dello zucchero. Gli fece poi sciogliere lo zucchero nel latte. Fece assaggiare a suo figlio piccole porzioni di latte prese da diverse parti del contenitore e gli chiese che sapore avesse. Il figlio disse che era dolce. 'Quanto dolce?', chiese il padre. Ma il figlio non era in grado di descriverlo. Se ne stava lì in piedi in silenzio. Improvvisamente comprese la verità. Il ragazzo che aveva parlato così tanto del Sé, imparò che il Sé è qualcosa che deve essere sperimentato e che non può essere descritto a parole.

"Nessuno può descrivere Brahman. Brahman non può essere conosciuto grazie all'intelletto. È un'esperienza. Chiunque può dire: 'Io sono Brahman', ma continua a provare solo le gioie e i dolori della vita. Chi ha fatto l'esperienza di Brahman è diverso.

Né il fuoco né l'acqua possono fargli del male. Successe qualcosa a Sita quando saltò nel fuoco? Niente. Alcuni affermano di essere Brahman, ma se si tenessero questi 'Brahman' sott'acqua, annasperebbero per riuscire a respirare, temendo disperatamente per la propria vita. E se venissero gettati nel fuoco, brucerebbero. Non hanno l'esperienza del Brahman al di là dei piaceri e delle sofferenze materiali. Senza una sadhana disciplinata, non è possibile avere la realizzazione di essere Brahman."

Indicando una mucca che stava pascolando nelle vicinanze, la Madre proseguì: "Vedete quella mucca? Otterreste del latte tirandole le orecchie? Si può dire che c'è il latte in ogni parte del suo corpo? Soltanto le sue mammelle hanno il latte, e noi l'otterremo soltanto mungendola.

"È vero che Dio è ovunque, ma per farne davvero l'esperienza, dobbiamo praticare la sadhana sotto la guida di un guru, con la mente focalizzata e con lakshya bodha."

Br: "Amma dice di non aver imparato le Scritture, ma nonostante ciò, tutto quello che dice viene direttamente dalle Scritture!"

Madre: "Figlio, le Scritture sono state scritte sulla base dell'esperienza, non è vero? Amma parla di cose che Lei ha visto, sentito e sperimentato, e allora devono essere per forza nelle Scritture."

Br: "Amma, Ramarajya (il regno di Rama) tornerà mai?"

Madre: "Ramarajya tornerà, ma ci sarà anche almeno un Ravana. Anche Dwaraka tornerà, ma ci saranno anche Kamsa e Jarasandha."

Br: " Amma, la gente dice che la reincarnazione esiste. È vero?"

Madre: "Il mese scorso abbiamo imparato insieme una canzone. Poiché adesso non ce la ricordiamo, possiamo sostenere che non l'abbiamo imparata? Ci sono tanti testimoni del fatto che l'abbiamo imparata. Può essere impossibile per voi ricordare le vostre vite precedenti, ma un tapasvi lo può fare. Diventa possibile quando la mente si è affinata grazie alla sadhana."

Più tardi quel pomeriggio, accompagnato da un gruppo di persone, arrivò Puthumana Damodaran Nambudiri, un famoso sacerdote tantrico del Kerala, per ricevere il darshan della Madre.

Era la prima volta che Puthumana faceva visita alla Madre. Amma non disse molto. Per la maggior parte del tempo restò seduta con gli occhi chiusi, lo sguardo rivolto all'interno. Sembrava essere in meditazione.

Puthumana lesse ad alta voce un poema in sanscrito che aveva scritto sulla Madre e glielo offrì. Disse: "Lo so che è sbagliato volere la ricchezza, ma la mente la desidera. Lo so che è sbagliato desiderare il frutto delle proprie azioni, ma se non possiamo raggiungere l'assenza di desiderio nell'azione, cosa dobbiamo fare?"

La Madre non rispose. Restava a guardarlo sorridendo. Spesso il Suo silenzio è più eloquente delle Sue parole.

Puthumana (rivolgendosi ad Amma e Ottur, che Le stava seduto accanto): "Sono così felice di vedervi insieme come Krishna e Kuchela!"

Ottur: "È vero! Ma, d'altra parte, una cosa simile non s'è forse mai vista prima. L'oscurità svanisce all'apparire del sole, ma qui, come puoi vedere con i tuoi occhi, c'è l'oscurità (indicando se stesso) in forma solida!"

Risero tutti. Fortunato è quel devoto che diventa la personificazione dell'indifeso in presenza della Madre dell'U-niverso, che è la dimora della compassione! Cosa potrà allora fermare il flusso della Sua grazia?

## *Domenica 16 febbraio 1986*

### Il suo sankalpa è la verità stessa

La Madre ritornò in mattinata da Alappuzha, dove aveva trascorso due giorni con i Suoi figli. Si era tenuto un Ramayana *yajna* (una dissertazione sul Ramayana della durata di diversi giorni). La maggior parte dei brahmachari non sarebbe tornata prima di sera, dopo aver partecipato alla processione delle luci al termine dello yajna.

Sulla via del ritorno la Madre aveva detto ad una brahmacharini: "Figlia, appena arrivi all'ashram cucina subito del riso." Ma al loro arrivo il riso e le verdure erano già stati preparati. La brahmacharini non sapeva cosa fare. Disse agli altri: "Perché Amma mi ha chiesto di cucinare? È stato già preparato tutto. Se cucino dell'altro cibo, lo dovremo buttare via, non è vero? Oggi qui c'è addirittura meno gente del solito. Ma se non cucino, disobbedisco alla Madre." Malgrado gli altri le dicessero di non cucinare niente perché sarebbe stato uno spreco, decise di ignorare il loro consiglio e di obbedire semplicemente alle istruzioni di Amma. Così cucinò il riso pensando che ogni avanzo avrebbe potuto essere usato per cena quella sera.

Già all'ora di pranzo era evidente che le previsioni di tutti erano sbagliate – tranne quelle della Madre. La folla dei devoti era aumentata notevolmente, e alla fine del pranzo non era avanzato niente. Era appena bastato. Se la giovane non avesse seguito le istruzioni di Amma, tutti si sarebbero sentiti in colpa per non essere in grado di dare da mangiare ai devoti. Ogni parola della Madre è piena di significato. All'inizio potrebbe sembrare insignificante o poco importante, ma ciò è solo a causa della nostra incapacità di capirla ad un livello più profondo.

Alla sera, mentre Amma si stava avviando verso il kalari per i bhajan e il bhava darshan, un brahmachari Le chiese: "Visto che l'ashram non ha i soldi per continuare la costruzione del nuovo edificio, perché non facciamo un appello attraverso *Matruvani*?"[26]

Con tono serio la Madre disse: "Sei proprio tu a dire questo, figlio? Sembra che fino ad ora tu non abbia imparato nulla dalla tue esperienze. Coloro che si sono abbandonati a Dio non devono preoccuparsi di niente. Non dobbiamo mai avvicinare qualcuno con un desiderio in mente, poiché ciò ci porterà soltanto sofferenza. Prendiamo rifugio solo in Dio; Egli ci darà tutto ciò di cui abbiamo bisogno. Dove ci sono i tapasvi, non manca niente; tutto arriva automaticamente quando è necessario.

"Abbiamo iniziato questa costruzione con dei contanti in mano? Abbiamo incominciato pensando a degli aiuti? Veramente no. Finora abbiamo trovato rifugio solo in Dio e, per questa ragione, Egli non ha permesso che ci fosse alcun ostacolo ai lavori – e continuerà a prendersi cura di noi."

Quando era stata posata la prima pietra delle fondamenta per il grande edificio adesso in costruzione, tutti si erano meravigliati. L'ashram non poteva dire di avere fondi. Ad ogni modo, l'ashram possedeva due case a Tiruvannamalai vicino al Ramanashram ed era nata l'idea di venderle. Ma quando Amma aveva visitato il luogo, erano giunti così tanti devoti per avere il Suo darshan, che a qualcuno non era piaciuta l'idea di vendere le case. Quando al Suo ritorno la Madre era venuta a saperlo, aveva detto: "Se siamo così vicini ad un altro ashram, è facile che si crei della competizione. Quindi è meglio non avere un ashram vicino al Ramanashram. Vendiamo le case e facciamo qualcosa qui. Un ashram dovrebbe sempre sorgere in un luogo in cui può essere di servizio agli altri. Là il nostro ashram non è necessario, perché c'è già l'ashram di Ramana Bhagavan."

[26] La rivista mensile dell'ashram.

Le due case a Tiruvannamalai erano state vendute ed era stata fissata una data per la posa della prima pietra dell'edificio di un ashram ad Amritapuri. Simultaneamente, i proprietari di alcuni terreni confinanti con l'ash-ram avevano messo in vendita le loro proprietà. L'ashram aveva acquistato quella terra con i soldi messi da parte per il nuovo edificio. All'epoca, un brahmachari aveva fatto notare che era inutile gettare le fondamenta dell'edificio principale, visto che non avevano più soldi per la costruzione. La Madre aveva risposto: "Procediamo comunque col nostro progetto. Dio si prenderà cura di tutto. Farà in modo che avvenga."

Le fondamenta erano state gettate come previsto e i lavori erano cominciati. Da allora la costruzione era progredita senza alcun ostacolo. In qualche modo, tutto ciò che era necessario era sempre arrivato in tempo. E Amma insisteva che loro non chiedessero aiuto quando serviva qualcosa per l'edificio.

Dirigendosi verso il kalari, la Madre disse: "Quando si accetta tutto come volontà di Dio, i nostri fardelli vengono portati via, e non incontriamo nessuna difficoltà. C'è una giovane figlia che ama moltissimo Amma. La chiama 'Mataji.' Un giorno è caduta dall'altalena, ma non si è fatta male. Si è alzata da terra e ha detto: ' Col potere di Mataji sono salita sull'altalena; poi Mataji mi ha spinta giù dall'altalena, e Mataji ha fatto in modo che non mi facessi male.' Dovremmo essere così. Anche se gli altri considerano la gioia o la sofferenza come il loro prarabdha, noi dovremmo accettare tutte le nostre gioie e sofferenze come volontà di Dio."

Amma si voltò verso un giovane che aveva espresso il desiderio di vivere all'ashram, e disse: "La vita spirituale è come stare in piedi in mezzo al fuoco senza bruciarsi." La Madre raggiunse il kalari e si sedette per i bhajan. La musica sacra cominciò a fluire, ricolma di devozione.

**Gajanana he Gajanana**

*Tu dal volto d'elefante*
*Figlio di Parvati*
*Dimora della Compassione*
*Causa Suprema*

## *Martedì 25 febbraio 1986*

### Colei che muove fili invisibili

Una signora di mezza età di Bombay ed una giovane appena arrivata dalla Germania giunsero insieme dalla Madre, si inchinarono ed offrirono un piatto con della frutta ai Suoi piedi. Amma le abbracciò. Questa era la prima volta che la ragazza visitava l'ashram. I suoi occhi traboccavano di lacrime.

Madre: "Da dove vieni, figlia mia?"

Ma la giovane piangeva così tanto da non poter rispondere. La Madre l'abbracciò e le accarezzò la schiena. Infine la sua compagna narrò ad Amma le circostanze che avevano condotto la giovane donna all'ashram.

Veniva dalla Germania ed era devota di Sharada Devi. Aveva letto molti libri su Sharada Devi e la sua devozione era cresciuta costantemente. Non sopportava il dolore di non poter vedere la Dea che era l'oggetto della sua venerazione. Una mattina, mentre era in meditazione, vide chiaramente nella sua mente una donna sorridente, tutta vestita di bianco e con il capo coperto dall'estremità delle sue vesti. La giovane si chiese chi potesse essere, poiché non l'aveva mai vista prima, nemmeno in un'immagine. Si convinse che dovesse essere un'altra forma di Sharada Devi, che lei amava così tanto. Le sembrò di vedere Sharada Devi in persona e fu sopraffatta dalla beatitudine.

Tre giorni dopo ricevette una lettera da un amico. Dentro c'era una foto della stessa donna che aveva visto in meditazione. La sua gioia non conobbe confini. Scrisse al suo amico chiedendo maggiori informazioni sulla donna della fotografia. Ma lui non sapeva nulla di Lei. Uno dei suoi amici era andato in India e gli aveva spedito la foto da lì. Poiché lui non aveva inclinazioni spirituali, l'aveva mandata a lei, che sapeva avere interesse per la spiritualità. L'unico indizio su come trovare la donna era un indirizzo sul retro della foto.

Lei non perse tempo. Fece immediatamente i preparativi per andare in India e raggiunse in volo Bombay. A Bombay prese un aereo per Cochin, tenendo la foto in mano. Persino sull'aereo continuava a guardare la foto. Una signora indiana più anziana, che le stava seduta accanto, lo notò e le chiese della foto. La ragazza le mostrò l'indirizzo sul retro della foto e le disse che era in India per la prima volta e non sapeva la strada. Con sua grande sorpresa la donna le disse che stava andando anche lei allo stesso ashram e che l'avrebbe accompagnata! Era una devota della Madre! Così la giovane aveva raggiunto l'ashram senza difficoltà.

Vale la pena notare che un mahatma aiuta i ricercatori sul sentiero spirituale attirandoli nella maniera appropriata al samskara di ogni persona, e guidandoli sulla loro via. Molte persone ritengono che Amma sia Krishna, Shiva, Ramakrishna Paramahamsa, Kali, Durga, Mukambika o Ramana Maharshi. La Madre ha persino dato il darshan alle persone in quelle forme. Ma è impossibile indovinare quale possa essere stata l'incarnazione precedente di Amma.

La Madre diede disposizioni ad una brahmacharini affinché organizzasse il soggiorno delle due donne. Poi si recò dietro le capanne dei brahmachari, dove c'erano diversi rifiuti in giro, e incominciò a pulire. I brahmachari si sentirono in imbarazzo ed accorsero ad aiutare. Anche alcuni devoti si fecero avanti per aiutare la Madre. Mentre lavorava Amma parlava coi devoti, suggerendo soluzioni ai loro problemi.

## Crescere i figli

Una famiglia del nord del Kerala, arrivata all'ashram il giorno prima, stava lavorando a fianco della Madre. Il padre colse l'occasione per parlare alla Madre degli studi della figlia. "Amma, non studia per niente. Ti prego, trasmettile del buon senso. Mia moglie non fa che viziarla."

Moglie: "Ma Amma, è ancora una bambina! Io non la sgrido né picchio perché la punisce già mio marito, ed è abbastanza. Non voglio che la puniamo entrambi!"

Un devoto: "Oggigiorno solitamente è la madre che vizia i figli."

Madre: "Perché dare la colpa solo alle madri? Anche i padri hanno un ruolo nel crescere i figli. Oggigiorno i genitori pensano solo a mandare i figli a scuola quando sono molto piccoli, farli studiare il più possibile, e poi trovar loro un lavoro. Non si curano dello sviluppo spirituale dei figli o della purezza del loro carattere. La prima cosa di cui i genitori si dovrebbero preoccupare è il carattere dei loro figli. Dovrebbero insegnare loro le buone maniere, e ciò significa dar loro un'istruzione spirituale. I genitori dovrebbero raccontare ai figli storie che insegnino i princìpi morali, e dovrebbero abituarli a praticare il japa e la meditazione. Facendo sadhana, l'intelligenza e la memoria del bambino miglioreranno enormemente. Solo dando uno sguardo al libro di testo, saranno in grado di ricordare tutto quanto hanno studiato durante l'anno. E quando sentiranno una domanda, la risposta apparirà nella loro mente proprio come in un computer. Inoltre si comporteranno bene. Progrediranno spiritualmente e nella vita otterranno anche il successo materiale."

Quando il lavoro fu terminato, la Madre si sedette vicino ad un albero di cocco, e i devoti si radunarono attorno a Lei. Uno di loro Le presentò un giovane che era appena arrivato all'ashram.

Devoto: "Viene da Malappuram. Passa tutto il tempo a lavorare per la salvaguardia della natura. Lui ed alcuni suoi amici cercano di preservare i templi e le vasche sacre dei templi."

Il giovane sorrise timidamente e si inchinò a mani giunte dinanzi alla Madre.

Madre: "Qui tutto il terreno dell'ashram è stato strappato alla laguna. I figli hanno piantato alberi di cocco, di banane, e piante da fiore, ovunque hanno potuto." La Madre si lavò le mani e si avviò verso il kalari con i devoti che la seguivano a breve distanza.

## Dove cercare la felicità

La Madre si sedette sulla veranda del kalari. I devoti si prostrarono e sedettero con Lei. Il nuovo venuto chiese: "Malgrado siano disponibili così tanti comfort materiali, la gente è infelice. Perché, Amma?"

Madre: "Sì, è vero. Oggigiorno la maggior parte della gente non riesce a trovare pace e appagamento. Costruisce case grandi come palazzi e finisce per suicidarvisi dentro! Se case di lusso, ricchezze, comfort fisici e alcolici fossero fonte di felicità, ci sarebbe bisogno di morire di depressione in questo modo? Dunque, la vera felicità non si può trovare in queste cose. La pace e l'appagamento dipendono interamente dalla mente.

"Cos'è la mente? Da dove viene? E qual è lo scopo della vita? Come dobbiamo vivere la nostra vita? Noi non proviamo a comprendere queste cose. Se le capissimo e vivessimo di conseguenza, non avremmo bisogno di vagabondare in cerca della pace mentale. Invece, tutti cercano la pace all'esterno.

"Questo fa venire in mente ad Amma una storia. Una signora anziana stava cercando con molta attenzione qualcosa davanti alla sua casa. Un passante le chiese: 'Cosa sta cercando, nonna?' 'Sto cercando uno dei miei orecchini che ho perso,' rispose. L'uomo si unì alla ricerca. Cercarono e cercarono, ma l'orecchino non si trovava. Alla fine l'uomo disse all'anziana donna: 'Provi a ricordare esattamente dove potrebbe essere caduto.' Lei disse: 'Veramente è caduto da qualche parte in casa.' L'uomo si innervosì e disse: 'Ma santo cielo, allora perché lo sta cercando qui fuori, quando sa di averlo perso in casa?' L'anziana donna rispose: 'Perché dentro è così buio. Ho pensato di cercarlo qui fuori perché c'è la luce del lampione.'

"Figli, siamo come quest'anziana signora. Se desideriamo godere della pace nella nostra vita, dobbiamo trovarne la vera fonte e cercarla lì. Non troveremo una pace o felicità autentica nel mondo esterno."

## I benefici degli yaga

Giovane: "Recentemente è stato eseguito uno *yaga* (un elaborato rito vedico sacrificale). Molti erano contrari, affermando che venivano spesi dei soldi per una cosa non necessaria."

Madre: "Sì, si chiedevano perché spendere soldi per Dio. Figlio, Dio non ha bisogno di nessuno yaga. È l'uomo a trarne beneficio. Gli yaga purificano l'atmosfera. Proprio come rimuoviamo il muco dall'interno del corpo grazie al *nasyam* (un trattamento ayurvedico), il fumo dell'*homa* (il fuoco sacrificale) purifica l'atmosfera. Amma non sta suggerendo di spendere una cifra eccessiva per homa, yaga e simili. Non è necessario offrire oro e argento al fuoco. C'è però un principio dietro a queste cerimonie. Quando offriamo al fuoco sacrificale qualcosa a cui siamo legati, è come recidere l'attaccamento. Il più grande yaga si ha quando sacrifichiamo il nostro ego per amore di Dio. In questo consiste il vero *jnana* (saggezza suprema). Dovremmo abbandonare l'idea di 'io' e di 'mio', e vedere tutte le cose come l'unica Verità, come Dio.

Dovremmo comprendere che nulla è separato da noi. Offrendo il nostro ego nel fuoco dell'homa, diventiamo completi.

"Gli homa non danno beneficio solamente a coloro che li eseguono, ma anche a tutte le persone nell'area circostante. Se non ci è possibile eseguire tali cerimonie, dovremmo far crescere molti alberi e piante medicinali, poiché anch'essi purificano l'aria. Molte malattie possono essere prevenute se si respira l'aria che è stata a contatto di piante medicinali.

"L'uomo è diventato molto materialista. Ha fretta di tagliare gli alberi per trasformarli in denaro. Disbosca le foreste e le trasforma in campi coltivati. Queste azioni hanno cambiato la natura. La pioggia non cade più o il sole non splende più al momento giusto, e l'atmosfera è diventata incredibilmente inquinata. L'uomo vive senza conoscere se stesso. Vive solo in funzione del corpo, dimenticando l'*Atman* che dà vita al corpo.

"La gente si chiede: 'Perché dovremmo sprecare soldi per degli yaga e homa? Certamente Dio non ha bisogno di queste cose.' Ma quelle stesse persone non si lamentano per i milioni spesi per portare una manciata di terra dalla luna. E loro stessi traggono effettivo beneficio da cerimonie come yaga e homa.

"Oggi le persone ridono della pratica di accendere una lampada ad olio in casa. Ma il fumo della lampada purifica l'atmosfera. Nelle ore del crepuscolo, le vibrazioni impure permeano l'atmosfera. Questa è la ragione per cui recitiamo i nomi divini o cantiamo i bhajan in quel particolare momento. Se non recitiamo il japa a quell'ora, le nostre tendenze materialiste si rafforzeranno. Inoltre al tramonto non si dovrebbe mangiare. Mangiare a quell'ora del giorno porta alla malattia, poiché al crepuscolo l'aria è velenosa. Si dice che il re dei demoni Hiranyakasipu fu ucciso durante *sandhya*, l'ora del crepuscolo. A quell'ora predomina l'ego. Possiamo distruggere l'ego soltanto rifugiandoci in Dio. Ma oggigiorno a quell'ora la gente guarda la televisione o ascolta le colonne sonore dei film [27].

"Quante case hanno la stanza per la puja? Nei tempi antichi, quando si costruiva una casa la stanza della puja era ritenuta di primaria importanza. Oggi solitamente Dio viene relegato nel sottoscala. A Dio, che dimora nei nostri cuori, dovremmo offrire il cuore della casa. Ecco come esprimiamo il nostro rapporto con Lui. Dio, ad ogni modo, non ha bisogno di nulla.

"Dio non ha bisogno di niente da noi. Il sole ha bisogno della luce di una candela? Siamo noi, che viviamo nel buio, ad avere bisogno della luce. Abbiamo bisogno di dare acqua ad un fiume per dissetarlo? Rifugiandoci in Dio, siamo noi ad acquisire purezza di cuore, e con un cuore puro possiamo godere costantemente della beatitudine. Abbandonandoci a Dio, siamo noi a trovare la pace, eppure abbiamo la tendenza a venerare Dio come se fosse Dio ad aver bisogno di qualcosa!

"Sebbene Dio sia onnipotente ed onnipresente, può essere visto solo dai puri di cuore. È difficile vedere il riflesso del sole nell'acqua melmosa, ma nell'acqua limpida la sua immagine può essere vista facilmente.

"Quando renderemo Dio parte della nostra vita, ciò santificherà la nostra vita, e anche quella degli altri. Allora cominceremo a provare pace e appagamento. Pensate ad un fiume che sia pieno e puro. Siamo noi quelli che ne traggono beneficio. Con l'acqua di quel fiume possiamo pulire i nostri canali di scolo e le nostre tubature sporche. Un laghetto putrido e stagnante può essere bonificato collegandolo al fiume. Dio è come un fiume puro. Coltivando un rapporto con Dio, la nostra mente diventa così vasta da abbracciare il mondo intero. In questo modo ci avviciniamo al Sé e rechiamo anche beneficio agli altri."

---

27 L'equivalente indiano della musica pop occidentale.

## Altre domande dei devoti

Una devota: "Amma, hai chiesto tu ai residenti dell'a-shram di venire a vivere qui?"

Madre: "Amma non ha chiesto a nessuno di restare qui. Un padre di famiglia si prende cura solo di una famiglia, ma un sannyasi deve portare il peso del mondo intero. Bisogna considerare tutti i problemi che potrebbero sorgere in seguito, se si permette di restare qui a qualcuno che vuole venire come sannyasi, poiché la maggior parte di loro non è in grado di mantenere il senso di distacco iniziale. In effetti, Amma ha detto a tutti i figli che non voleva che restassero, ma non se ne sono voluti andare. Alla fine Amma ha detto loro che li avrebbe fatti restare se avessero portato una lettera di consenso da casa. Diversi sono tornati col permesso delle loro famiglie. È così che la maggior parte dei figli sono diventati residenti. Si vede che hanno un vero distacco.

"Alcuni di loro, invece, non hanno ottenuto il permesso, ma sono rimasti qui lo stesso perché il loro desiderio e distacco erano proprio forti. Ne sono sorti grandi problemi a casa. I loro genitori hanno provato a fermarli rivolgendosi al tribunale. Sono venuti con la polizia e hanno trascinato via i figli, e li hanno portati al manicomio! (Ridendo) E sapete perché? Perché alcuni figli, che bevevano alcolici, hanno smesso di bere quando hanno conosciuto Amma! Alcuni genitori non volevano che i loro figli diventassero sannyasi e servissero il mondo, avrebbero preferito mandati al cimitero!"[28]

Giovane: "C'è qualcuno che in seguito si è pentito di aver scelto la vita dell'ashram?"

Madre: "Nessuno di quelli che avevano un'autentica consapevolezza della meta si è pentito di aver scelto questa vita. Il loro

---

[28] [28] Con la grazia della Madre e la loro determinazione, alla fine questi giovani riuscirono a stabilirsi all'ashram.

è un percorso di grande beatitudine. Non temono nemmeno la morte. Se si fulmina una lampadina, non significa che non ci sia elettricità. Malgrado il corpo muoia, l'Atman non perisce. Loro lo sanno. Hanno affidato la loro vita a Dio. Non pensano al passato e non si preoccupano del domani. Non sono come chi si presenta per un colloquio di lavoro; sono come chi ha già trovato un lavoro sicuro. Chi va a fare un colloquio è ansioso del risultato; si preoccupa se otterrà il posto o no. Ma chi ha già ottenuto il posto se ne va in pace. La maggior parte di questi figli ha fede assoluta che il guru li condurrà alla Meta."

Giovane: "Amma, per cosa dovrebbe pregare una persona spirituale?"

Madre: "Dovrebbe pregare: 'O Dio, innumerevoli persone soffrono. Dammi la forza di amarle! Fa' che io le ami in modo altruista!' Questa dovrebbe essere l'aspi-razione di una persona spirituale. Le tapas devono essere praticate per acquisire la forza di aiutare gli altri. Un vero tapasvi è come un bastoncino d'incenso che si lascia bruciare mentre offre il suo profumo agli altri. Una persona spirituale trova la felicità nell'essere pieno di compassione e amore verso tutti, persino per chi gli è ostile. È come l'albero che fa ombra persino a chi lo sta abbattendo.

"Un vero tapasvi desidera servire gli altri grazie al sacrificio di sé, proprio come una candela dà luce agli altri mentre si scioglie. Il suo obiettivo è dare felicità agli altri dimenticandosi delle proprie difficoltà. Questo è ciò per cui prega. Questa attitudine risveglia in lui l'amore per Dio. Amma aspetta persone simili. Sarà la liberazione che andrà in cerca di loro e li servirà con lo spirito di una donna di servizio. La liberazione giungerà a loro volando come le foglie sulla scia di un turbine di vento. Altri, le cui menti non sono così vaste, non otterranno la realizzazione, per quanto a lungo pratichino tapas. Questo luogo non è per coloro che vengono alla ricerca solo della loro liberazione personale.

"Figli, sadhana non significa solo pregare e fare japa. La vera preghiera include l'essere pieni di compassione ed umiltà verso gli altri, sorridere a qualcuno e dire una parola gentile. Dobbiamo imparare a perdonare gli errori degli altri ed essere profondamente compassionevoli – proprio come la nostra mano accarezza automaticamente l'altra che si è fatta male. Sviluppando amore, comprensione e apertura mentale, possiamo alleviare il dolore di moltissime persone. Il nostro altruismo ci consentirà anche di godere della pace e della beatitudine che sono dentro di noi.

"Quando Amma era giovane, aveva l'abitudine di pregare così: 'O Dio, tutto ciò che mi devi dare è il tuo cuore! Fa' che io ami il mondo intero come fai tu, nel tuo stesso modo altruista!' Questo è ciò che ora Amma dice di fare ai Suoi figli; essi dovrebbero desiderare Dio in questo modo."

La Madre smise di parlare e sedette per un po' con gli occhi chiusi. Poi li riaprì e chiese ad un brahmachari di cantare un kirtan. Mentre lui cantava, tutti ripetevano ogni verso nel modo tradizionale.

**Vannalum Ambike, taye manohari**

*Vieni, O Madre, Incantatrice della mente!*
*O Ambika, lascia che io ti veda!*
*Fa' che la tua bellissima forma risplenda*
*Nel loto del mio cuore.*
*Quando verrà l'alba di quel giorno benedetto*
*In cui il mio cuore sarà colmo di devozione per te?*

La Madre sollevò entrambe le braccia in uno stato d'animo estatico e continuò a cantare:

### Naman japichu samtruptanayennu

*Quando mi bagnerò nelle lacrime di gioia*
*Che sgorgano cantando il nome divino?*
*Verrà mai l'alba del giorno*
*In cui la mia mente e il cuore diventeranno puri?*
*Arriverà il giorno in cui abbandonerò*
*Il mio orgoglio e la vergogna,*
*I miei rituali e le fatiche?*

*Quando berrò quell'inebriante devozione*
*E perderò la mia mente per Amore?*
*Quando scoppierò a piangere*
*Nel mezzo di una beata risata?*

Amma cantò i versi più volte. Quando il bhajan finì, restò in uno stato d'animo elevato, e le lacrime Le rigavano il volto. Tutti i presenti, nel silenzio del loro cuore, si inchinarono a Lei.

Era giunta l'ora consueta per i bhajan. La Madre e gli altri andarono al kalari e cominciarono i canti.

### Kerunnen manasam, Amma

*Madre, la mia anima sta piangendo.*
*Madre, Madre mia, mi senti?*
*Col cuore dolente,*
*Ho vagato senza meta per tutta la terra,*
*Alla Tua ricerca.*
*Cosa devo fare ora, Madre?*

*Che peccato ha commesso quest'essere indifeso*
*Perché Tu gli mostri tale indifferenza?*
*Madre, laverò i tuoi piedi di fiore*
*Con le mie calde lacrime.*

*Madre, mi sto indebolendo*
*Per l'insopportabile peso delle azioni passate.*
*Madre, non tardare a dare rifugio*
*A quest'umile servo,*
*Completamente esausto.*

Amma, che proprio qualche attimo prima aveva descritto il servizio altruistico come sinonimo di devozione, stava ora piangendo d'amore per la Madre dell'Universo. Nel vedere questo gioco di stati d'animo, come fare a non meravigliarsi degli imperscrutabili e mutevoli bhava della Madre?

### *Mercoledì 26 febbraio 1986*

## La Madre che punisce con la bacchetta

Manju, una ragazzina che viveva all'ashram e che non era potuta stare con la Madre da diversi giorni, era rimasta a casa da scuola con la speranza di passare un po' di tempo con Lei.

Quando Amma scoprì il motivo per cui Manju aveva marinato la scuola, minacciò la ragazza con un bastone e la scortò fino al traghetto. Di ritorno alla capanna per dare il darshan, la Madre incontrò un bimbo e suo padre.

Padre del bambino: "Amma, mio figlio ha insistito per vederti. Così l'ho dovuto portare qui. L'ho lasciato persino saltare la scuola. Quando gli ho detto di aspettare fino a domenica non ne ha voluto sapere."

Madre (ridendo): "Proprio un momento fa, ho spedito una ragazzina a scuola col bastone! Figlio, non vuoi andare a scuola?"

Bambino: "No, voglio stare con Amma!"

Madre (ridendo): "Se resti qua, l'umore di Amma cambierà improvvisamente. Lo vedi quell'albero là davanti con tutti quei rami? Lo facciamo crescere proprio per sculacciarci i bambini!

Quindi non saltare la scuola per la voglia di venire qui. Tu sei un figlio di Amma, non è vero? Allora va' a scuola e passa gli esami, e poi senz'altro Amma ti lascerà restare qui."

Il bambino si sciolse davanti all'affetto di Amma, specialmente quando il bacio della Madre gli mise un sigillo d'amore sulla guancia.

## Il sannyasa è solo per i coraggiosi

Un devoto si fece avanti e s'inginocchiò davanti alla Madre. Le raccontò di un suo amico, sposato e con due figli, che aveva appena abbandonato la famiglia. Aveva condotto una vita di lusso, malgrado non avesse un reddito fisso, e si era indebitato molto. Con i creditori che lo tormentavano a casa, incapace di trovare una via d'uscita ai suoi problemi, alla fine se ne era andato di casa dicendo di voler diventare un sannyasi. Il devoto domandò ad Amma: "Per molte persone, la vita in un ashram non è una fuga dalla vita reale? Quando incontrano problemi e difficoltà insopportabili, allora prendono il sannyasa."

Madre: "Persone così non saranno in grado di resistere; non riusciranno a perseverare nella vita spirituale. La vita spirituale è per i forti e i coraggiosi. Alcuni indossano l'a-bito ocra nello slancio del momento, senza rifletterci a fondo. La loro vita sarà tutta una delusione.

"Un padre di famiglia si prende cura solo della moglie e dei figli. Deve fare attenzione solo ai loro problemi. Ma una persona spirituale deve portare il peso del mondo intero. Non può vacillare in nessuna situazione. Deve essere saldo nella sua fede e saggezza spirituale. Non può essere debole. Persino se qualcuno lo picchia o se una donna prova a toccarlo, non deve vacillare di un centimetro. La sua vita non dovrebbe mai essere influenzata dalle parole o azioni di nessun altro.

"Ma oggi le persone non sono così. Se qualcuno colto dalla rabbia rivolge loro qualche parola di insulto, sono pronte ad ucciderlo, in quello stesso istante. Se non si possono vendicare immediatamente, continuano a pensare a come fargliela pagare. L'equilibrio della loro vita dipende da poche parole sulla bocca di altri. Un vero essere spirituale non è per niente così. Si esercita a restare fermamente centrato in se stesso. Impara cos'è davvero la vita. La vita spirituale è impossibile senza vero discernimento e distacco.

"C'era una volta una moglie che non era mai contenta di quanto guadagnava suo marito. Lo rimproverava costantemente. Tutto ciò che il marito aveva sempre solo sentito da lei erano richieste sempre maggiori, al punto che alla fine si stancò anche di vivere. Prese in considerazione il suicidio, ma non trovò il coraggio. Decise di andarsene di casa per diventare un sannyasi. Viaggiò per un po' fino a quando trovò un guru. Prima di accettarlo come discepolo, il guru gli chiese: 'Te ne sei andato di casa per alcuni contrasti in famiglia o perché hai raggiunto un vero distacco?'

"L'uomo disse: 'Ho lasciato la mia casa perché spero di diventare un sannyasi.'

'Non hai desideri?'

'No, non ho desideri.'

'Allora non desideri la ricchezza o il potere?'

'No, non voglio niente. Non mi interessa niente.'

"Dopo aver posto qualche altra domanda, il guru accettò l'uomo come suo discepolo e gli diede un kamandalu[29] ed un bastone.

"Dopo qualche giorno, il guru ed il discepolo partirono per un pellegrinaggio. Quando si sentirono stanchi, si riposarono sulle rive di un fiume. Il discepolo posò il kamandalu ed il bastone e

[29] Recipiente con manico e beccuccio, ricavato dal guscio della noce di cocco, usato dai monaci per raccogliere cibo e acqua.

andò a fare il bagno nel fiume. Quando tornò non trovò più il suo kamandalu. Lo cercò ovunque, e non trovandolo, si arrabbiò molto.

"Il guru disse: 'Mi avevi detto di non essere attaccato a nulla. Allora perché fai tutta questa scena per un kamandalu? Lascia stare e continuiamo il viaggio.'

"Disse il discepolo: 'Ma senza non posso bere! Non ho nessun contenitore per l'acqua!'

"Disse il guru: 'Dovresti essere senza desideri e invece ti attacchi a un desiderio così piccolo? Cerca di vedere tutto come volontà di Dio.'

Il discepolo restò comunque turbato. Nel vedere ciò, il guru gli ridiede il suo kamandalu. Il guru l'aveva nascosto per metterlo alla prova.

"Ripresero il viaggio. Come arrivò l'ora di pranzo, al discepolo venne molta fame, ma il guru non gli diede niente da mangiare. Quando il discepolo si lamentò, il guru disse: 'Una persona spirituale deve avere pazienza e resistenza. Deve essere in grado di proseguire senza vacillare persino se resta senza cibo per un giorno. Come fai ad essere già così debole per la fame? È solo mezzogiorno! L'attaccamento al cibo è una delle prime cose a cui un ricercatore spirituale rinuncia. Lo stomaco dovrebbe essere la prima cosa a restringersi nella vita spirituale.'

"Il guru diede al discepolo delle erbe in polvere da mischiare all'acqua per togliere la fame. Il discepolo non ne sopportò il sapore amaro e vomitò. Con questo, decise che ne aveva avuto abbastanza, e che preferiva sopportare i rimproveri di sua moglie a casa piuttosto che continuare la vita da sannyasi. Così chiese al guru il permesso di tornare a casa.

"Il guru disse: 'Cosa avevi in mente quando sei partito per diventare un sannyasi?'

"Rispose il discepolo: 'Non avrei mai immaginato che sarebbe stato così. Credevo che avrei soltanto dovuto fare il bagno tutti i giorni, mettermi la cenere sacra, e sedere da qualche parte con gli occhi chiusi. Pensavo che la gente sarebbe venuta ad inginocchiarsi e a darmi *bhikhsa* (elemosina), e che avrei avuto da mangiare in abbondanza e con puntualità, senza dover lavorare.' E così torno a casa da sua moglie.

"È questo che succede a chi prende il sannyasa a causa di litigi con gli altri, per ripicca, o semplicemente se prova a fuggire dalla vita senza aver sviluppato un vero *vairagya* (distacco).

"Non dovremmo adottare la vita del rinunciante senza prima imparare a discriminare tra l'eterno e l'evanescente, e senza aver prima sviluppato il distacco. La nostra meta sul sentiero spirituale dovrebbe essere il provare empatia per i poveri, gli ammalati e i sofferenti, e vivere una vita di servizio altruistico dedicata al bene degli altri. Ogni respiro di una persona spirituale dovrebbe essere un respiro di comprensione per coloro che soffrono in questo mondo, e non per il proprio comfort. Nello stesso tempo, egli dovrebbe sviluppare costantemente la forza interiore, pregando incessantemente: 'O Dio, dove sei? Dove sei?'

"Mentre una persona comune è come una candela, un sannyasi splende come il sole, donando luce a migliaia. Non si preoccupa nemmeno della propria liberazione. Il significato della rinuncia è voler offrire al mondo tutto il potere acquisito con la sadhana. Questo è l'unico obiettivo del sannyasi. Un essere spirituale è colui che non vuole altro che una vita di vera rinuncia.

"Ai figli che sono venuti qui, Amma ha concesso il permesso di restare solo dopo averli sottoposti a diverse prove. Ha dato loro da mangiare solo una volta al giorno, e soltanto cibo insipido, senza sale o spezie. Ma essi l'hanno accettato con gioia. Hanno avuto autocontrollo. Amma li ha messi alla prova per vedere se avrebbero cercato di procurarsi del cibo gustoso dopo aver iniziato la vita di servizio. È stata anche a guardarli per vedere se con la scusa della meditazione se ne stavano solo seduti senza lavorare. Non importa quante tapas facciano, devono anche contribuire al lavoro necessario nell'ashram. Se non sono disposti a farlo, diventeranno pigri e faranno solo del danno alla comunità.

"Amma ha detto loro che se non avevano un compito specifico da svolgere potevano almeno arare la terra attorno agli alberi di cocco. Hanno svolto ogni tipo di lavoro, e tengono duro, nonostante siano passati attraverso ogni tipo di prova.

"Finora, Amma ha trovato la stessa vigilanza in tutti i figli che sono qui. Quelli che non ce l'hanno, non riescono a rimanere, e alla fine torneranno alla vita mondana."

Erano le tre quando la Madre ritornò nella Sua camera.

*Venerdì 28 febbraio 1986*

## Il principio dell'ahimsa

Le riviste *Matruvani* dovevano essere spedite il giorno dopo. C'era ancora tanto lavoro da fare, e il pomeriggio stava già volgendo al termine. La Madre e i brahmachari erano seduti sulla veranda della sala di meditazione e stavano mettendo le riviste nelle buste ed incollando i francobolli. Peter, olandese, arrivò sulla veranda. Con tono arrabbiato si rivolse a Br. Nealu[30]: "Chi ha deciso di spruzzare l'insetticida sui cespugli di rose? Quei poveri insetti indifesi non dovrebbero essere uccisi in questo modo!" Nealu tradusse le sue parole alla Madre, ma Amma continuò a lavorare senza fare commenti. Si limitò a guardare Peter.

Con un'espressione triste sul volto, Peter restò in piedi lontano dal gruppo.

Poco dopo, la Madre lo chiamò. "Peter, figlio mio, va' a prendere dell'acqua da Gayatri, così che Amma possa bere."

[30] Swami Paramatmananda.

Peter aveva ancora l'espressione triste quando arrivò con l'acqua per la Madre.

Amma prese il bicchiere e disse: "Quest'acqua è bollita, non è vero? Ad Amma basta dell'acqua normale."

Peter: "Ti porterò dell'acqua filtrata, Amma. O vuoi dell'acqua di cocco?"

Madre: "Amma vuole della semplice acqua non bollita."

Peter: "È meglio non bere l'acqua non bollita, Amma. Potresti stare male."

Madre: "Ma tante cose viventi muoiono quando bolliamo l'acqua. Figlio, questo non è un peccato?"

Peter non sapeva cosa rispondere.

Madre: "Pensa a quante vite vanno distrutte quando camminiamo, schiacciate dai nostri piedi. A quanti organismi muoiono quando respiriamo! Come si può evitare?"

Peter: "Ammetto che questo sia fuori dal nostro controllo, ma possiamo almeno evitare di spruzzare le piante."

Madre: "Va bene. Supponiamo che tuo figlio o Amma si ammalino. Non insisteresti affinché prendessimo le medicine?"

Peter. "Sì, naturalmente. La cosa più importante è che voi guariate."

Madre: "Ma ci pensi a quanti milioni di germi muoiono quando prendiamo le medicine?"

Di nuovo Peter era senza risposta.

Madre: "Non è il caso di provare compassione per i germi della malattia, vero? A chi lo va a raccontare, la pianta di rose del suo dolore, quando è attaccata dai vermi? Non la dovremmo proteggere, noi che siamo i suoi custodi?"

L'ombra abbandonò il volto di Peter.

## Per ricordarci

Un gruppo di giovani era arrivato per incontrare Amma. Rimanendo a distanza, restarono a guardarLa per un po', ed infine si fecero avanti e si unirono al lavoro. Sembrava che volessero porre delle domande alla Madre, ma che qualcosa li trattenesse. Uno aveva tutta la fronte cosparsa di cenere sacra, e nel punto tra le sopracciglia si era fatto un segno con la pasta di sandalo e un punto di kumkum al centro. Diede un colpetto alla persona che gli sedeva accanto e disse: "Lo vedi? Anche Amma porta il bhasma."

"Di cosa state parlando?" domandò la Madre.

Giovane: "Amma, i miei amici pensano che sia una cosa stupida che io mi faccia questi segni. Mi prendono in giro, dicendomi che sono pitturato come una tigre."

Gli altri giovani sembravano imbarazzati. Uno di loro chiese: "Perché la gente si mette tutta questa cenere e pasta di sandalo sulla fronte? Per quale motivo?"

Madre: "Figli, ci facciamo dei segni con la pasta di sandalo e la cenere sacra, ma pensiamo al significato che c'è dietro? Quando prendiamo la cenere fra le mani, dovremmo pensare alla natura fuggevole della vita. Oggi o domani diventeremo un pugno di cenere. È per accrescere la nostra consapevolezza a questo riguardo, che indossiamo il bhasma. Quando un innamorato vede anche solo l'orlo del sari della sua amata, pensa a lei. Analogamente, la cenere sacra, la pasta di sandalo e i semi di *rudraksha* hanno lo scopo di ricordarci di Dio, di ravvivare in noi il ricordo del Sé. Sia che noi siamo importanti o comuni, possiamo morire in qualsiasi istante. Perciò dovremmo vivere senza attaccamento per nessuno eccetto Dio. Le persone a cui siamo attaccati, alla fine non verranno con noi."

Un ragazzo: "E i segni di pasta di sandalo?"

"Il legno del sandalo possiede grandi proprietà medicinali. Mettendo la pasta di sandalo su specifiche parti del corpo, i nervi e il corpo si rinfrescano, e diventano più sani. C'è anche un principio simbolico dietro la pratica di farsi un segno con la pasta di sandalo. Il legno del sandalo è profumato. Quel profumo si trova nel legno, e in nessun altra parte. Analogamente, dovremmo capire che la gioia infinita va ricercata dentro noi stessi, e dovremmo vivere nel rispetto di questa verità.

"Se un pezzo di legno di sandalo viene lasciato nel fango, la parte esterna marcirà e avrà un cattivo odore. Ma che profumo meraviglioso otteniamo da quello stesso pezzo di legno di sandalo se lo laviamo e lo strofiniamo su una pietra! Analogamente, fino a quando siamo immersi nella materialità, non possiamo godere del profumo del Sé interiore. Distruggiamo la Consapevolezza che è dentro di noi rincorrendo triviali piaceri sensoriali. Senza rendercene conto, sciupiamo il nostro corpo e i nostri sensi in piaceri che durano solo qualche istante. Questo è ciò che ci fa ricordare la pasta di sandalo. Se utilizziamo questa vita per conoscere il Sé, potremo vivere per sempre nella beatitudine."

Ragazzo: "Perché le persone indossano i semi di rudraksha?

Madre. "Il seme di rudraksha simbolizza l'abbandono totale. I semi sono fatti passare attraverso un filo, che forma un mala. I semi sono sorretti da quel filo. Ognuno di noi è una perla sul filo del Sé. Un mala di rudraksha ci ricorda questa verità e ci insegna ad arrenderci completamente a Dio."

## I riti nel tempio

Ragazzo: "Amma, se diciamo alla gente che andiamo all'ashram, rideranno di noi. Dicono che i templi e gli ashram sono cose da vecchi."

Madre: "Oggi la gente critica i templi, ma i templi hanno lo scopo di accrescere i pensieri spirituali e sviluppare delle buone qualità nelle persone.

"Vediamo i sostenitori di un partito marciare con le loro bandiere. Supponiamo che qualcuno strappi una di quelle bandiere o che la bruci o che ci sputi sopra. Lo picchierebbero a morte! Ma cosa c'è in una bandiera? È solo un pezzo di stoffa. Se la perdi, puoi comprarne quante ne vuoi di nuove. Ma una bandiera è più di un pezzo di stoffa. Rappresenta un ideale, ed ecco perché le persone non tollererebbero una mancanza di rispetto nei suoi confronti. Analogamente, il tempio è un simbolo di Dio. Vediamo Dio nelle sue immagini. Quando entriamo nel tempio e riceviamo il darshan, nella nostra mente sbocciano buoni pensieri e noi ci ricordiamo del vero ideale. L'atmosfera di un tempio è molto diversa da quella di una macelleria o di un bar. L'atmosfera è stata purificata dai sacri pensieri di innumerevoli fedeli. Un tale luogo di devozione dà sollievo a coloro che soffrono, come l'ombra fresca di un albero nel solleone, o come una coperta calda nel freddo. Venerando Dio in un tempio e assorbendo il buon samskara di quel luogo, possiamo progredire spiritualmente.

"Ci dovrebbe essere almeno un tempio in ogni villaggio. Oggi tutti sono presi da pensieri egoistici. Il tempio può rimuovere le cattive vibrazioni che creano quei pensieri. L'atmosfera verrà purificata anche solo da due secondi di intensa concentrazione mentre preghiamo in un tempio.

"La gente si chiede: 'Come può Dio vivere in un'im-magine? Non dovremmo venerare lo scultore che ha fatto la statua?' Ma se guardate il ritratto di vostro padre, è vostro padre o il pittore che vedete nel dipinto? Dio è ovunque. Non potete vederLo con i vostri occhi, ma quando ne vedete l'immagine in un tempio, vi ricordate di Dio. Quel ricordo vi benedirà e purificherà la vostra mente."

Giovane: "Amma, hai chiarito i nostri dubbi. Io di solito mi faccio un segno di pasta di sandalo sulla fronte, ma non avevo idea del suo significato. Lo facevano i miei genitori, così io seguivo il loro esempio. Quando i miei amici me ne chiedevano il perché, non sapevo cosa rispondere. Molti che credevano in Dio quando erano bambini, hanno perso la loro fede. Sono diventati schiavi del fumo e dell'alcool. Se ci fosse stato qualcuno che avesse spiegato loro le cose con logica, non si sarebbero rovinati. Anch'io avrei potuto prendere quella strada, ma non mi sono potuto allontanare completamente da Dio perché avevo paura. Amma, tornerò qui con alcuni miei amici. Solo tu puoi portarli sulla retta via."

Madre (ridendo): "Namah Shivaya! Figlio, una persona che crede in Dio e ha il suo ideale nei princìpi divini, non può diventare schiavo di cattive abitudini. Poiché dimora in se stesso, ricerca la felicità all'interno, e non al di fuori di sé. Egli deriva la beatitudine dal Dio che risiede in lui. Nulla di esterno lo può legare. Amma non insiste affinché tutti debbano accettare Dio nella loro vita, ma perché diventare schiavi di cattive abitudini? Perché diventare un peso per la propria famiglia e per la società? Oggi va di moda bere, fumare e sperperare soldi. È un peccato che i politici ed altre persone autorevoli non facciano uno sforzo per allontanare i giovani da queste cose. Se essi non riescono a dare un esempio, come faranno mai gli altri ad imparare e ad assorbire gli ideali spirituali?"

La Madre aprì una copia di Matruvani. Nel vedere che una delle pagine non era stata stampata bene a causa di una piega, disse: "Figli, prima di mettere le riviste nelle buste, dovreste controllare tutte le pagine di ogni copia. Non credete che i residenti dell'ashram dovrebbero essere vigili e stare attenti a tutto?"

Un brahmachari portò dei pacchetti di bhasma e delle caramelle in un piatto. La Madre fece cenno ai giovani visitatori di avvicinarsi. "Venite, figli miei!", disse. I giovani, che La incontravano per la prima volta, ricevettero il prasad dalle Sue sacre mani e poi presero commiato, grati per il fatto che alcuni dei dubbi che li avevano preoccupati fossero stati infine chiariti.

*Lunedì 10 marzo 1986*

## Fare sadhana con il guru

La tubatura che portava l'acqua all'ashram si era rotta. Ci sarebbe voluto qualche giorno per ripararla. Da diverse notti i residenti trasportavano l'acqua dall'altro lato dei canali, dove c'era un unico rubinetto pubblico. I residenti locali usavano il rubinetto per le loro esigenze durante il giorno, e così i residenti dell'ashram andavano a prendere l'acqua di notte. Dopo aver attraversato il canale in barca, i brahmachari riempivano i recipienti, poi tornavano al pontile dell'ashram dove la Madre e gli altri brahmachari si univano a loro per trasportare l'acqua dalla barca all'ashram. Questo lavoro di solito continuava fino alle quattro o alle cinque del mattino.

Adesso era mezzanotte. Un carico d'acqua era appena stato portato all'ashram. I brahmachari avevano riattraversato il canale per il carico seguente. Amma era sdraiata sulla sabbia in riva al canale. Qualcuno aveva disteso un lenzuolo affinché Lei ci si sdraiasse sopra, ma Amma si era rotolata sulla sabbia. In un fuoco lì vicino stavano bruciando foglie secche e immondizia, in modo che il fumo tenesse lontani gli sciami di zanzare.

Nell'attesa del prossimo carico d'acqua, i brahmachari si sedettero attorno alla Madre e meditarono. Il flusso d'acqua che usciva dal rubinetto dall'altro lato del canale era così lento che ci sarebbero volute almeno due ore prima che la barca tornasse col prossimo carico. Dopo un po', Amma si alzò dalla sabbia e gettò altre foglie nel fuoco, che arsero in una fragorosa fiammata.

Madre: "Figli, immaginate la forma della vostra Divinità Prediletta in questo fuoco. Meditate su questo."

Un brahmachari attizzava il fuoco. Il paesaggio e lo specchio immobile della laguna brillavano al chiaro di luna, dando l'impressione che la terra e l'acqua fossero coperte da una coltre intessuta di rilucente argento. Una pace profonda permeava la notte. La quiete era rotta solo dagli sporadici latrati di qualche cane sull'altra sponda. Poi la dolce voce della Madre colmò l'aria col suo canto:

**Ambike Devi Jagannayike Namaskaram**

*Madre, Dea dell'Universo,*
*Mi inchino a Te.*
*Dispensatrice di gioia,*
*Mi inchino a Te.*

*Madre, la cui natura è pace,*
*Onnipotente,*
*Tu sei la Grande Illusionista,*
*Senza inizio o fine.*
*Madre, Tu sei il Sé interiore,*
*Mi inchino a Te.*

*La conoscenza, la parola e l'intelligenza -*
*Tutte le cose sono solo Te.*
*Devi, sei Tu che controlli la mia mente.*
*Perciò, Benevola,*
*Come potrei mai descrivere la Tua grandezza?*
*Non conosco i mantra adatti*
*Per venerarTi;*
*Tutto ciò che posso fare*
*È inchinarmi a Te.*

*O Madre, che riversi grande compassione*
*Sul devoto che si ricorda sempre di Te,*
*La Tua gloria va oltre ogni immaginazione.*

Al termine del kirtan, la Madre recitò tre volte "Om", e tutti ripeterono la sillaba divina.

Madre: "Figli, visualizzate nel vostro cuore o fra le sopracciglia un immobile fuoco luminoso, come questo. La notte è il momento ideale per la meditazione."

La barca ritornò con l'acqua, e il lavoro ricominciò. Quando la barca ripartì con i contenitori vuoti per andare a prendere altra acqua, la Madre chiese a tutti di riprendere la meditazione. La notte trascorse così, in una miscela di lavoro e di meditazione, fino alle cinque del mattino. Poiché era un giorno di darshan, il flusso di devoti sarebbe presto cominciato. Quando avrebbe la Madre potuto riposare un po'? Sembrava che, per Lei, il riposo non esistesse.

# Capitolo 3

*Mercoledì 12 marzo 1986*

## Un lavoro svolto con shraddha è meditazione

Tutto il lavoro dell'ashram veniva svolto dai residenti, e le loro mansioni cambiavano frequentemente. Come diceva spesso la Madre: "Ai brahmachari non deve mancare nessuna abilità. Devono essere in grado di fare qualsiasi lavoro."

Quella mattina, la Madre incominciò ad ispezionare l'ashram alle sette, raccogliendo da terra pezzi di carta e carte di caramelle. Quando arrivò alla stalla sul lato nord dell'ashram, le mucche sollevarono la testa e La guardarono. Con l'affetto di una madre per i propri figli, le accarezzò sulla fronte. Il suolo davanti ad una delle mucche era ricoperto di *pinnak*[31] mischiato ad acqua. La mucca, bevendo, aveva rovesciato il secchio. La madre lavò il secchio, poi andò a prendere dell'acqua e lavò il pavimento. La brahmacharini che era con Lei voleva aiutarLa, ma la Madre non glielo permise. L'espressione sul volto della Madre mostrava chiaramente che era addolorata nel vedere che alla mucca non era stato dato da bere con adeguata attenzione. Quando la Madre ebbe finito di pulire il pavimento, andò dritta verso la capanna del brahmachari incaricato delle mucche.

"Figlio mio," gli disse, "non sei tu che dai da bere alle mucche ogni mattina?"

Dalla domanda della Madre, il brahmachari comprese di aver commesso qualche errore, ma non riusciva a capire quale. Restò in piedi in silenzio.

---

[31] [31] La polpa rimasta dopo l'estrazione dell'olio dalle noci di cocco o di altri semi.

La Madre continuò: "Figlio, la prima qualità che un sadhak dovrebbe avere è la shraddha. È questo il modo in cui dai da bere alle mucche? Una delle mucche ha rovesciato tutto sul pavimento. E questo non è successo forse a causa della tua mancanza d'attenzione? Ti era stato detto di restare con le mucche fino a quando non avessero finito di bere. La mucca ha rovesciato il pinnak perché tu non hai obbedito alle istruzioni, vero? Se non puoi restare al lavoro fino a che non è finito, Amma lo farà Lei stessa. Dovresti aver cura della mucca come di una madre. Prendersi cura delle mucche è un modo di venerare Dio. Figlio, questa mucca ha sofferto la fame a causa della tua trascuratezza. E poiché l'hai lasciata incustodita, molto pinnak è andato sprecato."

Il brahmachari comprese il suo errore. Provò a spiegare perché aveva abbandonato la stalla. "Me ne sono andato prima perché era l'ora della meditazione."

La sua risposta non convinse la Madre. "Se ti stava veramente a cuore la meditazione, avresti dato da mangiare alle mucche un po' prima, così da essere pronto per la meditazione in tempo. È peccato lasciare dei poveri animali affamati in nome della meditazione. Cos'è la meditazione? Significa solo sedersi con gli occhi chiusi e nient'altro? È meditazione anche ogni lavoro che si svolge facendo japa e ricordandosi costantemente di Dio."

Br: "Amma, l'altro giorno tu hai digiunato, senza nemmeno bere dell'acqua, perché due brahmachari avevano fatto tardi per la meditazione. Non volevo che ciò si ripetesse a causa mia." Nel parlare, i suoi occhi si riempirono di lacrime.

La madre gli asciugò le lacrime e gli disse dolcemente: "Cosa ha detto Amma per turbarti così, figlio? Vuole solo che tu faccia più attenzione d'ora in avanti. L'altro giorno Amma è stata molto severa, perché quei due figli avevano deliberatamente evitato la meditazione. Avrebbero potuto leggere e scrivere più tardi. Ma il tuo caso è diverso. Tu stavi svolgendo un lavoro, un lavoro che ti aveva dato Amma. Ciò non è diverso dalla meditazione, perché la dedizione al lavoro è una forma di meditazione. Il tuo impegno nel lavoro che ti è stato affidato mostra il tuo livello di abbandono e l'intensità con cui sei focalizzato sulla Meta. Lavorare solamente per evitare la meditazione, o meditare per evitare il lavoro, devono essere entrambi evitati."

La Madre non tollerava nessuna infrazione alle regole dell'ashram. Tutto doveva essere svolto con puntualità. Non ci dovevano essere assenze o ritardi nel frequentare i corsi di meditazione, Vedanta e sanscrito. Sgridava i brahmachari un paio di volte e, se ciò non bastava, Ella stessa si accollava la punizione digiunando, a volte rinunciando persino all'acqua. Per i brahmachari, sapere che Amma non mangiava a causa loro era la più severa delle punizioni.

La Madre e il brahmachari si avviarono verso il mandapam del kalari dove tutti stavano meditando. La Madre si sedette vicino al muro nella posizione del loto, rivolta verso est. Il brahmachari che era arrivato con Lei Le si sedette vicino. Dopo la meditazione, tutti raggiunsero Amma, si prostrarono, e Le si riunirono attorno.

## La concentrazione

Uno dei brahmachari colse l'occasione per parlarLe di un problema che stava sperimentando. "Amma, non riesco a raggiungere nessuna concentrazione quando medito. Sto veramente male per questo," disse.

Amma sorrise e disse: "Figli, non si raggiunge *ekagrata* (la concentrazione su un solo punto) all'improvviso. Ci vuole uno sforzo costante. Non interrompete la disciplina della sadhana solo perché la vostra mente non riesce a focalizzarsi. Dovete fare sadhana con regolarità ferrea. L'entusiasmo non deve vacillare. Dovete ricordarvi in ogni istante che siete aspiranti spirituali.

"C'era una volta un uomo che andò alla laguna per pescare. Adocchiò un gruppo di grossi pesci vicino alla riva. Decise di costruire un argine di fango intorno a quel punto e poi di svuotare l'acqua di quel bacino e prendere i pesci. Costruì la diga, e poi, non avendo con sé nessun recipiente, cominciò a tirare su l'acqua con le mani. L'argine di tanto in tanto si rompeva, ma lui rifiutò di darsi per vinto. Continuò il lavoro con grande pazienza e fede assoluta in ciò che stava facendo, senza pensare a nien-t'altro. Quando venne la sera, aveva svuotato il bacino e preso pesce in abbondanza. Tornò a casa felice, ampiamente ricompensato per il duro lavoro che aveva svolto con così tanta fiducia, pazienza e costante dedizione.

"Figli, non demoralizzatevi se non vedete nessun risultato malgrado tutti i vostri sforzi. Ogni ripetizione del mantra ha un effetto, anche se non ne siete consapevoli. E anche se non raggiungete una concentrazione perfetta, trarrete comunque beneficio da una meditazione a orari regolari. Grazie a un japa regolare, le impurità della mente scompariranno, senza nemmeno che ve ne rendiate conto, e durante la meditazione la vostra concentrazione aumenterà.

"Non vi è difficile pensare ai vostri genitori, parenti, amici, o al vostro cibo preferito. Riuscite a vederli con l'occhio della vostra mente nel momento in cui ve li ricordate, e siete in grado di tenerli lì per tutto il tempo che desiderate. Ciò è possibile grazie alla vostra lunga associazione con essi. Con Dio dovete costruire un legame simile. È questo lo scopo di japa, meditazione e satsang. Uno sforzo costante è comunque necessario; con questo sforzo, la forma della vostra Divinità Prediletta, e il mantra relativo a quella forma, appariranno nella vostra mente tanto naturalmente quanto i pensieri materiali. Qualsiasi cosa vedrete o ascolterete, manterrete costantemente la vostra consapevolezza di Dio. Per voi, non ci sarà un mondo separato da Dio.

"Figli, non demoralizzatevi se all'inizio non raggiungete una vera concentrazione. Se continuate con costanza, alla fine ci riuscirete. Dovreste sempre avere questa attitudine: 'Solo Dio è eterno. Se non riuscirò a conoscerLo, questa sarà una vita inutile. Devo vederLo prima possibile!' Poi la concentrazione verrà automaticamente. Figli, non ci sono ostacoli sulla strada di una persona che è costantemente consapevole della Meta. Per lui, tutte le situazioni sono da considerarsi favorevoli."

Br: "Non riesco a meditare al mattino, perché mi sento molto assonnato."

Madre: "Figlio, se ti viene sonno durante la meditazione, recita il mantra muovendo le labbra. Se hai un mala, tienilo vicino al cuore e recita. Ciò ti renderà più attento. Quando ti siedi per meditare, la tua schiena dovrebbe essere diritta. Solo la pigrizia ci fa stare scomposti. Se malgrado tutto ciò ti senti assonnato, alzati e recita il mantra. E quando sei in piedi non ti appoggiare a niente. Quando ci si appoggia a qualcosa, la mente si attacca a quel comfort. Se nemmeno così riesci a vincere la sonnolenza, corri per un po' e poi ricomincia a meditare. Allontana il tamas con del rajas. Anche fare hatha yoga è di beneficio.

"Solo se abbiamo un autentico lakshya bodha sconfiggeremo la sonnolenza. Chi fa il turno di notte in fabbrica, a volte non dorme per due o tre notti di seguito. Nonostante ciò non si addormenta davanti alle macchine, perché se perde la concentrazione, anche solo per un momento, le sue mani possono restare intrappolate nelle macchine – può perdere le mani e anche il lavoro. Sapendo ciò, riesce a scacciare il sonno, per quanto forte possa essere. Quando ci sediamo a meditare dovremmo avere la stessa attenzione e vigilanza. Dovremmo comprendere che, se cediamo al sonno e sprechiamo il tempo della meditazione, stiamo sciupando la nostra vita. In questo modo non ci arrenderemo al sonno."

## L'egoismo delle relazioni terrene

Amma uscì dalla stanza della meditazione e trovò alcuni devoti che stavano aspettando di incontrarLa. Le si prostrarono. Lei li condusse al kalari mandapam e si sedette con loro. Uno dei devoti Le offrì un piatto con della frutta.

Madre: "Come stai ora, figlio?"

L'uomo abbassò il capo senza dire nulla. Sua moglie l'aveva lasciato per un altro uomo, e per pura disperazione aveva incominciato a bere. Quattro mesi prima, un amico l'aveva portato dalla Madre. Quando si era avvicinato ad Amma per il darshan, era così ubriaco che era fuori di sé. La Madre non l'aveva lasciato ripartire immediatamente; l'aveva tenuto all'ashram per tre giorni, e da allora non aveva più toccato una goccia d'alcool. Adesso veniva da Amma ogni volta che aveva del tempo libero. Ma chiaramente soffriva ancora per essere stato abbandonato dalla moglie.

Madre: "Figlio, nessuno ama un altro più di se stesso. Dietro l'amore di tutti c'è la ricerca egoistica della propria felicità. Quando da un amico non riceviamo la felicità che ci aspettiamo, il nostro amico diventa nostro nemico. È così che vanno le cose nel mondo. Soltanto Dio ci ama in modo disinteressato. Ed è solo grazie al nostro amore per Lui, che possiamo amare e servire gli altri in modo disinteressato. Solo il mondo di Dio è immune dall'egoismo. Dovremmo concentrare tutto il nostro amore ed attaccamento solo su di Lui. Allora non ci dispereremo se verremo abbandonati o offesi da qualcuno. Aggrappati a Dio. Egli è tutto ciò di cui hai bisogno. Perché pensare al passato e soffrire?"

Devoto: "Non sono più così travagliato come una volta, perché ora ho Amma che mi protegge in tutti i modi. Amma, il tuo mantra è il mio sostegno ogni volta che soffro." La Madre gli diede del bhasma e lui si alzò e se ne andò.

Quando se ne fu andato, la Madre disse agli altri: "Guardate le esperienze della gente! Sono lezioni per noi. Un marito ama sinceramente la moglie? E l'amore di lei per lui, è vero amore? Perché i genitori amano i figli? Li amano solo perché vengono dal loro stesso sangue e seme! Altrimenti, non amerebbero allora tutti i bambini allo stesso modo?

"Quanti sono pronti a morire per i loro figli o coniugi? Persino se quel figlio era pronto a morire quando sua moglie l'ha lasciato, non era per amore di lei, ma per se stesso. Era la delusione di aver perso la propria felicità. Se avesse veramente amato sua moglie, avrebbe accettato il fatto che fosse più felice con qualcun altro. Quello è amore disinteressato. E se sua moglie lo avesse veramente amato, non avrebbe nemmeno guardato in faccia un altro uomo.

"Affermiamo di amare i nostri figli, ma quante persone sono pronte a perdere la vita per salvare i figli dall'anne-gamento? Una figlia è venuta da Amma con la sua storia. Suo figlio è caduto in un pozzo molto profondo; lei l'ha visto cadere, ma non ha potuto fare nulla. Quando sono arrivati alcuni sommozzatori, il bimbo era morto. Perché la madre non ha pensato di saltare nel pozzo per salvare suo figlio? Il novantanove per cento delle persone è così. Molto raramente qualcuno rischia la propria vita per salvare un altro. Ecco perché Amma dice che nessuno, a parte Dio, ama in modo disinteressato. Aggrappatevi a Lui. Ciò non significa che non dobbiate amare gli altri. Vedete Dio in ognuno ed amate quel Dio. Così non morirete di dolore se l'amore di qualcuno svanisce."

Un giovane, che visitava l'ashram per la prima volta, era seduto dietro gli altri e stava ascoltando Amma. Ma ascoltava senza nessun segno di rispetto o reverenza sul volto. Non appena la Madre smise di parlare, indicò una foto di Amma durante il Krishna bhava e chiese: "Non sei tu lì con indosso una corona, le penne di pavone eccetera? Perché sei vestita così? È un qualche tipo di commedia?"

Nel sentire una tale inaspettata domanda, tutti i devoti si voltarono e lo fissarono.

## Recitare un ruolo per la società

Madre: "Figlio, come sai che il mondo stesso non sia una commedia? Ognuno recita in una commedia senza rendersene conto. Quella è una commedia per svegliare le persone da un'altra commedia, è una commedia per rimuovere la loro ignoranza.

"Figlio, tu sei nato nudo. Perché indossi degli abiti, quando sai che la tua vera forma è nuda?"

Giovane: "Sono un essere sociale. Devo obbedire alle norme della società, altrimenti la società mi critica."

Madre: "Così tu indossi gli abiti per rispetto della società. Anche il costume di Amma viene indossato per quella stessa società. Coloro che raggiungono la Meta attraverso il sentiero dello jnana possono essere contati sulle dita di una mano. Amma non può ignorare tutti gli altri che sanno progredire solo grazie al sentiero della devozione. Sri Shankaracharya, che era un esponente dell'Advaita, fondò dei templi, non è vero? Disse che Dio è consapevolezza, ma non dimostrò che anche una semplice pietra è Dio? E non scrisse forse il *Saundarya Lahari*, che descrive la forma della Madre Divina? Lo stesso Vyasa che scrisse i *Brahma Sutra* ha scritto anche lo *Srimad Bhagavatam*. Comprendendo che la filosofia della non-dualità e il Vedanta non possono essere digeriti dalle menti comuni, essi cercarono di rafforzare la devozione delle persone.

"Figlio, Amma conosce molto bene la Sua vera natura e la Sua vera forma, ma le persone di oggi hanno bisogno di alcuni strumenti per realizzare il Principio Supremo. Le immagini di Dio sono necessarie per accrescere la fede e la devozione della gente. È più facile prendere una gallina offrendole del cibo che rincorrendola. Quando vede il cibo, si avvicina, e così la si può prendere. Al fine di elevare le persone comuni ad un piano spirituale, dobbiamo prima scendere al loro livello. La loro mente è solo in grado di afferrare nomi e forme, così è solo grazie ai nomi e alle forme che possiamo aiutarli ad elevare la loro mente. Pensa all'uniforme di un avvocato o di un poliziotto. Quando il poliziotto arriva nella sua uniforme, c'è ordine e disciplina. Ma la gente avrebbe un atteggiamento del tutto diverso se lui indossasse abiti civili, non è vero? Questo è il significato dei costumi e degli ornamenti.

"Chi è in grado di vedere la pietra in una statua, l'oro in un orecchino, il legno nella sedia – il Substrato, la vera Essenza di ogni cosa – non ne ha bisogno. Ha già raggiunto la visione dell'Advaita. Ma la maggior parte delle persone non ha raggiunto quel livello. Ecco perché hanno bisogno di queste cose."

Il giovane non fece più domande. La Madre chiuse gli occhi e meditò per un po'.

## Il segreto del karma yoga

Quando la Madre riaprì gli occhi, un devoto chiese: "Le azioni di un *karma yogi*, colui che serve il mondo, cessano quando egli evolve spiritualmente?"

Madre. "Non necessariamente. Le azioni possono continuare fino alla fine."

Devoto: "Amma, è superiore il bhakti yoga o il karma yoga?"

Madre: "Non si può proprio dire che il bhakti yoga e il karma yoga siano diversi l'uno dall'altro, poiché un vero karma yogi è un vero devoto, e un vero devoto è un vero karma yogi.

"Non tutte le azioni sono necessariamente karma yoga. Solo le azioni eseguite in modo disinteressato, come offerta a Dio, si possono definire karma yoga. E compiere quattro circumambulazioni con le braccia alzate, e inchinarsi alla divinità non è necessariamente bhakti. La nostra mente dovrebbe dimorare in Dio, e ogni nostra singola azione dovrebbe essere una forma di preghiera. Dovremmo vedere la nostra Divinità Prediletta in tutti, ed offrire loro il nostro amore e servizio. Dovremmo abbandonarci a Dio con tutto il cuore. Solo allora potremo dire di avere bhakti.

"Un vero karma yogi ha in mente Dio mentre compie ogni azione. Dovremmo avere l'attitudine che tutto è Dio. Allora sì che è bhakti. Invece, se si pensa ad altre cose mentre si esegue la puja (rituali di culto), allora la puja non può essere considerata bhakti yoga, perché è solo un'azio-ne esteriore e non vera preghiera. Ma persino se il nostro lavoro consiste nel pulire le latrine e noi recitiamo il mantra mentre lavoriamo, con l'attitudine che è un lavoro di Dio, allora è sia bhakti yoga che karma yoga.

"C'era una volta una donna povera, che aveva l'abitu-dine di pronunciare le parole: 'Krishnarpanam astu' ('Che ciò sia un'offerta a Krishna') prima di fare qualcosa. Sia che stesse pulendo il cortile davanti a casa, o facendo il bagno al bambino, diceva sempre: 'Krishnarpanam astu.' Accanto alla sua casa c'era un tempio. Al prete di quel tempio non piaceva la preghiera della donna. Non poteva sopportare l'idea di lei che diceva 'Krishnarpanam astu' mentre vuotava l'immondizia. Redarguiva abitualmente la donna per questo motivo, ma lei non ribatteva mai.

"Un giorno, la donna rimosse del letame che era davanti a casa e lo gettò fuori. Come al solito, non dimenticò di dire: 'Krishnarpanam astu'. Il letame atterrò davanti al tempio. Il prete lo vide e cominciò a fremere dalla rabbia. Trascinò la donna al tempio e le fece rimuovere il letame. Poi la picchiò e la cacciò via.

"Il giorno dopo, il prete non riusciva a muovere il braccio; era completamente paralizzato. Implorò il Signore. Quella notte, il Signore gli apparve in sogno e disse: 'Mi è piaciuto molto di più il letame che mi ha offerto la mia devota del dolce payasam che mi hai dato tu. Quello che tu fai, non si può chiamare preghiera, invece tutte le sue azioni sono una forma di preghiera. Non tollererò che tu faccia del male a una simile devota. Guarirai solo se le toccherai i piedi e la supplicherai di perdonarti.' Il prete comprese il proprio errore. Chiese alla donna di perdonarlo, e fu presto guarito."

## Rivolgersi a Dio in questo istante

Devoto: "Sono molto preso dal mio lavoro e non trovo il tempo per meditare. Inoltre, quando provo a fare japa, non riesco a concentrarmi. Amma, non sarebbe meglio che io aspettassi per fare japa e meditazione fino a quando non sarò più così impegnato e avrò un po' di pace mentale?"

Madre: "Figlio, forse credi che ti rivolgerai a Dio quando la tua mole di lavoro sarà più leggera, o dopo che ne avrai avuto abbastanza dei piaceri terreni – ma ciò non avverrà. Dovresti rivolgerti a Lui in questo istante, nel mezzo di tutte le tue difficoltà; Egli ti mostrerà certamente la via.

"Amma ti fa un esempio. Immagina una giovane donna con un disordine mentale. Arriva un giovane con una proposta di matrimonio ma, venendo a sapere della sua malattia, dice che la sposerà solo quando sarà guarita. Il parere del medico, però, è che lei guarirà dalla malattia solo se si sposerà. Così, aspettare di essere guarita prima del matrimonio, per lei è inutile!

"Oppure immagina che l'acqua dica: 'Puoi venire da me solo dopo che avrai imparato a nuotare.' Come sarebbe possibile? Devi entrare nell'acqua per imparare a nuotare! Analogamente, puoi purificare la mente solo attraverso Dio. Se pensi a Dio mentre lavori, sarai in grado di svolgere bene il tuo lavoro. Tutti gli ostacoli spariranno e, soprattutto, la tua mente ne sarà purificata.

"Se pensi che comincerai a concentrare la tua mente su Dio quando tutte le difficoltà saranno superate e la tua mente sarà in pace, ti sbagli, perché questo non succederà mai. Non raggiungerai mai Dio in questo modo. È inutile aspettare che la tua mente migliori. La perseveranza è il solo modo per migliorare. Potresti perdere in qualsiasi momento la salute o le capacità mentali, e allora la tua vita sarebbe stata sprecata. Quindi, seguiamo adesso il sentiero che porta a Dio. È questo il necessario."

Un visitatore: "Amma, tanti giovani hanno abbandonato la loro casa e sono venuti qui alla ricerca di Dio. Ma non hanno un'età in cui dovrebbero godersi la vita? Non possono pensare a Dio e prendere sannyasa più tardi?"

Madre: "Figlio, ci è stato dato questo corpo umano al fine di realizzare Dio. Ogni giorno ci avviciniamo alla morte. Perdiamo la nostra forza attraverso i piaceri materiali. Ma pensando costantemente a Dio, la nostra mente si rafforza. Ciò accentua il samskara positivo che è in noi e ci permetterà persino di trascendere la morte. Dovremmo provare a conquistare le nostre debolezze finché siamo ancora in salute e pieni di vitalità. Allora non ci sarà bisogno di temere il domani.

"Amma si ricorda di una storia. In un certo paese, chiunque poteva diventare re, ma ogni re poteva governare per soli cinque anni. Dopo di che, veniva portato su un'isola deserta e lasciato lì a morire. Sull'isola non c'erano esseri umani, ma solo bestie feroci che avrebbero immediatamente ucciso e divorato il re. Malgrado tutto questo si sapesse, si facevano avanti molte persone che volevano diventare re, per il desiderio di godere del potere e dei piaceri di quella posizione. Appena saliti al trono erano euforici. Ma da quel momento in poi provavano solo dolore, poiché temevano il giorno in cui sarebbero stati dilaniati e divorati dagli animali feroci dell'isola. Per questo motivo, ogni re era pieno di agitazione e non sorrideva mai. Malgrado avessero a loro disposizione ogni lusso immaginabile – cibi deliziosi, servitù, balli e musiche – non erano interessati a niente. Non riuscivano a godere di niente. Dal momento in cui avevano assunto il potere, vedevano davanti a sé solo la morte. Erano venuti per la felicità, ma non c'era un momento privo di dolore.

"Quando scadde il tempo a lui assegnato, il decimo re fu condotto sull'isola, e come tutti i re precedenti fu sbranato dalle bestie feroci. La persona successiva che si fece avanti per essere incoronato re, era un giovane. Ma lui era diverso da tutti gli altri re. Dopo aver assunto il potere, non fu minimamente infelice. Rideva con tutti, ballava, partecipava a battute di caccia, e spesso andava in giro ad informarsi del benessere delle persone. Tutti notarono che era sempre felice.

"Infine, mentre i giorni della sua carica stavano volgendo al termine, nel suo comportamento non ci fu alcun cambiamento. Tutti erano stupiti e gli dissero: 'Vostra Maestà, si sta avvicinando il momento di andare sull'isola, ma non sembrate affatto triste. Di solito, l'agonia comincia non appena uno sale al trono, ma voi siete felice persino ora!'

"Il re rispose: 'Perché dovrei essere triste? Sono pronto per andare sull'isola. Lì non ci sono più animali feroci. Appena diventato re, ho imparato a cacciare. Poi sono andato sull'isola col mio esercito e abbiamo cacciato e ucciso tutte le bestie feroci. Ho disboscato la foresta dell'i-sola e l'ho trasformata in terreno coltivabile. Ho scavato pozzi e costruito case. Adesso andrò a vivere lì. Pur aven-do rinunciato al trono, continuerò a vivere come un re, perché sull'isola c'è tutto ciò di cui ho bisogno.'

"Dovremmo essere come quel re. Dovremmo scoprire il mondo della beatitudine mentre siamo ancora in questo mondo fisico. Invece, quasi tutti possono essere paragonati ai re precedenti. Non hanno un momento libero dall'ansia e dall'angoscia per il domani. A causa di ciò, sono incapaci di fare bene persino il lavoro di oggi. Oggi c'è il dolore e domani ci sarà il dolore. Fino all'ultimo momento ci saranno sempre lacrime. Ma se oggi passiamo ogni momento con shraddha, domani non dovremo soffrire – tutti i nostri domani saranno giorni di beatitudine.

"Figli, non crediate di poter godere ora del mondo dei sensi, e pensare a Dio in seguito. Il mondo dei sensi non potrà mai darci nessuna vera soddisfazione. Dopo aver mangiato del payasam, ci potremo sentire soddisfatti per un po', ma subito dopo ne vorremo il doppio! Così non pensate mai di poter godervi il mondo fisico prima, e ricercare Dio dopo! Non saremo mai in grado di soddisfare i sensi. I desideri non muoiono così facilmente. È realizzato solo colui che si è liberato di tutti i desideri. Figli, compite le vostre azioni con la mente abbandonata a Dio. Allora potrete conquistare persino la morte, e la beatitudine sarà vostra per sempre."

*Mercoledì 16 aprile 1986*

## "Eppur mi impegno nell'azione"[32]

Stava incominciando la gettata di calcestruzzo per il nuovo edificio. Poiché si trattava di un lavoro duro, tutti chiesero alla Madre di non prendervi parte.

Br. Balu[33]: "Amma, stiamo facendo il calcestruzzo. Il cemento e la ghiaia ti schizzeranno e il cemento provoca ustioni."

Madre: "Ustiona solo il corpo di Amma e non il vostro, figli?"

Balu: "Ma non c'è bisogno che Tu aiuti. Ci siamo qua noi per fare il lavoro."

Madre: "Figlio, ad Amma non dispiace lavorare. Non è cresciuta standosene seduta in camera. È abituata al lavoro duro."

Non appena la Madre disse ciò, tutti capirono di essere stati sconfitti. Amma si unì alla fila di persone che trasportavano i secchi di cemento.

Un secchio colmo di miscela di calcestruzzo scivolò improvvisamente dalle mani di un brahmachari e si rovesciò al suolo. Il

[32] Dalla Bhagavad Gita, Capitolo 3, verso 22.

[33] Swami Amritaswarupananda

brahmachari indietreggiò velocemente e il secchio non gli cadde sui piedi, ma un po' di miscela schizzò sul volto della Madre. Lei si pulì il viso con un asciugamano offertoLe da un brahmachari e poi si legò l'asciugamano attorno alla testa, assumendo scherzosamente una posa buffa che provocò ondate di risate nel mezzo del duro lavoro.

Come il giorno si fece più caldo, perle di sudore cominciarono a colare dalla fronte della Madre. Nel vederLa faticare sotto il sole cocente, un devoto arrivò con un ombrello da tenere sopra la Sua testa, ma Lei non gli permise di aprirlo. "Quando così tanti Suoi figli stanno faticando sotto il sole, può Amma cercare conforto sotto un ombrello?"

Mentre il lavoro procedeva, la Madre ricordava ai Suoi figli: "Immaginate che la persona accanto a voi sia la vostra Divinità Prediletta, e immaginate di passare il secchio a Lui, o a Lei, così non ci sarà perdita di tempo."

Immersi nelle parole e nelle risate della Madre, nessuno si rendeva conto di quanto difficile fosse il lavoro, o del passare del tempo. Ogni volta che Amma notava che il mantra stava scivolando via dalla mente dei Suoi figli, cantava i sacri nomi.

**"Om Namah Shivaya, Om Namah Shivaya"**

Il lavoro proseguì fino a sera. Non essendo abituati a un così duro lavoro fisico, alla maggior parte dei brahmachari si formarono delle vesciche sulle mani. Ma quando il lavoro terminò, non ci fu tempo per riposare. Si lavarono e partirono per Thiruvanantapuram, dove si sarebbe tenuto un programma di bhajan.

Un brahmachari non aveva preso parte al lavoro. Aveva passato tutto il giorno a studiare il sanscrito. Nel vederlo al traghetto, la Madre gli si avvicinò e disse: "Figlio mio, una persona senza compassione per la sofferenza degli altri non è affatto spirituale. Tale persona non vedrà mai Dio. Amma non può starsene in disparte a guardare i Suoi figli che lavorano. Il Suo corpo si indebolisce al solo pensiero dei Suoi figli che lavorano da soli. Ma appena si unisce a loro, dimentica ogni cosa. Persino se Amma è troppo debole per lavorare, va a far loro compagnia, pensando che almeno può prendere su di Sé la loro fatica. Come hai potuto essere così privo di compassione, figlio? Mentre tante persone lavoravano, dove hai trovato la forza d'animo per startene in disparte?"

Il brahmachari non riuscì a rispondere. Nel vederlo lì in piedi col capo chino per il rimorso, la Madre disse: "Amma non ha detto questo per farti sentire in colpa, figlio, ma per assicurarsi che tu sia più attento la prossima volta. Non basta solo riempire l'intelletto col sapere – bisogna diventare amorevoli e compassionevoli. Il tuo cuore deve espandersi insieme all'intelletto. Ecco a cosa serve la sadhana. Nessuno potrà fare l'esperienza del Sé, fino a quando il suo cuore non sarà colmo di compassione."

Il traghetto arrivò. Quando Amma e i brahmachari raggiunsero l'altra sponda, Br. Ramakrishnan[34] era pronto col furgone. Di mattina era stato a Kollam per far riparare il furgone, ed era tornato giusto in tempo per accompagnare la Madre e gli altri al programma. Di conseguenza, non era riuscito a mangiare niente per tutto il giorno. Amma salì sul furgone e lo chiamò affinché si sedesse accanto a Lei.

Ramakrishnan: "Ho gli abiti sporchi e puzzo di sudore. Se mi siedo accanto a Te, anche i tuoi abiti si sporcheranno e avrai un cattivo odore, Amma."

Madre: "Questo non è un problema per Amma. Vieni qua, figlio! Amma ti sta chiamando. È il sudore di uno dei miei figli, il sudore del duro lavoro. È come acqua di rose!"

All'insistenza della Madre, Ramakrishnan alla fine arrivò e Le si sedette accanto, mentre Br. Pai guidava il furgone. Lungo il

[34] Swami Ramakrishnananda

tragitto, Amma li fece fermare a casa di un devoto per prendere del cibo per Ramakrishnan.

## Satsang in viaggio

Il gruppo che viaggiava con Amma includeva un giovane più o meno coetaneo dei brahmachari, che era arrivato all'ashram per la prima volta quel giorno. Nel sedersi, i suoi occhi si riempirono di meraviglia nel vedere la Madre e i Suoi figli che viaggiavano insieme ridendo e facendo un allegro baccano.

"Vieni qua, figlio," lo invitò Amma, facendogli spazio accanto a Lei. "È difficile per te viaggiare in questo modo, dovendoti stringere così?"

Giovane: "No, Amma. Quando ero al college, avevo l'abitudine di viaggiare spesso stando in piedi fuori sul predellino dell'autobus, perché gli autobus erano troppo pieni. Per me non è un problema."

Madre: "All'inizio, Amma aveva l'abitudine di viaggiare con l'autobus per andare ai programmi di bhajan e far visita alle case dei devoti. Poi il numero dei figli è cresciuto, e non era sempre possibile per tutti noi salire sullo stesso autobus[35]. Era anche difficile portare le tabla e l'armonium sull'autobus, e non sempre ci era possibile raggiungere la destinazione in tempo. Così tutti cercavano di convincere Amma ad acquistare un furgone, e alla fine Lei ha acconsentito. Ma finora le riparazioni sono costate più del prezzo del furgone! Non è vero, Ramakrishnan?"

Risero tutti. Una chiassosa conversazione proveniva dal retro del furgone. La madre si volse e chiamò: "Balu, figlio mio!"

"Sì, Amma?"

"Canta un bhajan!"

Br. Srikumar si mise l'armonium in grembo.

---

[35] Gli autobus indiani sono in genere estremamente affollati.

## "Manasa bhajare guru charanam"

(O Mente, adora i piedi del Guru)

La Madre e gli altri cantarono diversi altri canti. Poi tutti rimasero in silenzio per alcuni minuti, gustando la dolcezza dei sacri nomi che avevano appena celebrato nel canto. La Madre s'appoggiò con gli occhi semichiusi alla spalla di Gayatri.

Quando il nuovo venuto vide che Amma gli stava sorridendo, si decise a fare una domanda. "Amma, non si dice che i sadhak non dovrebbero frequentare le donne? Come può dunque una donna guidarli come loro guru?"

Madre: "Figlio, sul piano della Verità ci sono forse uomo o donna? Per un uomo, è molto meglio avere una donna come suo guru che avere un guru maschio. I miei figli sono molto fortunati da questo punto di vista. Coloro che hanno un uomo come guru devono trascendere tutte le donne, ma coloro che hanno una donna come guru, trascendono tutte le donne del mondo trascendendo solo la donna nel loro guru."

Giovane: "Ramakrishna Deva non aveva prescritto uno stretto controllo verso donne e oro?"

Madre: "Sì, ciò che ha detto è certamente vero; un sadhak non dovrebbe nemmeno guardare la fotografia di una donna. Ma chi ha un guru ha qualcuno che gli mostra il sentiero giusto e lo guida per quel sentiero. Tutto ciò che deve fare è seguire quel guru.

"Il veleno di un serpente può uccidere; eppure anche l'antidoto è fatto con lo stesso veleno, non è vero? Un vero guru porrà ostacoli di tutti i tipi sul sentiero del discepolo, perché è solo in quel modo che il discepolo potrà sviluppare la forza per trascendere tutti gli ostacoli. Ma chi non è sotto la supervisione diretta di un guru, deve stare certamente molto attento.

"Pai, figlio mio, guarda avanti mentre guidi!" Disse la Madre ridendo. "Guarda Amma dallo specchietto mentre guida!"

Giovane: "Amma, non sembri stanca nemmeno dopo aver lavorato tutto il giorno senza un attimo di riposo. A noi invece il corpo sembra un sacco di sofferenza!"

Madre: "Sì, si dice che il corpo sia un sacco di sofferenza. Eppure i saggi, che hanno fatto l'esperienza della Verità, affermano che questo è un mondo di beatitudine. Per chi vive nell'ignoranza, il corpo è davvero un sacco di sofferenza. Ma grazie ad uno sforzo costante, si può trovare una soluzione. La sofferenza può essere eliminata comprendendo ciò che è imperituro e ciò che è transitorio.

"Guarda un corvo nero seduto in mezzo ad uno stormo di bianche gru. Il colore nero accentua la bellezza del bianco. Solo grazie alla presenza del nero possiamo apprezzare la bellezza del bianco. Allo stesso modo, la sofferenza ci insegna il valore della gioia. Dopo aver provato la sofferenza, staremo più attenti.

"Un uomo camminava all'aperto, quando una spina gli punse il piede. Dopo di ciò, andò avanti con molta attenzione ed evitò così di cadere in un profondo burrone lì vicino. Se la spina non l'avesse punto, non avrebbe fatto altrettanta attenzione e sarebbe caduto nel burrone. Così un piccolo dolore ci può salvare da un grande pericolo. Coloro che avanzano con perfetta attenzione trascenderanno tutte le sofferenze ed raggiungeranno la beatitudine eterna. Chi conosce l'Infinito, chi ha realizzato la Verità, non soffre – prova solo beatitudine. La sofferenza viene quando ci s'identifica col corpo, ma se si considera quello stesso corpo come il veicolo da usare per raggiungere l'eterna beatitudine, allora non ci sono problemi."

Giovane: "Per quanto gioiosa si dica questa vita, per esperienza sembra piena di dolore."

Madre: "Figlio, perché cadere in un burrone consapevolmente? Perché continuare a soffrire, quando c'è il modo di evitarlo? Come il calore del sole e la freschezza dell'acqua, la gioia e il dolore sono la natura della vita. Allora perché perdere tutte le forze affliggendosi? Perché lavorare senza salario? Ma se pensi che trarrai beneficio dall'essere triste, allora sii pure triste!

"Se hai una ferita sul corpo, non te ne stai solo seduto a piangere – ci metti del medicamento e la fasci, altrimenti potrebbe infettarsi e farti stare male. Quando comprendi l'essenza della vita spirituale, non ti lasci indebolire da cose di poco conto. Se sai che sta per partire un fuoco d'artificio, non ti spaventerai quando esploderà. Ma se sei impreparato, il botto potrebbe provocarti uno spavento tale da compromettere addirittura la salute. Il modo di evitare il dolore è di tenere la mente sul Sé. È vero che la mente non può essere facilmente tenuta sotto controllo, e che non lo si può fare in un istante. È difficile attraversare l'oceano, ma chi compie lo sforzo necessario e impara come fare, è in grado di attraversarlo.

"I mahatma ci hanno spiegato come attraversare questo oceano del samsara. Le scritture sono le istruzioni che ci hanno dato; dobbiamo solo seguirle. Dobbiamo assorbire i princìpi essenziali studiando le Scritture e ascoltando i satsang. Non bisognerebbe mai perdere l'opportunità di stare vicino ad un mahatma. Dovremmo applicare i suoi consigli nella nostra vita e fare sadhana con regolarità. Abbiamo bisogno della compagnia delle grandi anime. Dovremmo avere un attitudine di abbandono al guru. Se avanziamo con shraddha, saremo liberi dal dolore."

Il furgone sterzò violentemente. Pai aveva appena evitato di scontrarsi frontalmente con un camion.

"Guida con attenzione, figlio!"

"Amma, quel camion era sul lato sbagliato della strada!"

La Madre notò che le mani di uno dei brahmachari erano fasciate. Con grande tenerezza, gli prese le mani e le tenne fra le Sue. "Oh, le tue mani sono tutte rovinate! Ti fanno male, figlio?"

Br: "No, Amma. È venuta via solo la pelle. Ci ho messo la fasciatura per tenere lontano lo sporco, tutto qua."

La Madre baciò amorevolmente le sue mani rovinate dal lavoro.

Il programma finì tardi ed essi fecero il viaggio di ritorno nel pieno della notte. Nel furgone le teste addormentate si urtavano l'un l'altra. La Madre era sdraiata col capo appoggiato in grembo a Gayatri. Dal finestrino aperto, un vento fresco accarezzava i riccioli che scendevano dalla fronte della Madre, che aveva la forma della mezzaluna. Alla luce dei lampioni delle strade, il Suo orecchino al naso scintillava come una stella.

## *Sabato 19 aprile 1986*

### Avvocati in cerca di giustizia

Erano le quattro del pomeriggio e Amma non aveva ancora finito di dare il darshan ai devoti. Un avvocato, visitatore abituale dell'ashram, entrò nella capanna del darshan con un amico che non aveva mai incontrato la Madre. Dopo essersi inchinati di fronte a Lei, i due giovani si sedettero su una stuoia.

Avvocato: "Amma, questo è un mio amico che lavora con me. Ha dei problemi in famiglia e ha deciso di divorziare da sua moglie. Ma lei non vuole separarsi. Sta progettando di fargli causa per avere il mantenimento per lei e per la figlia."

Madre: "Figlio, perché stai pensando di lasciarla?"

Amico: "Non si comporta bene. Diverse volte l'ho vista fare delle cose davvero brutte."

Madre: "L'hai visto con i tuoi occhi, figlio?"

Amico: "Sì."

Madre: "Non fare niente senza averla vista tu stesso, figlio, perché altrimenti sarebbe un grande peccato. Il peccato di far piangere un innocente è più dannoso di un'azione malvagia. Se l'abbandoni, tua figlia dovrà crescere senza un padre; e se tua moglie si risposa, tua figlia non avrà neppure una vera madre[36]. Avendo messo al mondo una figlia, non sarebbe un peccato rendere la vita di un'innocente una miseria senza fine? Se il brutto comportamento di tua moglie è qualcosa che riesci a tollerare, non sarebbe meglio provare a vivere con lei in armonia?"

Amico: "No, Amma, non è possibile – non in questa vita, per lo meno. Il solo pensare a lei mi fa provare odio. La mia fiducia è andata completamente perduta."

Madre: "La stabilità viene dalla fiducia. Se questa non c'è più, è tutto finito. Amma dice questo solo perché affermi di essere stato tu stesso testimone del suo cattivo comportamento, e che non puoi più stare con lei. Sarebbe stato meglio che vi foste in qualche modo riconciliati. Ma Amma non ti vuole forzare a restare con tua moglie. Pensaci per un po' e poi prendi una decisione, figlio. Se porrai fine a questa relazione, dovrai comunque provvedere al mantenimento di tua moglie. Sono venuti qui in molti con problemi simili e, nella maggior parte dei casi, la moglie era innocente. Era il sospetto del marito a causare tutti i problemi."

Amico: "L'ho perdonata tante volte, Amma. Ora non è più possibile. Sono arrivato persino a pensare al suicidio."

Madre: "Non dovresti pensare in questo modo. La tua vita dipende dalle parole o dalle azioni di qualcun altro? Tutti i tuoi problemi sorgono perché non sei centrato in te stesso. Figlio, non sprecare il tempo a rimuginare su queste cose. Quando puoi, leggi invece dei libri spirituali. Puoi evitare di sentirti afflitto se hai una comprensione spirituale."

---

[36] Va notato che la Madre si sta riferendo a questa donna in particolare, e non a tutte le donne nella stessa situazione.

Amico: "Abbiamo consultato un astrologo che ha detto che per me va bene fare japa, ma che non dovrei meditare perché potrebbe nuocermi molto."

Madre (ridendo): "Interessante! Niente meditazione? Di certo c'è una cosa: quando si acquista una nuova auto, all'inizio non bisogna andare troppo veloci. Inoltre, dopo averla guidata per un po', la si deve far riposare, altrimenti il motore si surriscalda. Analogamente non bisogna meditare troppo a lungo all'inizio, o il corpo si surriscalda. Alcuni, nel loro slancio iniziale di vairagya, meditano troppo, e non va bene.

"Quando fai japa, prova a farlo con concentrazione. Quando reciti il mantra, visualizza la tua Divinità Prediletta, oppure concentrati sulle lettere del mantra. La meditazione non ti causerà nessun danno, figlio. Una volta che vedi chiaramente la forma della tua Divinità Prediletta, concentrati solo su di essa. Senza concentrazione, non c'è beneficio."

Amico: "L'astrologo ha suggerito che portare degli anelli con determinate pietre annulla gli effetti negativi di certe posizioni planetarie."

Madre: "È vero che ci sono certe pietre indicate per ogni pianeta, ma niente può darti tanto beneficio quanto la meditazione. Figlio, la ripetizione del mantra ti proteggerà da tutti i pericoli, come una corazza."

I due uomini s'inchinarono e si alzarono. L'avvocato chiese al suo amico di aspettarlo fuori un momento. Poi in privato disse alla Madre: "È venuto solo perché ho insistito. Quando penso alla loro bambina, prego che la famiglia non si sfasci. Amma, per favore trova un modo per far tornare loro la ragione."

Madre: "Nel cuore di quel figlio c'è solo rabbia per sua moglie. A questo punto, qualsiasi cosa si dica, non entrerà nel suo cuore. Ma nonostante tutto Amma farà un sankalpa."

L'avvocato sapeva per esperienza il significato delle parole: 'Amma farà un sankalpa.' Il suo volto si illuminò di sollievo. Si sentì come se un grande peso fosse stato rimosso. Lo sguardo compassionevole della Madre seguì i due amici mentre se ne andavano insieme.

*Sabato 10 maggio 1986*

## Prove a sorpresa

Erano le due del mattino. Si stava trasportando la sabbia per le fondamenta dell'edificio principale dell'ashram. Insieme ai brahmachari, si erano uniti alla Madre per questo lavoro a tarda notte anche alcuni devoti. Tutti volevano avvalersi della rara opportunità di lavorare accanto ad Amma e di ricevere più tardi il Suo prasad.[3737]

In molti avevano invano provato a fermare la Madre quando, dopo i bhajan, si era unita al lavoro e aveva cominciato a trasportare la sabbia. Aveva detto: "Può Amma starsene seduta a guardare i Suoi figli che lavorano? Sarebbe un carico due volte più pesante per Amma! Ai vecchi tempi, Amma pregava di avere l'opportunità di servire i devoti di Dio. Dio è il servo di coloro che rendono servizio altruistico."

"Ma ora fermiamoci, figli. Avete lavorato da stamattina." La Madre chiamò Gayatri e chiese: "Figlia, ci sono dei *vada* (uno spuntino salato fatto di lenticchie) da dare ai ragazzi?"

Gayatri sollevò lo sguardo alle stelle. Sembrava che le sorridessero con uno scintillio e dicessero: "Ci vuole fortuna per trovare dei vada a quest'ora di notte!"

La Madre disse: "Va' a macinare delle lenticchie gialle. Faremo dei vada in un momento."

---

[37] Solitamente, la sera tardi, quando la Madre finiva di lavorare con i Suoi discepoli e devoti, distribuiva a tutti spuntini e bevande calde co-me prasad.

Gayatri andò a fare l'impasto e fu acceso il fuoco. Quando dopo un po' Gayatri tornò, la Madre stessa incominciò a friggere i vada. Mise gli spuntini fritti in un contenitore, e ne diede alcuni a un brahmachari, dicendogli: "Figlio, va' e dividi i vada in parti uguali fra tutti."

Lui li distribuì a tutti i presenti, e poi si allontanò per darne alle persone che erano in un'altra parte dell'ashram. La Madre diede un altro vada a coloro che Le erano intorno. Il brahmachari ritornò. Dopo aver preso un vada per sé, gliene avanzava ancora uno.

Madre: "Amma non ti ha chiesto di distribuirli in parti uguali a tutti?"

Br: "Ne ho dato uno a tutti. Ne è avanzato uno. Lo possiamo spezzettare e dividerlo fra tutti."

Madre: "No, prendilo tu. Amma ne ha dato un secondo a tutti e tu ne hai preso solo uno. Amma voleva vedere se ti saresti mangiato l'ultimo, senza riportarlo indietro.

"Si può vedere la bontà di un sadhak nella sua disponibilità a donare altruisticamente agli altri qualsiasi cosa abbia. Egli dà inoltre dimostrazione di maturità superando i test che arrivano inaspettatamente. A scuola, alcune prove si svolgono senza preavviso; si scoprono solo quando si arriva al mattino. Il superare queste verifiche dimostra la vera capacità dello studente. Tutti conoscono le date delle altre prove, e hanno il tempo per prepararsi. A cosa serve dirvi in anticipo che Amma ha intenzione di mettere alla prova la vostra natura? Se vi avvisa anticipatamente e poi vi mette alla prova, è come fare le prove per una recita e poi metterla in scena. No, dovete superare gli esami a sorpresa. Ciò dimostrerà quanto siete attenti.

"Ogni parola e azione di un vero aspirante è accompagnata da grande attenzione e discernimento. Il ricercatore non dice nemmeno una parola inutile. Esegue con gioia ogni comando del guru, perché sa che ogni parola del guru è per il suo bene. Un discepolo dovrebbe provare beatitudine nel seguire ogni parola del guru. Bisogna essere pronti a svolgere qualsiasi compito, con la consapevolezza che esso vi sta portando alla Meta."

Nella mente di tutti sorse una ferma risoluzione di mettere in pratica nella vita le parole della Madre.

Brahmacharini Lila[38] fece una domanda: "Amma, Ravana è realmente esistito o rappresenta solo un principio?"

Un brahmachari: "Se Ravana non è veramente esistito ma è solo un simbolo, allora dovremmo dire che anche Rama è solo un simbolo."

Madre: "Rama e Ravana sono entrambi persone realmente esistite. Ma la descrizione di Ravana a dieci teste intendeva semplicemente rappresentare un essere umano schiavo di tutti e dieci i sensi."[39]

Br. Shakti Prasad: "Se capre e bambini possono nascere con due teste, perché un Ravana non può nascere con dieci?"

Madre: "Se Dio lo vuole, niente è impossibile. Figli, andate a dormire adesso. Dovete alzarvi domani mattina."

## *Domenica 18 maggio 1986*

L'ashram è solitamente affollato di domenica, specialmente se coincide con un weekend di vacanza. Questa era una di quelle domeniche e l'ashram era super-affollato. L'elettricità non funzionava, e senza ventilatori la capanna era torrida. Ciò nonostante, la grande folla sembrava rendere Amma ancora più allegra. Insistette affinché i ventagli fossero usati per fare aria ai devoti e non a Lei, e diede istruzioni ai brahmachari di procurare delle sedie

38 Swamini Atmaprana.

39 Ciò si riferisce ai cinque strumenti di percezione (occhi, naso, orecchie, pelle e lingua) e ai cinque strumenti d'azione (mani, gambe, bocca, genitali e organi di eliminazione).

per ammalati e anziani, e di portare loro dell'acqua, se necessario. Era particolarmente preoccupata per le persone che aspettavano fuori al sole. Poiché c'era così tata gente, era difficile per la Madre ascoltare tutto nei dettagli o dare una risposta ai dolori e ai lamenti dei devoti. Così, ancor prima che molti incominciassero a parlare dei loro problemi, la Madre, che era in grado di leggere nei loro pensieri, suggeriva soluzioni e li consolava assicurandoli della Sua benedizione.

"Figli, venite in fretta! Non preoccupatevi di prostrarvi o cose del genere!", disse loro. Solo se chi era dentro la capanna fosse uscito, chi aspettava fuori al sole sarebbe potuto entrare e sedersi.

## In empatia con i poveri

Una devota, con le lacrime che le rigavano il volto, confidò alla Madre il suo problema: "Amma, tutti i polli della nostra zona sono ammalati. Anche la nostra gallina comincia a stare male. Amma, ti prego, salvala!"

Un brahmachari, che era in piedi lì vicino, provò sdegno per questa donna che, invece di andarsene velocemente dopo aver ricevuto il darshan, in un giorno così affollato importunava la Madre con una faccenda di poca importanza come quella. Ma immediatamente Amma gli diede un'occhiata così severa che lo fece vergognare. La Madre consolò amorevolmente la donna e le diede del bhasma da mettere sulla gallina. La donna se ne andò felice.

Mentre la donna si allontanava, Amma chiamò il brahmachari. "Figlio, tu non capisci la sua sofferenza. Lo sai quanto dolore c'è in questo mondo? Se lo sapessi, non l'avresti guardata con disprezzo. Grazie a Dio, tu hai tutto ciò di cui hai bisogno. Puoi vivere senza preoccupazioni. L'unica entrata che ha quella donna viene dalle uova della sua gallina. La sua famiglia farà la fame se quella gallina muore. Quando Amma pensa alla vita di quella donna, non considera la sua sofferenza di poco conto. Quella donna spende parte dei suoi magri risparmi ricavati dalla vendita delle uova per venire qui. Conoscendo i suoi sforzi, Amma ogni tanto le dà i soldi per il biglietto dell'autobus. Guarda il suo abbandono, persino nel mezzo di così tanta miseria! Ad Amma vengono le lacrime agli occhi quando ci pensa! Chi mangia a sazietà non conosce il dolore della fame. Devi fare la fame per conoscere quel dolore.

"Ascolta sempre molto attentamente ciò che ognuno ha da dire. Non fare confronti tra una persona e l'altra. Dobbiamo metterci al loro livello; solo allora saremo in grado di capire le loro preoccupazioni, rispondere in modo adatto e consolarli."

Un giovane era rimasto a guardare attentamente Amma dal momento in cui era entrato nella capanna. Era un insegnante universitario di Nagpur che era arrivato diversi giorni prima. Il giorno del suo arrivo aveva detto che sarebbe ripartito subito dopo aver visto la Madre, poiché doveva tornare urgentemente nella sua città. Ma questo era successo diversi giorni prima e lui non se n'era ancora andato. Amma disse a chi le stava attorno: "Questo figlio è qui da un po' di giorni. Amma gli ha detto diverse volte di andare a casa e di tornare più avanti, ma non vuole ascoltare. Non se n'è ancora andato."

Il giovane non sapeva cosa stesse dicendo la Madre, poiché non capiva il malayalam. Ma quando tutti si voltarono a guardarlo, capì che Amma stava parlando di lui. Un uomo che gli stava seduto accanto gli tradusse le parole della Madre. Il giovane rispose: "Visto che comunque non me ne vado, che senso ha parlare di ritorno?"

Madre (ridendo): "Amma conosce il trucco per spedirti via di corsa!"

A questo risero tutti.

## Mendicando per amore dei Suoi figli

*O Annapurna, sempre colma*
*Degli elementi che alimentano la vita,*
*O Amata di Shankara,*
*Concedimi la carità della saggezza e della rinuncia!*

–Sri Shankaracharya

La campana del pranzo era suonata da un po', ma molti non avevano ancora mangiato perché non riuscivano a staccarsi dalla Madre. Si stava facendo tardi, e i residenti dell'ashram vennero a dire ad Amma che chi serviva il pranzo stava aspettando. All'insistenza della Madre, qualche altra persona andò a mangiare. Ma diversi devoti non si sarebbero alzati fino a che Amma non fosse uscita dalla capanna del darshan. Non si curavano di mangiare. Il loro appagamento consisteva nel non sprecare un singolo momento che potevano trascorrere alla presenza della Madre. I residenti dell'ashram ne facevano le spese, poiché dovevano aspettare fino alle tre o alle quattro del pomeriggio per servire loro il pranzo.

Erano passate le tre del pomeriggio quando finalmente la Madre si alzò. I devoti Le si affollarono intorno, si prostrarono, e nel fare ciò Le bloccarono inavvertitamente il passaggio. Tirandone su alcuni e dando dei colpetti affettuosi e carezze ad altri, si fece strada verso la cucina.

In cucina, Amma scoprì che i brahmachari che stavano servendo il pranzo avevano un problema. Proprio come gli altri giorni di bhava darshan, era stato cucinato più cibo di quanto sembrasse necessario, ed era finito tutto velocemente. Era stato cucinato dell'altro riso, ma anche quello era finito in un baleno. Per tutto il pomeriggio, la gente aveva inaspettatamente continuato ad arrivare all'ashram. Era stata cucinata una terza partita di riso, che ora era già quasi finita, con molte bocche ancora da sfamare. Altro riso era sul fuoco, ma non c'erano più verdure per accompagnarlo. Chi lavorava in cucina si stava chiedendo cosa fare, quando la Madre entrò.

Per nulla turbata da tutto ciò, Amma aprì alcuni barattoli di tamarindo, granelli di senape e foglie di curry. Nel giro di qualche minuto era pronto del *rasam* (tamarindo bollito in acqua, con sale, peperoncino, cipolle, ecc.). Al mattino una devota aveva portato un contenitore pieno di yogurt. Furono tagliati dei pomodori, cipolle e peperoncini verdi, che poi vennero aggiunti allo yogurt. In un battibaleno fu tutto pronto, incluso il riso. La Madre stessa servì il pranzo ai Suoi figli. I devoti mangiarono il prasad dalle sacre mani di Amma con più gusto e soddisfazione che se si fosse trattato di un sontuoso banchetto.

Un ultimo turno di devoti entrò per pranzare, e la Madre servì anche loro. Dopo essersi assicurati che tutti i devoti avessero mangiato, i residenti dell'ashram si sedettero per mangiare. Era avanzato solo del riso e del rasam. Tre brahmachari servirono gli altri, e quando ebbero terminato di servire, tutto il riso era finito. Amma non sopportava il pensiero che tre dei Suoi figli dovessero saltare il pasto, dopo aver lavorato per diverse ore senza interruzioni. A parte del riso crudo, in cucina non era avanzato nulla, e ci sarebbe voluto tempo per cucinarlo.

Nel vedere che la Madre si stava preoccupando per loro, i tre brahmachari dissero con fermezza che non avevano fame e non volevano niente. Ma Amma non era d'accordo. "Figli, aspettate dieci minuti", disse. "Amma torna subito!". Quindi uscì portandosi dietro un contenitore. Stava andando a casa di Sugunachan? O forse era andata in camera Sua per vedere se c'era del cibo che alcuni devoti potevano aver offerto? Mentre aspettavano, i brahmachari lavarono tutti i piatti e pulirono la cucina.

La Madre fu presto di ritorno, con il volto illuminato da un sorriso che splendeva come la luna piena. Doveva aver trovato del cibo per i Suoi figli. I brahmachari non riuscivano a trattenere la curiosità. Guardando nel contenitore, videro che era pieno di vari tipi di riso cotto, mischiati insieme.

Gli occhi dei brahmachari si riempirono di lacrime. "Amma!", gridò uno di loro. La Madre aveva fatto un giro fra le capanne dei vicini, a elemosinare il cibo per i Suoi figli, ed era tornata col *bhiksha*. Era questo il motivo della gioia sul Suo volto.

Tutti i vicini erano dei poveri pescatori che avevano da mangiare appena a sufficienza. Sapendo ciò, la Madre aveva preso solo una manciata di riso da ogni capanna.

I brahmachari guardarono un'immagine sul muro che rappresentava il Signore Shiva come un mendicante che elemosinava del cibo a Devi Annapurneshwari[40], seduta su un trono. La Devi in persona aveva bussato alla porta dei pescatori per il bhiksha per i Suoi figli. La Madre si sedette sul pavimento, appoggiandosi contro la porta, mentre i brahmachari Le si sedettero attorno. Facendo delle palline col riso e un po' di *sambar* che erano nel contenitore, nutrì i Suoi figli con le Sue mani.

"Ancora una!" diceva la Madre.

"No, Amma, non avanzerà niente per Te."

"Figli, quando avrete mangiato abbastanza, la fame di Amma sparirà!" Diede ancora una pallina di riso ad uno di loro. Erano rimaste appena due manciate di riso e un pezzo di patata del sambar. La Madre li mangiò e si alzò del tutto soddisfatta.

## *Domenica 25 maggio 1986*

Ramakrishnan era a letto con la febbre. Amma gli era seduta accanto. Un brahmachari entrò nella capanna di Ramakrishnan per portare un infuso fatto con foglie di basilico, pepe nero e zenzero.

Sul muro c'era una vecchia foto della Madre con un sari colorato ed una camicetta. Nel vederla, Amma disse: "A quei tempi,

---

40 La Dea dell'Abbondanza, una forma di Durga.

Damayanti doveva costringere Amma a indossare un sari. Una volta, mentre Amma si stava preparando per andare da qualche parte, si prese una sonora legnata per non esserselo messo. Così, ne indossò uno, ma appena salita in barca, se lo tolse e lo tenne in mano, tutto arrotolato." La Madre rise.

## Lo svezzamento

Una donna aveva portato il suo bambino al darshan della Madre. Aveva desiderato per anni di avere un bambino, ma non era mai riuscita a concepire. Finalmente, dopo aver incontrato Amma e grazie al Suo sankalpa, aveva dato alla luce un maschietto. Era venuta ora accompagnata dai parenti per l'*anna prasana* del bambino, il primo pasto di cibo solido. Avevano fretta di concludere la cerimonia, in modo da poter tornare a casa.

La donna disse: "Ammachi, ti prego, da' subito da mangiare al mio bambino. Stasera non possiamo fermarci qui con lui, non dorme senza la culla. Inoltre non ho portato il suo latte. Se partiamo adesso, arriveremo a casa prima di sera."

Madre: "Figlia mia, non parlare in questo modo! Hai avuto questo bimbo per grazia di Dio. E sei venuta in un luogo di Dio. È solo quando le persone vengono in un posto come questo che hanno improvvisamente fretta! Non appena arrivati al tempio o al *gurukula*, vogliono andarsene di corsa. Quando portate un bambino all'ospedale, dite forse al dottore: 'Ho fretta! La prego di lasciarmi andare il prima possibile? Dite: 'Dottore, non ho portato con me la culla o il latte, e poi il bambino ha sonno, e quindi lo deve visitare subito'? Quando si va in un tempio o in un ashram, bisogna avere un'attitudine di abbandono. Figlia, compiendo buone azioni, visitando templi e ashram, e pensando a Dio, il nostro prarabdha si alleggerisce di molto. Non lo capisci?

"Te ne vai di fretta da qui, e se strada facendo l'auto-bus si rompe, con chi ti lamenti? Rattrista Amma il fatto che tu, che vieni qui da anni, parli in questo modo. Non dovresti mai parlare così, figlia. Rimettiti alla volontà di Dio. Perché non hai piuttosto pensato: 'Amma darà il pasto al bimbo quando vorrà'? Questo è abbandono. Se te ne vai ora, avrai un sacco di problemi per strada, perciò Amma non ti lascia ancora andare."

Era la prima volta che la donna aveva sentito Amma parlare in un modo tanto serio, e impallidì. Nel vedere ciò, la Madre le fece cenno di avvicinarsi e disse: "Amma ti ha parlato così apertamente per il senso di confidenza che prova verso di te, figlia. Non restarci male!"

Nel sentire queste parole, il viso della donna si illuminò.

Malgrado all'inizio la Madre avesse rifiutato, diede senza indugio il primo pasto di riso al bimbo, e li lasciò andare in modo che potessero tornare a casa prima che facesse notte.

### *Venerdì 30 maggio 1986*

Era quasi mezzogiorno. La Madre stava parlando con i devoti nella capanna del darshan. Fra di essi c'era un brahmachari di un altro ashram di Kidangur. Rivolgendosi a lui, gli disse: "Figlio, c'è differenza tra il comprare una medicina per una ferita sulla propria mano, e uscire per andare a prendere una medicina per il dolore di qualcun altro. Il secondo caso dimostra che abbiamo un cuore che ama. Questo è ciò di cui ha bisogno un ricercatore spirituale; ed è il fine delle sue pratiche spirituali. La sadhana non dovrebbe essere compiuta per la propria liberazione, ma per diventare pieni di amore, compassione e abbastanza comprensione per rimuovere la sofferenza del mondo. Non si ricava alcun beneficio dallo starsene seduti con gli occhi chiusi senza fare altro. Dobbiamo arrivare ad avere un cuore tanto grande da provare la sofferenza degli altri come fosse la nostra, e darci da fare per alleviare la loro sofferenza."

## Una cura per la Madre

Amma tossiva violentemente fin dal mattino. Un brahmachari andò a chiamare la dottoressa Lila.

La settimana precedente, un devoto era arrivato all'ashram con una brutta tosse. Il suono della sua tosse aveva fatto eco per tutto l'ashram. La sua tosse secca e stizzosa si era sentita anche quando era giunto al kalari e si era inchinato alla Madre. Ma quando era uscito dal piccolo tempio, dopo aver ricevuto il darshan della Madre, la sua tosse era sparita. Era svanita nel momento in cui aveva bevuto l'acqua benedetta che gli aveva dato Amma. Era rimasto all'ashram per una settimana, e se n'era andato via felice quella mattina.

Una volta, quando era a Tiruvannamalai, Amma era stata male. Nealu aveva deciso che doveva consultare un dottore senza indugio. Nonostante a Tiruvannamalai ci fossero alcuni medici devoti della Madre, La portarono da un nuovo medico. Senza attendere il permesso di nessuno, Amma innocentemente era entrata nello studio. Il medico era andato su tutte le furie e Le aveva chiesto di uscire. La Madre rideva quando lo raccontava, dicendo: "Non c'è motivo di biasimarlo. Stava visitando qualcun altro, quando improvvisamente Amma s'è intromessa! Deve aver perso la concentrazione!" Mentre usciva dallo studio del medico, sia il dottore che l'infermiera L'avevano richiamata. Non avevano idea di chi fosse o perché fosse venuta. In seguito, la Madre aveva detto: "Amma non andrà mai più a farsi vedere da un dottore. Se avrà bisogno di un medico, uno dei Suoi figli medici dovrà venire all'ashram."

Le parole della Madre si erano avverate. Il primo medico che venne a stabilirsi permanentemente all'ashram fu Bri. Lila. Quando incontrò la Madre, lavorava all'ospedale gestito da Sri Ramakrishna Math a Thiruvanantapuram. Vide in Amma l'aspirazione ultima della sua vita. Subito dopo lasciò il lavoro e venne a vivere all'ashram. Ora era incaricata di qualsiasi cura avesse bisogno la Madre. Poiché Lila sapeva che i malanni di Amma non si potevano curare con le sole medicine, non era minimamente turbata quando la Madre si ammalava – neppure quando sembrava molto debole. Considerava le malattie di Amma come il *lila* (gioco) dell'amata consorte del Signore Shiva, che una volta portò alla morte il Signore della morte in persona. In altre parole, vedeva le malattie della Madre come un semplice gioco della Madre Divina.

"Ti devo dare delle pastiglie, Amma?", chiese Lila. Mettendo la sua mano sulla fronte della Madre, disse: "Non hai la febbre. Non è niente di serio. Fra un po' starai bene."

La Madre rise e disse: "Anche se Amma fosse morta, mia figlia Lila esaminerebbe il cadavere e direbbe: 'Non è niente di serio. Fra un po' starai bene!'" Tutti si unirono alla risata.

*Sabato 31 maggio 1986*

## La sadhana deve venire dal cuore

Un brahmachari andò dalla Madre e Le chiese dei suggerimenti pratici per la sua sadhana. Amma gli diede istruzioni sulla meditazione: "Figlio, concentrati sul punto fra le sopracciglia. Vedi lì la tua Divinità Prediletta, proprio come se stessi vedendo la tua immagine allo specchio." Mettendogli il dito nel punto fra le sopracciglia, aggiunse: "Immagina che qui ci sia un altare e visualizza su di esso la tua Divinità Prediletta.

"Coloro che meditano solo seguendo un orario prefissato, come se fosse un dovere, non vedranno mai Dio. Bisogna piangere per Dio, giorno e notte, senza pensare a mangiare o a dormire. Solo chi ha fatto così ha realizzato Dio. Devi sviluppare questo tipo di distacco. Se qualcuno ti spalmasse su tutto il corpo della pasta di peperoncino, pensa a quanto ti daresti da fare per salvarti dal bruciore! Dovresti desiderare di vedere Dio con la stessa intensità. Dovresti piangere per avere quella visione, senza sprecare neppure un istante. Solo allora tutti gli altri pensieri spariranno, come nel sonno profondo, e raggiungerai il piano dell'esperienza divina.

"Quando i pescatori fanno uscire la barca in mare, chiudono gli occhi, e con grandi grida spingono forte per superare le onde. Tutti remano forte, senza fermarsi, remando rumorosamente, fino a che non hanno superato le onde. Poi possono mettere i remi di lato e riposare. Si tratta sempre dello stesso oceano, ma una parte è agitata dalle onde, mentre l'altra parte è calma. All'inizio, non dovremmo riposare nemmeno un istante. Bisogna essere vigili. Solo allora ci sarà possibile raggiungere la calma che si trova al di là.

"Totapuri[41] era stabile nello stato dell'Advaita. Nonostante ciò, stava in piedi in mezzo ad un cerchio di fuoco e faceva tapas. Ramakrishna Deva raggiunse la realizzazione grazie all'incessante ricordo di Dio. Per arrivare alla realizzazione, bisogna avere costantemente Dio nei propri pensieri. Un vero sadhak non fa japa e meditazione solo seguendo un orario. Il suo amore per Dio trascende tutte le regole. All'inizio, un sadhak deve adottare certe regole, ma le pratiche spirituali non dovrebbero essere considerate solo un dovere. Dovremmo piangere e pregare Dio. Piangere per Dio non è un segno di debolezza. Dovremmo piangere solo per Dio, e per nient'altro. Non è ciò che fece Ramakrishna? E ciò che fece Mira?"

[41] Un grande asceta che seguiva il sentiero dello jnana (conoscenza). Fu lui ad iniziare Sri Ramakrishna al sannyasa.

## La stessa verità in nomi diversi

Br: "È sbagliato se qualcuno che medita su Krishna, recita un mantra della Devi oppure i mille nomi della Devi?"

Madre: "Non è un problema. Qualsiasi mantra o nome sacro reciti, i tuoi pensieri dovrebbero essere rivolti alla tua Divinità Prediletta."

Br: "Com'è possibile? Non ci sono particolari *bijakshara* (lettere seme) per ogni divinità? Come può andare bene allora recitarne una diversa?"

Madre: "Con qualsiasi nome lo si chiami, il Potere Divino è uno solo. Sia che si chiami una noce di cocco 'tenga'[42] o 'noce di cocco', la sua identità non cambia, non è vero? Analogamente, le persone accarezzano nel loro cuore diverse immagini di Dio, ognuna a seconda del proprio samskara. Conoscono Dio con nomi diversi, ma la Consapevolezza che permea ogni cosa è al di là di tutti i nomi. Dio non è qualcuno che risponde solamente se sente il suono di una particolare chiamata – dimora nel nostro cuore, e conosce il nostro cuore. Dio ha un infinito numero di nomi. Ogni nome è il Suo.

"Quando si esegue una puja, la si dovrebbe rivolgere alla particolare divinità alla quale la puja è dedicata, e con i mantra appropriati. Ma quando il fine è di raggiungere il Sé, non importa veramente se la forma su cui si medita è diversa dalla divinità del mantra che si sta recitando; poiché vediamo tutto come diversi aspetti del Sé Supremo. Dovremmo vedere che tutto è contenuto in Quello, e che questo unico Principio esiste dentro tutti noi. È la stessa Consapevolezza che permea ogni cosa, che permea tutte le forme, inclusi noi stessi. Sebbene inizialmente sia meglio focalizzare la mente su un nome e una forma particolare, quando si

42 Noce di cocco in malayalam.

progredisce sul sentiero bisogna essere in grado di percepire l'unico Principio Supremo in tutti i nomi e in tutte le forme.

"Lo scopo della ripetizione del mantra è quello di condurci al silenzio supremo del Sé, da dove nascono tutti i suoni e tutte le forme. Il mantra japa, eseguito con la corretta comprensione di questo principio, ci condurrà infine alla Sorgente, al punto in cui il ricercatore ha la realizzazione che la forma su cui medita, e tutte le altre forme, esistono dentro di lui e sono la manifestazione dell'unico Sé.

"Quando Krishna abitava a Vrindavan con le gopi, esse volevano vederLo e stare in Sua compagnia in ogni momento. Lo adoravano così tanto che si riferivano a Lui come il loro *Hridayesha*, il Signore del loro cuore.

"Poi un giorno Krishna partì per Mathura e non tornò più. Alcune persone andarono dalle gopi e le presero in giro, dicendo loro: 'Dov'è ora il vostro Hridayesha? Sembra che Krishna non sia Hridayesha, ma *hridayasunya* (senza cuore).' Le gopi risposero: 'No, Lui è ancora il nostro Hridayesha. Eravamo abituate a vedere Krishna solo nella Sua forma fisica, e potevamo sentire la Sua voce solo con le orecchie. Ma ora Lo vediamo in tutte le forme: i nostri stessi occhi sono diventati Krishna. Ora Lo sentiamo in tutti i suoni: le nostre orecchie sono diventate Krishna. In realtà, noi, noi stesse, siamo diventate Krishna!'

Analogamente, malgrado inizialmente vediamo Dio in una particolare divinità, e Lo chiamiamo con un nome particolare, quando la devozione matura e sboccia pienamente, arriviamo a vedere Dio in tutte le forme, in tutti i nomi, e dentro di noi."

I bhajan della sera erano terminati. Per cena venivano servite delle *dosha*. Poiché era arrivata una grande folla inaspettata, la preparazione delle dosha proseguì fino alle dieci e mezza. Ogni frittella veniva servita calda non appena pronta. La Madre andò in cucina e mandò un brahmachari a prendere un'altra padella per dosha a casa dei Suoi genitori. Appena Le fu portata, la mise su un altro fornello e cominciò a fare delle dosha. Non si dice che Dio appare sotto forma di pane davanti agli affamati, sia che questa fame sia fisica o spirituale?

## Compiere ogni azione come una forma di preghiera

Dopo cena, la Madre si unì ai brahmachari per trasportare la ghiaia che sarebbe stata usata per fare il calcestruzzo. Fecero una catena umana e si passarono la ghiaia in recipienti d'acciaio rotondi. Coloro che avevano esitato persino a lavarsi i vestiti prima di venire all'ash-ram, presero parte a questo festival di duro lavoro insieme ad Amma. Stavano per imparare alcune lezioni pratiche di spiritualità.

Nel mezzo del lavoro, la Madre disse: "Figli, anche questa è sadhana. I vostri pensieri dovrebbero essere su Dio anche quando lavorate. Qualsiasi lavoro facciate focalizzando la vostra mente su Dio, è karma yoga. Mentre vi passate la ghiaia, immaginate di passarla alla vostra Divinità Prediletta, e quando la ricevete dalla persona accanto a voi, immaginate di riceverla dalla Divinità."

La Madre cantò un kirtan e, continuando a lavorare, tutti si unirono al canto.

### Tirukathakal patam

*O Dea Durga, O Kali,*
*Cancella il mio triste destino.*
*Ogni giorno supplico*
*Per una visione della tua forma.*

*Ti prego, concedimi un favore.*
*Lascia che io canti,*
*Rendendo gloria alle tue sacre opere;*
*E mentre canto le tue lodi,*

*Ti prego, entra nel mio cuore.*

*O Essenza dei Veda,*
*Non so come meditare,*
*E alla mia musica manca una melodia.*
*Abbi pietà di me,*
*Fa' che io m'immerga nella beatitudine.*

*Tu sei Gayatri,*
*Tu sei la fama e la Liberazione,*
*Kartyayani, Haimavati e Dakshayani -*
*Tu sei l'Anima stessa della realizzazione,*
*Il mio unico rifugio.*

*O Devi,*
*Dammi la forza di parlare dei princìpi essenziali.*
*Capisco che senza di te,*
*Che sei la personificazione dell'Universo,*
*Shiva, il Principio Causativo,*
*Non esisterebbe.*

Era passata da parecchio la mezzanotte. Con fili di luce argentea, la luna intesseva un delicato velo scintillante sopra la cima degli alberi di cocco. In quelle ore silenti della notte, una Madre e i suoi figli erano immersi nel lavoro di erigere una residenza di pace, dimora che sarebbe servita un giorno da rifugio a innumerevoli migliaia di persone. La scena richiamava alla mente la dolce saggezza della *Bhagavad Gita*: "Quando è notte per tutti gli esseri, lo yogi rimane sveglio." Era quello che stava succedendo qui. Mentre il mondo intero dormiva, la Madre dell'Universo lavorava duramente senza sosta per costruire un mondo di luce eterna. I momenti condivisi con questo grande architetto di una nuova era, erano gemme preziose che i Suoi figli custodivano nel forziere del loro cuore, per essere ricordati in futuro, arricchendo immensamente la loro vita.

# Capitolo 4

## *Lunedì 9 giugno 1986*

I riti tradizionali per l'iniziazione di Anish a brahmacharya erano cominciati la mattina. Era venuto un prete da Alleppy per l'homa e gli altri riti d'iniziazione. Il fuoco sacro ardeva nel kalari e nell'aria risuonavano i canti vedici, mentre la presenza divina della Madre colmava tutti di beatitudine.

Amma era nello stato d'animo di una bambina. Ogni Sua parola e gesto diffondevano gioia su tutti. Era divertita nel vedere che Anish si era rasato tutti i capelli eccetto il tradizionale ciuffo sul retro della testa, in preparazione del ricevimento della veste gialla. La Madre prese un fiore di ibisco e glielo legò al ciuffo! Gli spettatori non riuscirono a contenere le loro risate.

Poi, d'un tratto, il Suo umore cambiò e il Suo volto assunse un'espressione seria. Improvvisamente l'atmosfe-ra si fece silenziosa. Il silenzio era rotto solo dal suono dei mantra vedici e dal crepitare del fuoco dell'homa, ravvivato dalla legna dell'albero del pane. Dall'espressione sui volti, era chiaro che tutti erano trasportati in uno stato d'a-nimo al di là di questo mondo.

La Madre diede a questo figlio il suo nuovo nome, Brahmachari Satyatma Chaitanya[43]. Dopo aver ricevuto l'iniziazione, Satyatma si inchinò di fronte a Lei e uscì per ricevere il bhiksha come per tradizione.[44]

---

[43] Da allora, Br. Satyatma Chaitanya ha ricevuto l'iniziazione a sannyasa, e oggi è conosciuto come Swami Amritagitananda.

[44] Secondo la tradizione, i brahmachari e i sannyasi dovrebbero mangiare solo cibo ricevuto in elemosina. Oggigiorno escono a chiedere l'elemosina solo il giorno della loro iniziazione.

Una famiglia di devoti musulmani era venuta all'ashram per il darshan della Madre. Era un giorno di ricorrenza sacra per i musulmani, e loro erano venuti per passarlo con Amma. Dopo la cerimonia di iniziazione, la Madre andò nella capanna con la famiglia. Parlò con loro a lungo prima di ritirarsi nella Sua camera.

Più tardi, quel pomeriggio, la Madre era seduta in compagnia di alcuni brahmachari, sul tetto a terrazza sopra la Sua camera. Da giorni, i brahmachari cercavano di ottenere il permesso della Madre per una foto di gruppo con Lei, da includere nella Sua biografia. Amma aveva ripetutamente rifiutato. Adesso un brahmachari sollevò di nuovo la richiesta: "Amma, abbiamo sentito parlare di tanti mahatma, ma non ci sono foto della maggior parte di loro. Che dispiacere abbiamo provato nel non poter vedere com'erano! Se non ti facciamo una foto, facciamo un torto alle generazioni future. Amma, almeno per questo motivo dovresti permettere che ti sia fatta una foto."

Madre: "Se Amma accetta, da questo momento in poi la vostra attenzione sarà solo su queste cose, e ciò nuocerà alla vostra sadhana. Inoltre non posso vestirmi come piace a voi; non è nel mio modo di essere. Non posso mettermi in posa per una foto." Il tono serio del Suo rifiuto zittì i brahmachari e li rattristò. Ma quanto poteva resistere la Madre nel vedere i Suoi figli tristi? "Va a chiamare tutti," disse infine.

I volti di tutti si illuminarono ed essi corsero giù dalle scale. Tutti i residenti dell'ashram si riunirono sul tetto per la foto. C'era anche il venerabile Ottur Unni Nambudiripad, il più anziano tra i figli brahmachari di Amma. Quando la foto fu scattata, la Madre chiese ad Ottur di tenere un satsang. I *lila* di Krishna uscirono in un flusso ininterrotto dalla bocca di questo devoto gentile, il cui sé interiore si era abbandonato da tempo al Bambino di Ambadi[45]. Rapita, la Madre ascoltava con gli altri le storie sempre nuove

---

[45] Ambadi è il nome del villaggio dove crebbe Krishna.

delle birichinate di Krishna, il ladruncolo di burro. Quando il racconto fu terminato, Ottur insistette: "Adesso vogliamo sentire il satsang di Amma!"

Madre: "Amma non è capace di fare satsang. Quando la gente Le fa delle domande, lascia uscire di bocca qualsiasi follia Le venga in mente, questo è tutto."

Ottur: "Sarà follia, ma è ciò che ci piace sentire. Amma, noi non abbiamo l'intensità della devozione che tu descrivi. Cosa dobbiamo fare?"

La Madre guardò Ottur e sorrise. Gli fece posare la testa sul Suo grembo. Lo abbracciò con grande affetto e lo chiamò: "Unni Kanna (Bambino Krishna)!"

## Fare sadhana per se stessi non basta

La Madre lanciò uno sguardo al brahmachari che Le stava seduto dietro. Il brahmachari chinò il capo, evitando il Suo sguardo. Conoscendo i suoi pensieri, la Madre disse: "Figli, sapete che aspettative Amma ripone in voi? Dovreste essere come il sole, non come una lucciola. Le lucciole brillano solo per le proprie necessità. Non siate così. L'altruismo è tutto ciò che dovreste desiderare. Dovreste essere voi a rimboccarvi le maniche per aiutare gli altri, persino in punto di morte."

Questa affermazione colpì in modo particolare il cuore del brahmachari che Le stava seduto dietro. Il giorno prima c'era stato il bhava darshan, a cui aveva partecipato una grande folla di devoti. Il brahmachari che aveva l'in-carico di servire il pranzo aveva un disperato bisogno di aiuto, e lo aveva chiesto a questo brahmachari, con cui condivideva la capanna. Quest'ultimo invece aveva continuato a meditare senza nemmeno alzare un dito. La Madre era venuta a saperlo, e il brahmachari L'aveva evitata per tutta la mattina.

La Madre continuò: "Figli, dovremmo assicurarci che ogni nostra azione abbia il fine di aiutare gli altri e di accrescere la loro felicità. Se ciò non è possibile, dovremmo almeno assicurarci che le nostre azioni non procurino mai nessun problema o sofferenza agli altri. Pregare il Signore che nessun nostro pensiero, parola o azione faccia mai del male a qualcuno, ma che sia sempre di beneficio agli altri – è questa la vera preghiera. Dovremmo essere disposti a pregare per l'elevazione degli altri, piuttosto che per la nostra crescita personale. Figli miei, sviluppare un tale amore altruistico è il più grande progresso che possiamo compiere. La vera preghiera è considerare la sofferenza altrui come la propria, e la felicità altrui come la propria. I veri devoti vedono se stessi negli altri. Il loro mondo è un mondo di pace e di appagamento." La Madre smise di parlare. Il Suo sguardo era perso lontano.

Arrivò in fretta l'ora dei bhajan. Amma condusse tutti al kalari. Come si fu seduta, un brahmachari Le mise davanti una tampura. Amma cominciò a suonare lo strumento, dando la nota di avvio al primo canto. Cantò un kirtan scritto e dedicatoLe da Krishnan Nair, un devoto con famiglia. Cantarono tutti con la Madre, dimenticandosi alla Sua presenza di tutto il resto

**Katinnu katayi**

*O Madre, che risplendi come*
*L'Orecchio dell'orecchio,*
*La Mente della mente,*
*E l'Occhio dell'occhio,*
*Tu sei la Vita della vita,*
*La Vita dei viventi.*

*Ciò che l'oceano è per le onde,*
*Tu lo sei per l'anima.*
*Tu sei l'Anima delle anime,*
*Tu sei il Nettare del nettare della saggezza.*

*O Madre, sei la Perla del Sé immortale,*
*L'Essenza della Beatitudine.*
*Tu sei la grande maya.*
*Tu sei l'Assoluto.*

*Gli occhi non possono percepirTi.*
*La mente non può afferrarTi.*
*Alla Tua presenza le parole si fanno mute, O Madre.*
*Chiunque affermi di averTi visto,*
*Non Ti ha davvero visto –*
*Poiché Tu, O Grande Dea,*
*Sei al di là dell'intelletto.*

*Il sole, la luna e gli astri*
*Non brillano di luce propria,*
*Ma sono illuminati dal Tuo splendore.*
*Attraverso il discernimento,*
*Solo il coraggioso può percorrere*
*Il sentiero che porta alla Dimora della Pace Eterna,*
*La Verità Suprema.*

Dopo i bhajan tutti meditarono per un po' prima di cena. Il dolce suono della tampura sotto le dita della Madre e il Suo canto echeggiavano ancora armoniosamente nella loro mente:

*Attraverso il discernimento,*
*Solo il coraggioso può percorrere*
*Il sentiero che porta alla Dimora della Pace Eterna,*
*La Verità Suprema*

*Mercoledì 11 giugno 1986*

## Proteggendo sempre chi si rifugia in Lei

Erano appena passate le due del mattino. Un brahmachari stava tornando silenziosamente dalla spiaggia dopo aver meditato. Passando per il kalari deserto, spense la luce e posò il suo *asana* e lo scialle sulla veranda. Poi svegliò Pai, che stava dormendo sulla veranda del kalari e che aveva chiesto di essere svegliato alle due per meditare. Pai aveva anche il compito di suonare la campana alle quattro per svegliare tutti per l'archana. Mentre il brahmachari si stava avviando verso la sua capanna per andare a letto, vide un uomo e una donna seduti di fronte alla scuola di Vedanta.

"Siamo venuti per vedere Amma," dissero umilmente alzandosi.

Br: "Amma è andata nella Sua camera a mezzanotte. Quando sono andato in spiaggia, stava salendo in camera."

Visitatori: "Dobbiamo essere arrivati appena dopo la mezzanotte."

Improvvisamente sentirono il rumore di passi che si stavano avvicinando. La Madre stava venendo verso di loro con un sorriso. I visitatori Le si gettarono ai piedi con un misto di riverenza e lieto stupore.

Madre: "Figli miei, quando siete arrivati?"

Devoto: "Siamo arrivati appena dopo che sei salita in camera, Amma. Ce ne stavamo seduti qui sentendoci delusi per non averti incontrata."

Madre: "Amma aveva appena chiuso gli occhi quando improvvisamente era come se voi foste in piedi davanti a Lei. Figlio, sta bene vostra figlia?"

Devoto: "La opereranno dopodomani. Il dottore dice che è un caso complicato. La nostra unica speranza è la tua benedizione, Amma! Ecco perché siamo venuti."

Madre: "Perché siete così in ritardo, figli? S'è rotta la macchina?"

Devoto: "Sì, Amma. Siamo partiti a mezzogiorno, ma strada facendo abbiamo avuto un guasto. Ci sono volute ore per ripararlo. Ecco perché siamo arrivati così tardi. Altrimenti saremmo arrivati per le otto."

Madre: "Non preoccuparti figlio. Venite, sediamoci." Prendendoli per mano li condusse sulla veranda del kalari, dove si sedettero. Parlò a lungo con loro. Poi prese del bhasma dal kalari e glielo diede come prasad. "Dite a mia figlia di non preoccuparsi. Amma è con lei." Entrambi Le si prostrarono nuovamente quando l'orologio rintoccò le quattro. Amma disse ad un brahmachari di dar loro un passaggio col traghetto, e poi fece ritorno alla Sua stanza. Nel lasciare l'ashram i visitatori si voltarono per guardare indietro. In quello stesso istante, la Madre, che stava salendo le scale della Sua stanza, ricambiò il loro sguardo e sorrise – un sorriso che era inequivocabilmente un segno di protezione.

Soffiava una fresca brezza. Godendo della frescura esterna del primo mattino e della consolante freschezza interiore della grazia della Madre, i visitatori salirono a bordo del traghetto e partirono. La stella del mattino brillava luminosa, conferendo un pallido bagliore alla superficie dei canali.

## *Venerdì 13 giugno 1986*

Amma era seduta sulla soglia dell'ufficio, circondata da alcune persone. Un brahmachari stava cercando di convincerLa della necessità di rimuovere le persone in carica in uno degli ashram affiliati e di dare l'incarico a persone nuove. La Madre ascoltò tutto quello che lui aveva da dire. Alla fine disse: "L'obiettivo di Amma è quello di trasformare il ferro e la ruggine in oro. Non c'è bisogno di trasformare l'oro in altro oro!"

Il brahmachari provò a ribadire la propria opinione.

Madre: "Figlio, abbi la pazienza d'ascoltare. È stata Amma a volerli nella commissione, non è vero? Cerca di capire che forse Amma aveva qualcosa in mente. Prima Amma ha conosciuto se stessa, poi ha conosciuto il mondo intero; solo in seguito ha assunto questo ruolo. Amma sa come guidare quelle persone. Amma ha visto la sofferenza e gli sforzi di centinaia di migliaia di persone, non è così? Chi altro ha avuto una tale opportunità? Inoltre, Amma ha visto la natura di molte persone cambiare. Se mandiamo via i membri della commissione, vivranno la loro vita senza essere utili a nessuno. Ma se li teniamo, si occuperanno almeno di alcune questioni dell'ashram; serviranno almeno a qualcosa e ne deriveranno il merito. Non è meglio che lasciarli seduti ad oziare? Amma sa come far loro seguire le Sue istruzioni.

"Mentre lavorano, la loro mente si purifica e questo li porterà alla salvezza. Non possiamo abbandonarli lungo la strada. È nostro dovere salvarli. Il nostro scopo è di aiutare gli altri ad accrescere la devozione per Dio e a godere della pace interiore. Se abbiamo sinceramente questo desiderio, perdoneremo loro qualsiasi errore, e proveremo a portarli sulla strada giusta.

"Non ci si può aspettare che siano tutti buoni. Alcuni non lo saranno. Ma se li cacciamo via e li abbandoniamo, fuori nel mondo commetteranno ancora più errori. Così noi, che ne sappiamo più di loro, dobbiamo scendere al loro livello per farli crescere spiritualmente. Non pensare che qualcuno sia cattivo e che debba essere rimosso solo per aver commesso un paio di errori.

"Amma non sta dicendo che la tua affermazione sia completamente sbagliata. Molte persone raccolgono soldi a nome dell'ashram, ma alcune di loro ne danno solo un quarto all'ashram. Amma lo sa, ma si comporta come se non lo sapesse. Offre loro un'altra opportunità per correggere i propri errori. Se nonostante ciò non imparano, o non vogliono cambiare il proprio modo di comportarsi, di solito se ne vanno spontaneamente. Amma non ha dovuto fare pressione su nessuno perché se ne andasse. Se ne vanno spontaneamente da soli.

"Anche coloro che sbagliano sono nostri fratelli e sorelle, non è vero? Potrebbero non aver acquisito ancora abbastanza saggezza, ma possiamo pregare Dio affinché ciò avvenga. Ciò darà beneficio anche a noi, perché espan-derà la nostra mente."

Il brahmachari si inchinò e si ritirò.

## Una lezione di shraddha

La Madre notò che un brahmachari, seduto e immerso nei suoi pensieri, si stava lisciando i baffi.

Madre: "Tira via quella mano. Queste abitudini non vanno bene per un brahmachari. Quando ci si siede da qualche parte, non bisognerebbe muovere il corpo o gli arti se non è necessario. Le abitudini come quella di picchiettare col piede, di gesticolare o di lisciarsi i baffi, non vanno bene per un sadhak. Dovresti sforzarti di stare fermo."

Una brahmacharini raggiunse la Madre e Le disse che dall'ashram erano spariti molti piatti e bicchieri. Amma disse: "Porta qui tutti i piatti e i bicchieri. Non ne lasciare nemmeno uno da nessuna parte. Portali tutti qui."

Ad ogni residente era stato dato un piatto ed un bicchiere da tenere nella propria stanza. La Madre disse ai presenti: "Figli, dovreste prestare più attenzione a queste cose. Molti piatti e bicchieri sono andati perduti perché sono stati lasciati da qualche parte. Poi ad ognuno è stato dato un piatto ed un bicchiere col proprio nome scritto sopra. E adesso sono spariti anche quelli. Quando a qualcuno manca il piatto, va a prenderne uno nella stanza accanto, senza considerare il fatto che la persona di quella stanza ne ha bisogno. Come farà quella persona senza il piatto? E alla fine Amma viene coinvolta per sistemare la questione." La Madre rise. "Questi figli sono peggio dei bambini piccoli!"

I brahmachari arrivarono con i loro piatti e bicchieri e la Madre assunse un atteggiamento serio.

Madre: "D'ora in avanti, nessuno dovrà usare il piatto di qualcun altro. Se avete perso il vostro, lo dovete ammettere. Mai dire una bugia per il proprio tornaconto, a costo della propria vita. Se perderete ancora i vostri piatti per negligenza, Amma non mangerà niente. Ricordatelo, figli!"

Nel giro di pochi minuti, tutti i piatti e i bicchieri erano davanti alla Madre, che li contò. Ne mancavano diversi.

Madre: "Figli, non è per negligenza che avete perso così tanti piatti e bicchieri? Vengono qui persone di tutti i tipi. Se lasciate in giro gli utensili dopo averli usati, chi ne ha bisogno semplicemente se li prende. Perché dare la colpa agli altri quando avete offerto loro l'occasione di rubare? La colpa è vostra. Se foste stati più attenti, quei piatti non sarebbero stati persi. Nessuno di voi conosce il valore dei soldi, e allora che differenza vi fa se si perdono le cose?

"Amma è cresciuta conoscendo la povertà. Sa quanto vale ogni paisa. Ha dovuto faticare anche per trovare abbastanza legna per fare il tè. Poiché conosce gli stenti della povertà, non permette che nemmeno una briciola vada sprecata. Quando vede un pezzo di legno, pensa al suo valore e a come usarlo. Invece voi, figli, se lo vedeste per terra sul vostro sentiero, lo prendereste a pedate. O se lo vedeste sotto la pioggia, non pensereste mai di prenderlo, asciugarlo e tenerlo da parte. Invece Amma non lo riterrebbe inutile. Figli, buttereste via una moneta di cinque paisa? No, perché sono cinque paisa. Ma con cinque paisa non ci possiamo nemmeno comprare un pezzettino di legna da ardere. Senza asciugare la legna, come possiamo cucinare qualcosa? Anche se avessimo in mano centinaia di rupie, avremmo sempre bisogno della legna per accendere il fuoco, non è vero? Dovremmo essere consapevoli del valore di ogni cosa e di come usarla. Allora non ci permetteremmo di sprecare niente.

"Guardate cosa succede negli ospedali. Manca l'acqua sterile per le iniezioni. Per comprarla fuori ci vogliono una o due rupie. Molti pazienti sopportano il dolore per ore, perché non dispongono di quella cifra. Un'iniezione allevierebbe il loro dolore, ma non se la possono permettere e così vengono consumati dalla sofferenza. Per loro, due rupie hanno un valore immenso! Figli, Amma ha visto tanti ammalati contorcersi dal dolore perché non avevano abbastanza soldi per comprare un semplice antidolorifico. Dovreste ricordarvi di queste persone quando compiete ogni singola azione.

"Dio è in tutti. Anche coloro che soffrono terribilmente sono figli di Dio. Sono nostri fratelli e sorelle. Pensando a loro, svilupperete vera shraddha. Ogni volta che sprecate una rupia con noncuranza, pensate che qualcuno soffre per dieci ore a causa vostra. Siete voi la causa dell'agonia di quel povero. La vostra noncuranza può essere paragonata al gettare sporcizia nell'acqua potabile della comunità. Il vostro comportamento fa pensare ad Amma a quegli ammalati, perché con i soldi che state buttando via potreste invece comprare loro delle medicine. Soprattutto, a causa della vostra noncuranza, sprecate l'opportunità di far nascere il prezioso gioiello che è in voi."

Amma chiamò la brahmacharini che Le aveva detto dei piatti mancanti.

Madre: "Da oggi hai tu l'incarico delle stoviglie. Al mattino distribuirai il numero di piatti e di bicchieri necessari a coloro che servono il cibo, e alla sera dovrai ritirare lo stesso numero di utensili che hai distribuito al mattino. Ciò che è stato perso finora è cosa passata. Se ne perdiamo altri, ne dovrai rispondere tu.

"L'attenzione che diamo ad ogni dettaglio può avvicinarci a Dio. La shraddha con cui eseguiamo le nostre azioni esteriori rende manifesto il tesoro racchiuso dentro di noi. Allora, figli miei cari, fate attenzione a tutto sul vostro cammino. È guardando le piccole cose che Amma conosce quelle grandi."

Dalla cucina Amma si spostò verso la zona a nord dell'ashram. Ad un certo punto sputò di lato e la Sua saliva finì su una pianta di spinaci selvatici. Aveva voluto sputare dove non c'erano piante, ma il vento aveva fatto sì che la Sua saliva cadesse sulle foglie di spinaci. La Madre prese una tazza piena d'acqua e lavò con cura le foglie. Poi si lavò le mani sopra quella pianta, in modo da non sprecare acqua.

La Madre faceva sempre attenzione a non sprecare acqua. Persino quando era disponibile l'acqua del rubinetto, la Madre si lavava le mani e il viso con l'acqua di un recipiente. Diceva che, quando si apre un rubinetto, si tende ad usare più acqua del necessario. Ogni azione superflua è *adharma* (ingiusta). Anche il mancare di compiere un'azione necessaria è adharma. Quando si chiede ad Amma cos'è il dharma, Lei risponde: "È il compiere le azioni necessarie al momento giusto e nel modo appropriato."

Il brahmachari che camminava con la Madre stava pensando a questi criteri, apprezzando il Suo esempio. Però nella sua mente un dubbio sorse e lui pensò: "Ma era proprio necessario che Amma lavasse le foglie di una pianta solo per un piccolo sputo che ci era caduto sopra?"

Continuando a camminare, come in risposta alla domanda non esternata del brahmachari, la Madre disse: "Anche quelle piante sono vive!"

Per un attimo Amma si guardò intorno e poi entrò nella sala da pranzo. Alcuni brahmachari stavano pelando e affettando dei tuberi per la cena. Si sedette con loro e prese parte al lavoro.

## I brahmachari e i legami familiari

Un brahmachari diede il via alla conversazione: “Mi sono arrivate diverse lettere da casa. Non ho risposto a nessuna. Dovrei scrivere, Amma?”

Madre: “Figlio, all’inizio non dovresti scrivere lettere alla tua famiglia. Se scrivi, ti risponderanno, e poi tu scriverai di nuovo. Se davvero vuoi scrivere – per esempio, se i tuoi genitori sono malati – allora scrivi solo qualche riga per consolarli. Affida tuo padre e tua madre al Paramatman, e scrivi con un’attitudine di abbandono a Dio. Così ciò non ti legherà. Quando ricevi delle lettere da casa, non stare a leggerle e rileggerle. Buttale dopo averne afferrato i contenuti. Le lettere conterranno notizie della tua famiglia e dei tuoi amici, e quando le leggerai la tua mente ne sarà un po’ influenzata, tuo malgrado. Figli, dovreste sempre tenere in mente perché siete venuti qui.

“Immagina di far visita a una persona ammalata ricoverata nel reparto di cura intensiva, e di raccontargli nei dettagli le sofferenze della sua famiglia. Quale sarebbe il risultato? La sua salute peggiorerebbe, e lui potrebbe persino morire. Analogamente, al momento tu sei sottoposto ad una terapia e devi fare molta attenzione. Quando la tua mente si sarà sviluppata in modo tale da non indebolirsi o soccombere in nessuna circostanza, allora non ci saranno più problemi. Fino ad allora, comunque, queste restrizioni sono necessarie. Ora siete tutti come piccoli alberelli all’ombra di un albero. Ecco perché è necessario che vi atteniate a certe regole e restrizioni.

“Se un membro della vostra famiglia non ha nessuno che si prenda cura di lui e se le condizioni della famiglia sono davvero brutte, allora va bene andare a dar loro la cura e l’assistenza di cui hanno bisogno. Dovreste vederli come Dio e servirli. Ma se continuate a mantenere nella vostra mente un attaccamento verso di loro, non trarrete beneficio dal vivere nell’ashram – nemmeno la vostra famiglia ne trarrà beneficio. Se non siete in grado di spezzare l'attaccamento verso la famiglia, è meglio che viviate a casa e che vi prendiate cura dei vostri genitori.

"Anche se non andate a far visita a casa, grazie alle loro lettere venite a sapere tutte le novità e i problemi, e tutti i vostri pensieri ruoteranno attorno a quelle cose. Il pensiero delle difficoltà a casa si radicherà automaticamente nel vostro subconscio. Ad ogni modo, la vostra considerazione per loro non gli è di alcun aiuto. Una volta che avrete raggiunto un certo livello, grazie alle vostre pratiche spirituali, potrete fare un sankalpa che dia loro beneficio. Ma questo non è possibile al vostro livello attuale. Preoccupandovi per loro, finirete solo per perdere la forza che avete acquisito.

"Se la vostra famiglia vi scrive, non incoraggiatela. Un seme dell'albero di cocco non può germogliare se prima non si stacca dalla pianta madre. Il risultato del vostro attaccamento sarà solo il vostro allontanamento da Dio. Non avanzerete se cercate di fare sadhana mantenendo l'attaccamento per la vostra famiglia e per i vostri amici. Se adesso fate sadhana in solitudine, senza permettere alla mente di dimorare in altre cose, potrete sviluppare la forza per salvare non soltanto la vostra famiglia, ma il mondo intero."

Br: "Ma non possiamo fare a meno di preoccuparci quando veniamo a conoscenza dei problemi a casa, vero?"

Madre: "Figlio, una volta che si è scelto il cammino spirituale, bisognerebbe abbandonare ogni cosa al Supremo e andare avanti. Riempiendo una cisterna, si fornisce acqua a tutti i tubi ad essa collegati. Allo stesso modo, amando Dio, amiamo tutti, perché Egli dimora in tutti. Se i tuoi familiari ti fanno visita, li puoi salutare con un sorriso, prostrarti rispettosamente davanti a loro[46], e dire qualche parola gentile. Questo va bene; infatti devi fare tutto ciò – ma non più di questo. Abbi fede che Dio si prenderà

---

[46] In India è usanza che i giovani si prostrino agli anziani della fami-glia, e che tocchino i loro piedi.

cura di tutte le loro necessità. Dovresti avere questa attitudine di abbandono. Dopotutto, sei tu che li proteggi veramente? Hai il potere di farlo?"

Br: "Perché rinunciare ai legami con la nostra famiglia è considerato così importante?"

Madre: "Figlio, proprio come la terra attira tutto a sé, la nostra famiglia presto attrarrà la nostra mente. Questa è la particolare qualità delle parentele di sangue. Un sadhak dovrebbe essere in grado di considerare tutti allo stesso modo. Soltanto rinunciando all'attaccamento per ogni cosa, possiamo conoscere la nostra vera natura. Il nostro attaccamento a 'mio' padre, a 'mia' madre, a 'mio' fratello oppure a 'mia' sorella, è profondamente radicato in noi. Senza rimuoverlo, non ci possiamo espandere, e non riusciremo a ricavare della nostra sadhana il beneficio che ci aspettiamo. Se si rema su una barca che è legata alla riva, non si arriverà sull'altra sponda."

Br: "Amma, non scrivo a nessuno. Volevo solo sapere qual è la cosa giusta da fare."

Madre: "Se le circostanze sono tali per cui devi scrivere a qualcuno, allora non scrivere più di due o tre frasi. Assicurati che ciò che scrivi sia attinente a questioni spirituali. Così almeno la loro mente acquisterà un po' di purezza leggendo quelle parole. Se qualcuno intraprende il cammino spirituale, ciò può avere un grande impatto sulla sua famiglia, sul loro modo di pensare. Nelle lettere che mandi loro scrivi sempre solo cose positive. Alcuni membri della famiglia di Ramakrishnan hanno cominciato ad essere d'accordo che lui viva qui. Grazie ai loro rapporti con lui, hanno cominciato a riconoscere la necessità della spiritualità nella vita."

Br: "Ci hai detto che non bisognerebbe avere l'atteg-giamento della 'mia' famiglia, ma come possiamo servirla senza quest'atteggiamento? Non è vero che possiamo fare qualcosa veramente bene solo quando lo facciamo col senso del 'mio'?"

Madre: "Il servizio di una persona spirituale è anche la sua sadhana. Il suo obiettivo è di liberarsi da ogni legame. Aspira alla libertà totale. Serve gli altri per purificare la mente e raggiungere il distacco, in modo da realizzare la Meta suprema. Se si ama Dio e ci si abbandona a Lui, si può compiere qualsiasi azione perfettamente, senza nessun senso del 'mio'. Sforzarsi e poi lasciare che i risultati siano secondo la Sua volontà – questo dovrebbe essere il nostro atteggiamento. Se abbiamo attaccamenti, persino il nostro servire gli altri ci legherà.

"Dovremmo servire gli altri senza nessuna aspettativa. Quando gli altri ci tirano spine, dovremmo essere capaci di gettargli indietro fiori. Quando ci danno del veleno, dovremmo offrirgli payasam. Questo è il tipo di mente che dovremmo avere. Lo scopo di servire il mondo è lo sviluppo di una mente simile. Quando serviamo gli altri, dovremmo vederli come Dio. Ogni nostra azione dovrebbe essere un modo di venerare Dio. Allora ogni azione si trasformerà in un mantra divino."

Br: "Che cosa c'è di sbagliato nel servire in questo modo la nostra famiglia?"

Madre: "Una volta che si è sviluppata una mente così, non c'è problema. Ma a questo livello, avete ancora attaccamento per la vostra famiglia. Così sarà difficile per voi vedere le azioni che compiete per loro come un modo di servire Dio. All'inizio sarà difficile per voi avere contatti con la vostra famiglia senza nutrire attaccamento, come fate con gli altri. Ciò può essere superato solo grazie a molta pratica. Ecco perché si raccomanda che un ricercatore si distacchi dalla propria famiglia. Quando avrà sviluppato amore e attaccamento autentici verso Dio, non sarà capace di mantenere legami con nient'altro.

"Il seme deve essere sotterrato completamente nella terra e il suo involucro deve rompersi affinché possa germogliare. Un sadhak deve spezzare la sua identificazione col corpo, e deve abbandonare l'atteggiamento di 'mio padre e mia madre'. Deve vedere tutti come Dio Stesso."

Nell'alzarsi, la Madre prese le bucce dei tuberi e chiese a qualcuno di metterle nell'acqua per le mucche. Benedetti dal nettare delle Sue parole, anche i brahmachari si alzarono e si recarono a svolgere il loro lavoro.

## *Domenica 15 giugno 1986*

La Madre era seduta nella capanna del darshan con alcuni devoti. Poiché aveva piovuto tutta la mattina, la folla non era numerosa.

Madre (ridendo): "I figli dell'ashram dicono che dovremmo cambiare ciò che è scritto nella *Bhagavad Gita*. Il Signore ha detto: 'Sono lì per coloro che si rifugiano in Me abbandonando tutto il resto.' Loro dicono che qui è tutto il contrario, che Amma ama le persone con famiglia più dei rinuncianti. Ma una lampada accesa ha bisogno di luce? È chi vive nel buio ad aver bisogno di luce. È chi viene dalla calura ad aver bisogno di acqua fresca."

"Amma dice ai figli che vivono qui: 'Le persone con famiglia si contorcono nel fuoco della vita nel mondo, mentre voi qui godete costantemente della frescura. Poiché Amma è vicina, potete correre da Lei per qualsiasi problema abbiate. Non è così per gli altri. In mezzo a tutti i loro impegni, riescono a trovare un giorno per venire da Amma. Se, quando vengono, Amma non concede loro abbastanza attenzione, si demoralizzano. Mentre voi avete rinunciato alla vita mondana e siete venuti qui per realizzare il Sé, loro devono ancora prendersi cura della casa, dei figli e del lavoro. Sono legati alle loro responsabilità, e nonostante ciò ricercano la spiritualità nel mezzo di tutto questo. Per loro non è possibile rompere immediatamente tutti quei legami. Solo grazie ad una sadhana costante svilupperanno il distacco necessario. Devono stare nel fuoco senza bruciarsi – questa è la vita di chi ha famiglia. Senza scarpe, devono camminare sulle spine senza ferirsi – dove le scarpe rappresentano la libertà dalla vita mondana. Perciò è nostro dovere consolarli.' Quando i figli sentono queste cose, fanno silenzio", concluse la Madre ridendo.

Un giovane di nome Sudhir era seduto vicino alla Madre. Aveva conseguito la laurea cinque anni prima, ma poiché non c'era nessun altro che si potesse prendere cura della sua anziana madre, si era preso cura di lei invece di cercarsi un lavoro stabile. Per guadagnarsi da vivere dava lezioni ai bambini della zona in cui viveva. Dopo la morte di sua madre, aveva cominciato a fare una vita spirituale, passando il tempo a servire gli altri e impegnandosi nella sadhana. Dopo non molto, comunque, aveva capito di non poter continuare senza un guru che gli offrisse la guida appropriata di cui aveva bisogno. Infatti, cominciava a provare avversione per le pratiche spirituali. Contemporaneamente, c'era stato anche un calo nel suo interesse per le questioni materiali.

Irrequieto, Sudhir era arrivato all'ashram tre giorni prima e aveva incontrato la Madre per la prima volta. Aveva chiesto ad Amma il permesso di trattenersi all'a-shram per un po', e Lei aveva acconsentito. Già il secondo giorno la sua tristezza era sparita. Si era unito alle attività dell'ashram con grande entusiasmo e shraddha. Sudhir cantava anche molto bene, e aveva già imparato diversi kirtan.

Sudhir: "Amma, il servizio altruistico è possibile solo se si crede in Dio?"

Madre: "Figlio, solo qualcuno che ha fede in Dio può veramente servire gli altri con altruismo. Ma se una persona senza fede religiosa è in grado di servire veramente gli altri con altruismo e perdonarli per le loro colpe e manchevolezze, allora non importa se crede o no. Chi è in grado di svolgere del vero servizio altruistico senza credere in Dio merita il nostro più profondo rispetto."

Sudhir: "Qual è lo scopo della meditazione?"

Madre: "La nostra mente è resa impura dai molti pensieri che sorgono in continuazione. La meditazione dirige tutti quei pensieri verso un punto di concentrazione.

"Siamo come pura acqua piovana che è diventata impura cadendo nella fossetta di scolo. L'acqua di scolo ha bisogno di essere bonificata facendola arrivare al fiume; è questo che fa la sadhana. Anche se noi in realtà siamo l'Atman incontaminato, poiché siamo legati al mondo fisico grossolano, dentro di noi ci sono vasana impure. Dobbiamo purificare la nostra mente con la discriminazione l'eterno e l'effimero, e con la meditazione. E, purificati dalla meditazione, diventiamo più forti."

Amma chiese a Sudhir di cantare un bhajan. Egli cantò:

**Karunya murte, kayampu varna**

*O Dimora di Compassione*
*Dalla carnagione scura,*
*Apri gli occhi.*
*Tu che distruggi ogni dolore,*
*Ti prego, elimina la mia sofferenza.*

*O Luminoso,*
*Dagli occhi come i petali del loto rosso,*
*Sei il mio rifugio in questo mondo.*
*O Krishna, Ti venererò per sempre*
*Con i fiori delle mie lacrime.*

*O Gopala, Incantatore della mente,*
*Sto brancolando nel buio.*
*O Sridhara, che permei tutti i quattordici mondi,*
*Apri gli occhi e liberami dal dolore.*

Una giovane stava meditando vicino alla Madre. Indicandola, Amma disse: "Anche questa figlia vuole venire a vivere all'ashram. Si rifiuta di tornare a casa, malgrado sia sposata. È tornata dai suoi genitori, e la famiglia del marito si rifiuta di farle vedere il suo bambino. Ora non vuole più né suo marito né il bambino. Amma le ha chiesto di aspettare un po'. Il suo attuale distacco deriva dalla delusione, non da una vera comprensione. Ha bisogno del distacco che viene dalla vera comprensione dei princìpi spirituali; altrimenti, non sarà in grado di perseverare nella vita dell'ashram."

## Un devoto mette alla prova la Devi

Suonò la campana del pranzo. Dopo aver dato il darshan alle poche persone restanti, Amma si diresse verso la sala da pranzo, accompagnata dai devoti. La Madre servì Lei stessa il pranzo a tutti, e rimase nella sala finché quasi tutti ebbero finito di mangiare. Poi uscì ma dopo appena pochi passi, improvvisamente si voltò e tornò dentro. Arrivò da un uomo che era ancora seduto con il piatto davanti, prese una palla di riso che egli aveva lasciato di lato sul piatto, e se la mise in bocca. Nel vedere ciò, l'uomo fu sopraffatto dall'emozione. Con le lacrime che gli rigavano il volto, continuava a ripetere: "Kali, Kali, Kali" La Madre gli si sedette accanto accarezzandogli il capo e la schiena amorevolmente. Infine si alzò e andò nella Sua stanza.

Per quest'uomo, l'insolito comportamento di Amma aveva un enorme significato. Era venuto a Cochin da Calcutta in viaggio d'affari, ed un amico gli aveva parlato della Madre. Poiché, come molti bengalesi, venerava la Madre Divina, la descrizione che l'amico gli aveva fatto del Devi bhava di Amma l'aveva incuriosito, ed aveva deciso di andare a conoscerLa prima di tornare a Calcutta. Così quella mattina era arrivato all'ashram col suo amico e aveva ricevuto il darshan di Amma nella capanna. Un po' più tardi, mentre la Madre serviva il pranzo, aveva fatto una palla di riso e l'aveva messa di lato sul piatto, pensando: "Se Amma è davvero Kali, prenderà questa palla di riso e la mangerà. Se lo farà, allora stasera resterò qui per vedere il Devi bhava. Altrimenti me ne andrò subito dopo pranzo." Quando la Madre era uscita dalla sala dopo aver servito il pranzo, il suo cuore era sprofondato e un sentimento di disperazione l'aveva travolto. Ma quando un momento dopo Lei riapparve, e mangiò la palla di riso che lui aveva tenuto da parte per Kali, egli perse completamente il controllo di sé. Le nuvole che si erano addensate in lui riversarono le loro lacrime. Restò per il Devi bhava darshan, mentre il suo amico ripartì quel pomeriggio.

## Istruzioni per i discepoli

Quel pomeriggio pioveva. Alle quattro, la Madre si recò nel magazzino e cominciò a pulirlo con l'aiuto di qualche brahmachari. Fuori, sotto la pioggia, Nilakantan e Kunjumon stavano costruendo un recinto sul lato nord dell'ashram.

"Non statevene sotto la pioggia, figli!", gridò loro la Madre.

"Non c'è problema, Amma. Abbiamo quasi finito!", risposero, e incominciarono a lavorare ancora più velocemente di prima.

Nel vedere ciò, la Madre disse: " Poiché state facendo questo lavoro come un'offerta ad Amma, e con tanta gioia, sincerità e dedizione, non vi verrà la febbre. Ma è diverso per quelli che lavorano per qualcun altro con cuore tiepido."

Alcuni brahmachari, che si erano tenuti lontani dala pioggia, si scambiarono degli sguardi velati di imbarazzo.

La brahmacharini che aveva il compito di raccogliere la legna per il fuoco aveva trascurato il suo dovere. Uno dei residenti si era lamentato con la Madre che era difficile cucinare a causa della mancanza di legna.

Madre: "L'altro giorno, Amma ha ricordato a quella figlia che serviva della legna da ardere, ma lei non ne ha comunque portata. Dove sono il suo rispetto e la sua devozione? Amma non sta dicendo che tutti dovrebbero rispettare o riverire Amma. Ma quando si fa una canoa, si scalda il legno per piegarlo. Solo se il legno si piega è possibile dare forma alla canoa. Analogamente, si cambia in meglio quando ci si 'piega' per riverenza e devozione al guru. Altrimenti sarà solo l'ego a crescere, e spiritualmente non ci svilupperemo affatto. L'umiltà e l'obbedienza sono essenziali per lo sviluppo di un sadhak."

Quando Amma ebbe finito di riprendere la brahmacharini, un'altra residente cominciò ad avanzare altre lamentele su di lei.

Madre: "Figlia, quella ragazza è stata disobbediente, ma non dovremmo essere arrabbiati con lei. Non dovremmo mai sgridare o criticare qualcuno per ostilità, ma solo per il progresso di quella persona. Se sgridiamo o critichiamo qualcuno per rabbia o gelosia, commettiamo un errore molto più grande del loro, e ciò renderà la nostra mente più impura. Un sadhak non lo dovrebbe mai fare. Un aspetto importante della sadhana è vedere solo le cose buone negli altri, perché solo così la negatività che è in noi morirà.

"Se si criticano gli altri con amore e avendo in mente solo il loro miglioramento, questo li porterà dal torto alla ragione. Ma se critichiamo solo per il gusto di criticare, inquineremo la nostra stessa mente, così come rafforzeremo l'ostilità negli altri e li incoraggeremo a commettere ulteriori errori. Figli, non guardate i difetti di nessuno! Se qualcuno vi parla dei difetti di un'altra persona, evidenziate le buone qualità di quella persona, senza soffermarvi sugli errori. Dite alla persona che critica: 'Tu vedi questi suoi difetti, ma lui non ha forse questa e quest'altra buona qualità?' Allora egli smetterà automaticamente di criticare e non si avvicinerà più a voi per parlare male di altre persone. In questo modo, miglioriamo noi stessi ed aiutiamo l'altro ad eliminare l'abitudine di criticare. Non è forse vero che i macellai e i negozi di liquori riescono a rimanere in attività solo perché la gente compra? Chi trova da ridire sugli altri cambierà la propria natura se nessuno lo sta ad ascoltare."

Era l'ora dei bhajan. La Madre si recò al kalari ed i canti ebbero inizio. Durante i bhajan scoppiò un temporale e piovve a dirotto. Gli scrosci risuonavano come colpi di tamburo in accompagnamento alla danza *tandava* del Signore Shiva.

*Mercoledì 18 giugno 1986*

## La Madre che vuole vedere i Suoi figli piangere

Erano le undici del mattino. Amma era nella sala della meditazione con tutti i brahmachari. Li stava sgridando per la mancanza di attenzione nella loro sadhana. Alla fine, disse: "Miei cari figli, piangete per Dio! Amma non vi sta sgridando perché è arrabbiata. Il suo cuore trabocca d'a-more per voi, ma se Amma vi mostra solo il Suo amore, non crescerete. Inoltre, se Amma vi rimprovera, i vostri peccati verranno trasferiti su di Lei.

"Figli, non provate attaccamento per l'amore esteriore. Chi conduce una vita materiale deve mostrare esteriormente il proprio amore, poiché solo così gli altri riusciranno ad accorgersene. Nella vita mondana, la pace della mente dipende dall'amore esteriore. Senza di esso, ci sarebbe discordia e non pace. Nella vita spirituale, invece, si trova la beatitudine dentro se stessi.

"Se siete attaccati all'idea di cercare solo l'amore esterno, non sarete in grado di trovare l'Essenza Divina dentro di voi. Solo realizzando Quello troverete il vero appagamento. Se siete i padroni della vostra casa, potete vivere in libertà; altrimenti, se non pagate l'affitto in tempo, il proprietario e la sua gente verranno ad infastidirvi.

"La felicità di Amma consiste nel vedere che voi trovate la beatitudine dentro voi stessi. Amma si sente triste quando vi vede dipendere dall'amore esteriore di Amma e da cose esterne, perché se dipendete da questo, un giorno soffrirete.

"Se Amma vi dimostra troppo amore, sarà un problema – poiché, invece di guardare all'interno, vi focalizzerete solo su questa Madre esteriore. Ma se Amma si arrabbia, vi rivolgerete all'interno, pensando: 'O Dio, che cosa ho fatto di sbagliato? Dammi la forza di agire secondo la volontà di Amma.' E così vi volgerete verso il vostro Sé interiore. Amma ascolta le pene di migliaia di persone che soffrono perché sono state prese in giro dall'amore esteriore. Nessuno ama un altro più di se stesso.

"Inoltre, Amma ha milioni di figli. Se dipendete solo dal suo amore esteriore, sarete gelosi ogni volta che Lei è affettuosa con qualcun altro. L'Amma esteriore che vedete ora è come il riflesso di un fiore in un contenitore pieno d'acqua. Non potrete mai far vostro quel fiore, perché è solo un'immagine. Per realizzare la Verità, dovete cercare Quello che è vero. Rifugiarsi in un riflesso non basta; dovete trovare rifugio nella cosa Vera. Se amate Amma, lo dovreste fare con la consapevolezza del Vero Principio. Quando avrete compreso pienamente il Vero Principio, la mente non si attaccherà a nulla di esteriore. Allora figli, mentre siete sotto la protezione di Amma, provate a guardarvi dentro. Solo così sarete in grado di godere per sempre dello stato di beatitudine.

"Amma si sente triste perché i Suoi figli non si sforzano abbastanza a concentrare la mente. Piangete per Dio. Solo piangendo per Lui la vostra mente si focalizzerà. Nulla è possibile senza devozione per Dio. Un vero devoto non desidera nemmeno la liberazione. La devozione è persino più elevata della liberazione. Un devoto prova sempre la beatitudine del proprio amore per Dio. E allora a cosa gli serve la liberazione? Il devoto è in uno stato di beatitudine costante mentre è in questo mondo, e allora perché dovrebbe pensare a qualsiasi altro mondo?

Amma mostrò la punta di un Suo dito. "In confronto a bhakti, *mukti* (liberazione) non è più di così."

La Madre bevve un sorso da una tazza di caffè che Le aveva messo davanti un brahmachari. Alzandosi con la tazza in mano, versò un goccio di caffè nella bocca di ognuno. Nel versare il caffè, bisbigliò nell'orecchio di ciascuno: "Figlio mio, chiama Dio e piangi! Piangi per Dio, figlio mio!"

Avendo dato il prasad a tutti, Amma si sedette di nuovo e cominciò a dare istruzioni sulla meditazione: "Figli, pregate col cuore dolente. Legate la mente al Paramatman senza permetterle di vagare. Pregate: 'O Sé Supremo, rimuovi la patina dallo mio specchio interiore! Lascia che io veda chiaramente il mio vero volto in quello specchio!' Ogni volta che la mente vaga, riportatela indietro e legatela ai santi piedi della vostra Divinità Prediletta."

I brahmachari incominciarono a meditare. Con le istruzioni della Madre che echeggiavano nella mente, la meditazione fu facile. La loro mente divenne immobile, poiché essi dovevano solo assaporare con gli occhi interiori la forma dell'Essenza Divina, la cui incarnazione fisica avevano appena contemplato con gli occhi esteriori.

*Mercoledì 25 giugno 1986*

## Un distacco solo momentaneo

Un mese prima, era arrivato all'ashram un giovane con l'intenzione di vivere lì. All'inizio, la Madre gli aveva negato il permesso. Poi, visto che l'insistenza del giovane cresceva, gli aveva detto: "Figlio, la vita spirituale non è così facile. È difficile perseverare nella vita spirituale senza un vero discernimento e distacco. Solo chi non perde mai di vista la Meta in ogni circostanza ce la può fare. Figlio, nel tuo cuore provi ancora attaccamento alla tua famiglia e, a causa di ciò, Amma non sa quanto sarai in grado di restare qui. Ma se lo vuoi veramente, provaci, figlio. Amma non farà obiezioni."

Così il giovane aveva cominciato a vivere all'ashram. Aveva conquistato il cuore di tutti con la sua aderenza alle regole dell'ashram, e per l'intenso distacco con cui faceva la sua sadhana. Quando un brahmachari aveva menzionato il suo distacco alla Madre, Lei aveva risposto: "Quando si pianta una talea, all'inizio spuntano delle foglie nuove. Ma ciò non vuol dire che la nuova pianta abbia già messo le radici, poiché quelle foglie cadono in fretta. Bisogna restare a guardare e vedere se poi spuntano altre foglie. Se ciò avviene, si può supporre che la pianta abbia cominciato a crescere. Quelle foglie spuntano solo dopo che la pianta ha messo le radici."

Poi, un giorno, il padre e il fratello del giovane erano venuti all'ashram. Il padre gli aveva detto: "Figlio, tua madre è molto triste perché non può vederti. Non mangia abbastanza e parla di te tutto il giorno."

Gli occhi del giovane si erano riempiti di lacrime, e aveva chiesto ad Amma: "Posso andare a casa solo una volta, per vedere mia madre?"

"Come desideri, figlio", gli aveva risposto Amma. Poi, proprio come un dottore che prescrive delle medicine da prendere a casa ad un paziente che si rifiuta di restare in ospedale, la Madre aggiunse: "Anche a casa dovrai fare japa, figlio."

Adesso, dopo una settimana, poiché il giovane non era ancora tornato, un brahmachari seduto vicino alla Madre chiese: "Amma, perché così tante persone perdono il loro distacco iniziale?"

Madre: "La maggior parte delle persone cominciano con uno slancio d'entusiasmo. All'inizio in molti sentono del distacco, ma il successo consiste nel mantenere quel distacco. Una volta che l'eccitazione iniziale diminuisce, le vasana latenti di innumerevoli vite passate cominciano a sollevare la testa, una dopo l'altra. Allora l'attenzione del sadhak si rivolge alle cose esteriori. Per trascendere le vasana ci vogliono uno sforzo intenso e grandi sacrifici. La maggior parte delle persone si scoraggia quando incontra più problemi di quanto si aspettasse. Inoltre, spesso il progresso nella sadhana si arresta, e questo causa delusione. Ma chi ha un autentico lakshya bodha non molla. Ci prova e ci riprova, ignorando gli ostacoli e i fallimenti. Solo chi ha un forte senso della meta finale può conservare il proprio distacco dall'inizio alla fine."

Amma si alzò e si recò vicino alla cucina, dove notò un devoto straniero che stava cercando di lavare i suoi vestiti. Non essendo abituato a lavare i panni a mano, stava cercando prima di tutto di strofinare l'intera saponetta sulla larga pietra per lavare. La Madre lo guardò per qualche istante, poi andò da lui per mostrargli come fare. Un brahmachari tradusse in inglese le istruzione di Amma. L'uomo fu felice che la Madre gli insegnasse la tecnica per fare il bucato.

Poi Amma si diresse verso la capanna del darshan. Strada facendo, notò un brahmachari che indossava la veste ocra.

Madre: "Figlio, non la dovresti indossare. Non sei ancora pronto per questo. Mostra riverenza per il colore ocra ogni volta che lo vedi, ma non indossarlo. L'ocra è il simbolo dell'aver bruciato il proprio corpo nel fuoco![47] Quando vediamo questo colore, dovremmo ricordarci della stirpe dei *rishi*. Quando onoriamo qualcuno che indossa l'ocra, onoriamo quel lignaggio."

Un devoto straniero stava ascoltando questa conversazione. Quando apprese da un brahmachari che Amma stava parlando delle vesti ocra, Le chiese se poteva anche lui ricevere l'ocra. In

---

[47] Ciò si riferisce al bruciare la propria coscienza corporea nel fuoco della conoscenza.

risposta, la Madre sorrise soltanto. Ma egli ripeté la richiesta, molto seriamente.

Madre: "Figlio, non è il genere di vestiti che si comprano in un negozio. Devi prima aver raggiunto la maturità necessaria per questo."

Ma il devoto non era ancora soddisfatto. "Altre persone si vestono così, perché non posso avere anch'io questi abiti?"

Madre: "Figlio, diventi forse una donna semplicemente indossando abiti femminili? Può una donna diventare uomo se si veste come un uomo? Nessuno può trasformarsi in sannyasi prendendo un pezzo di stoffa ocra e avvolgendocisi dentro. Il primo requisito è immergere la propria mente nell'ocra. Quando l'avrai fatto, Amma ti darà la veste ocra."

Il devoto restò in silenzio.

Br: "Alcune persone scappano di casa dopo un litigio con la famiglia e indossano le vesti ocra, non è vero?"

Madre: "Alcuni se ne vanno di casa dopo un litigio, e quando si devono confrontare con la fame, si mettono le vesti color ocra solo per racimolare qualcosa da mangiare. Altri indossano l'ocra per la disperazione di essere stati abbandonati dalla moglie. Il sentimento del distacco è buono, ma bisogna afferrarne il vero scopo; altrimenti, non ha senso indossare la veste ocra. Oggigiorno è difficile trovare degli autentici sannyasi. Bisognerebbe scoprire se hanno ricevuto la veste ocra da un gurukula secondo i riti canonici. I veri guru non distribuiscono l'ocra a chiunque; guardano la maturità del ricevente."

## Aspettarsi di essere promossi senza studiare

Quando la Madre raggiunse la capanna del darshan, tutti si prostrarono e si sedettero. Era arrivata una famiglia di devoti da Pattambi. Rajendran, il marito, era un insegnante, e Sarojam, sua moglie, una cucitrice. Avevano due figli, un maschio in terza media e una femmina in terza elementare.

Rajendran: "Amma, nostra figlia non studia per niente!"

Sarojam: "Dice che non ha bisogno di studiare perché Amma la farà promuovere!"

La Madre attirò a Sé la bambina e l'accarezzò affettuosamente.

Madre: "Figlia mia, non daranno tutti la colpa ad Amma se non impari niente? Come farai ad essere promossa se non studi?"

Con una vocina dolce e innocente, la bambina rispose: "Ma mio fratello è stato promosso senza studiare!"

Tutti risero.

Madre: "Ma chi te l'ha detto, figlia?"

Bambina: "Me l'ha detto lui."

Sarojam: "Amma, questo è ciò che dice ogni volta che le chiediamo di studiare. Dice che quando suo fratello si è presentato alla prova scritta d'esame, tu gli sei apparsa. Sei arrivata e ti sei seduta accanto a lui e gli hai suggerito tutte le risposte. Quando è tornato a casa ha detto: 'Non avevo studiato niente. Mi ha detto tutto Ammachi'."

Rajendran: "Quello che ha detto è vero, Amma. Non studia mai niente; se ne sta sempre a giocare. Ma agli esami ha preso voti alti. L'insegnante è rimasto stupefatto dei suoi voti."

Sarojam: "Adesso la bambina dice che Ammachi farà promuovere anche lei." La Madre rise e diede alla bimba un bacio affettuoso. "Figlia, se non studi, Amma non ti parla più. Prometti di studiare!"

La bambina promise, e la Madre le diede una mela da un pacchetto che aveva lì vicino. Il volto della bimba s'illuminò di gioia.

## La spiritualità e la vita materiale

Un devoto di Amma, Damodara Menon, si avvicinò e si inchinò.

Madre: "Oh, chi è questo? È mio figlio Damu?" Il sig. Menon sorrise e chinò il capo tra le mani della Madre.

Madre: "Sei stato via per un po', figlio?"

Damu: "Ero in viaggio, Amma. Sono appena tornato da Bangalore. Non sono ancora neanche passato da casa. Sono sceso dal treno a Kayamkulam, perché prima volevo vedere Amma."

Madre: "Stanno bene i piccoli, figlio?"

Damu: "Per grazia di Amma, a casa non ci sono problemi. Ma ho appena visto un amico che mi preoccupa."

Madre: "Per quale motivo, figlio?"

Damu: "L'ho visto a Bangalore. Una volta eravamo colleghi. A un certo punto lui diede le dimissioni dal lavoro e se ne andò di casa per diventare sannyasi. Quando tornò, cinque anni fa, indossava l'ocra."

Madre: "Dove abita questo figlio?"

Damu: "Prima era in un ashram a Rishikesh, ma adesso è completamente cambiato. La veste ocra, il rudraksha, i capelli lunghi e la barba sono spariti; ha un aspetto attraente. Ha abbandonato il sannyasa quattro anni fa. Si è innamorato di una ragazza che andava frequentemente all'ashram, e l'ha sposata. Ora vivono a Bangalore. Lui lavora lì, ma da quanto ha detto capisco che è profondamente deluso."

Madre: "Se si lascia la vita spirituale e si torna alla vita mondana, il risultato sarà che si soffrirà sia esternamente che interiormente. Una mente che si è data a pensieri spirituali non può più trovare felicità nelle cose mondane; ne risulterà solo inquietudine. L'aura sottile attorno al corpo, creata dalle proprie pratiche spirituali, sarà un ostacolo al godimento dei piaceri fisici. Mossi da compassione, la Divinità Prediletta del sadhak e gli dèi che circondano quella Divinità, creeranno il doppio di ostacoli e sofferenza; questo perché vogliono che egli torni alla vita spirituale. Questa lotta non è il risultato dell'indigna-zione di Dio – è la Sua benedizione! Se trovasse maggior benessere e felicità, l'ego del sadhak diverrebbe più grande ed egli farebbe degli errori. Dovrebbe continuare a rinascere. Per prevenire ciò, e per allontanare la sua mente dal mondo, Dio gli dà la sofferenza.

"La mente che ha assaggiato davvero anche solo una fettina di spiritualità non può trovare felicità nelle cose terrene. Se un uomo sposa qualcun'altra al posto della ragazza che ama, sarà infelice con sua moglie, poiché la sua mente sarà con l'amata. Analogamente, la mente che si è rivolta verso la spiritualità non può più trovare soddisfazione nel regno della materia.

"Poiché il matrimonio è già avvenuto, il tuo amico deve assicurarsi di continuare la sadhana. Se una persona segue correttamente il dharma di una persona con famiglia, può vivere una vita ricca di significato. Continuando le pratiche spirituali senza interruzioni, è possibile assaporare la beatitudine spirituale in questa vita. Quando incominci ad amare sinceramente Dio, la tua mente rifugge dai piaceri fisici; allora i desideri diminuiscono, e ciò porta automaticamente alla pace interiore. Desiderio significa sofferenza e dolore. Dove c'è fuoco, c'è fumo, e dove c'è desiderio, c'è sofferenza. Ma è impossibile vivere senza nessun desiderio. Allora, fate in modo che tutti i vostri desideri siano per Dio.

"Se la sadhana è praticata con regolarità, gli aspetti spirituali e materiali della vita possono essere mantenuti l'uno accanto all'altro in perfetta armonia. Per raggiungere questo, è necessario compiere le azioni con la consapevolezza che l'obiettivo della vita è raggiungere la liberazione. Questo vi salverà.

"Nonostante ciò, la grandezza del sannyasa è qualcosa di speciale. Un sannyasi può contemplare Dio e godere della beatitudine, senza essere appesantito dalle preoccupazioni terrene. Persino quando è impegnato in qualche azione come forma di servizio non si sentirà oppresso, perché non ha attaccamento verso quell'azione.

"Una volta, un sannyasi stava camminando lungo la strada, quando un uomo gli si avvicinò e gli chiese: 'Swami, che cos'è il sannyasa?' Il sannyasi non si voltò nemmeno a guardarlo, ma l'uomo continuò a ripetere la domanda. Improvvisamente il sannyasi si fermò, posò a terra il fagotto che stava portando, e riprese a camminare. Non aveva fatto una decina di passi che l'uomo gli chiese di nuovo: 'Cos'è il sannyasa?' Il sannyasi si voltò verso di lui e disse: 'Non mi hai visto posare il mio fagotto? Sannyasa significa rinunciare al concetto di 'io' e di 'mio' e gettare via tutto ciò che si possiede.'

Il sannyasi proseguì, ma l'uomo continuò a seguirlo, chiedendogli: 'E poi, cosa si fa?' Il sannyasi si voltò e tornò dov'era il fagotto, lo riprese sulle spalle e continuò a camminare. L'uomo non comprese il significato nemmeno di questo, così ripeté la domanda. Continuando a camminare, il sannyasi disse: 'Vedi questo? Porta il peso del mondo in questo modo. Ma solo rinunciando a tutto puoi prenderti il mondo sulle spalle.'

"Se vi prendete cura di un animale selvatico, dovete tenerlo sempre d'occhio per assicurarvi che non scappi via. Se lo lasciate slegato, dovete seguirlo ovunque, altrimenti potrebbe fuggire. Quando lo nutrite, dovete restare con lui fino a quando ha finito di mangiare. Non c'è riposo. Invece, il guardiano di un giardino deve solo starsene al cancello a guardare, assicurandosi che nessuno rubi i fiori. Può anche godersi il loro profumo. Allo stesso modo, se fate una vita mondana, la vostra mente vi infastidirà costantemente; non starà mai ferma. La spiritualità, invece, vi permette di godere della bellezza e del profumo della vita. Non c'è agitazione né preoccupazione. Persino se a causa del vostro prarabdha vi arriva della sofferenza, grazie al vostro abbandono non sarà vissuta come tale. Persino questa sofferenza è una forma di grazia divina, che allunga una mano per elevarvi ad uno stato di pace."

Tutti ascoltavano rapiti la dettagliata descrizione della Madre sulla natura della vita spirituale e materiale. Mentre si alzavano, i loro volti brillavano di una comprensione nuova su come modellare la propria vita.

*Sabato 28 giugno 1986*

## Krishna era un ladro?

Amma era in una delle capanne, impegnata in una discussione con un brahmachari che era devoto di Krishna.

Madre: "Il tuo Krishna è un gran ladro! Il furto non è forse venuto al mondo perché Lui ha rubato il burro? Pensa a tutti i guai che ha combinato!"

Il brahmachari non riusciva a sopportare le parole di Amma. Mentre le lacrime gli rotolavano lungo le guance, egli protestò: "Krishna non è affatto così, Amma!"

Continuava a piangere come un bambino. La Madre gli asciugò le lacrime e disse: "Ma che bambino sei! Amma stava solo cercando di vedere quanto è forte il tuo attaccamento al Signore. Krishna non era un ladro. Era la personificazione dell'onestà. Rubava il burro e combinava guai per dare gioia agli altri. Rubando il burro, Egli rubava i loro cuori. Solo il Signore era in grado di fare una cosa simile. Non faceva mai nulla per Se stesso. Non rubava il burro per Sé, ma per i Suoi compagni, i poveri pastorelli, e allo stesso tempo, riuscì a legare i cuori delle gopi a Dio.

"Precedentemente, le menti delle gopi erano assorbite dal loro lavoro. Erano impegnate a guadagnarsi da vivere vendendo latte, burro e yogurt. Rubando queste cose, il Signore liberò la loro mente da quell'attaccamento e la focalizzò su di Sé. Anche se rubava il burro, Lui non ne mangiava, ma lo dava ai pastorelli quando avevano fame mentre badavano alle mucche. Otteneva così due cose in un colpo solo: nutriva i Suoi compagni affamati e liberava la mente delle gopi dalla schiavitù.

"Il Signore era un autentico rivoluzionario. I rivoluzionari dei tempi moderni vogliono prendere a chi ha e dare a chi non ha. Ma per fare questo vogliono eliminare un gruppo di persone. Questo è il modo materialista. Il modo spirituale è diverso. Il Signore Krishna ci ha insegnato il modo per salvare tutti, i ricchi come i poveri, i giusti come gli ingiusti. Oggi la gente dice che dovremmo 'uccidere il cane se è idrofobo.' Ma il Signore dice che dovremmo trasformare la mente 'idrofoba'. Questo era il Suo tipo di rivoluzione. La soluzione non consiste nell'uccidere; ciò che si richiede è trasformare e far evolvere la mente della persona. Deve avvenire un cambiamento nell'individuo. La mente limitata ed egoista deve essere trasformata in una mente vasta, omnicomprensiva, colma d'amore e compassione. Questo è ciò che ci ha insegnato Krishna.

"Persino il matrimonio di Krishna non fu per Sua scelta. Acconsentì a sposarsi per rendere felici i Suoi cari. Il Suo obiettivo era che tutti godessero della beatitudine del Sé, e usò svariati metodi per raggiungerlo. Una mente comune non riesce a capire queste cose. Solo una mente sottile assorbita nella contemplazione può comprendere una piccola parte del significato più profondo della Sua vita.

"Ora canta un kirtan, figlio!"

Il volto del brahmachari si aprì in un sorriso e, quando incominciò a cantare, l'amore che aveva nel cuore prese il volo:

**Nilanjana miri nirada varna**

*O Tu, dalla carnagione*
*Del colore di una nuvola di pioggia,*
*Tu che hai gli occhi blu,*
*Tu sei il mio unico rifugio, per tutta l'eternità.*

*Questa è la verità, Krishna,*
*Poiché ci sei solo Tu a proteggermi.*

*O bellissimo Krishna dalla pelle scura,*
*Giocoso come un bambino che ruba i nostri cuori,*
*Attratto dal suono della tampura di Narada,*
*O sempre splendente Krishna,*
*Che danzi ai canti di devozione,*
*Che distruggi ogni avidità,*
*E sei l'Eterno Testimone,*
*Dammi una chiara visione di Te.*

*O Tu che concedi la liberazione,*
*Che incanti attraverso maya,*
*I Tuoi Piedi di Loto vengono adorati dall'umanità,*
*O Signore Krishna,*
*Liberami da questa esistenza terrena.*

Mentre cantava, arrivarono altri brahmachari con l'armonium, i campanelli, i cembali e altri strumenti musicali. La capanna fu presto piena e varie persone sedettero fuori, cantando in risposta al brahmachari che conduceva il kirtan.

La Madre non riuscì a finire il canto. I suoi occhi traboccarono di lacrime. Chiuse lentamente gli occhi colmi di lacrime e rimase seduta in silenzio, formando un *mudra* con la mano. Emanavano da Lei ondate dell'enorme forza del Suo stato divino, risvegliando il cuore dei presenti. Dopo un po' i Suoi occhi si riaprirono e si richiusero nuovamente. Sembrava come se Amma si stesse sforzando per uscire dalla Sua condizione elevata e tornare giù. In un'occasione precedente, la Madre era entrata in samadhi durante i bhajan ed era ritornata nel Suo stato normale solo dopo diverse ore. In quell'occasione aveva detto: "Quando accadono cose simili, figli, cantate i kirtan. Altrimenti Amma potrebbe restarsene seduta così per mesi, o potrebbe trasformarsi in un *avadhuta*." Memori di quell'incidente, i brahmachari continuarono a cantare i kirtan fino a quando la Madre non emerse dal Suo bhava. Le ci volle parecchio tempo per diventare del tutto consapevole di ciò che la circondava.

## Bhava Darshan

Quella sera, un devoto di Madras di nome Subrahmanian era seduto vicino alla Madre. Le chiese di spiegare il significato del bhava darshan.

Madre: "Figlio, le persone vivono in un mondo di nomi e forme. È per condurle alla Verità che Amma assume questo ruolo.

"Senza la mente, non c'è il mondo. Fino a che avete la mente, esistono nomi e forme. Una volta che la mente non c'è più, non c'è niente. Chi ha raggiunto quello stato non ha bisogno di pregare o di fare japa. In quella condizione, non si conosce né il sonno né la veglia; non si è consapevoli di nessuna realtà oggettiva – ci sono solo perfetta immobilità, beatitudine e pace. Ma per raggiungere questo stato bisogna elevarsi, e quindi sono necessari metodi come il bhava darshan."

Subrahmanian: "C'è chi critica Amma perché abbraccia i Suoi figli."

Madre: "Figlio, dovresti chiedere loro: 'Alla vostra età, avete il coraggio di abbracciare la madre che vi ha dato alla luce? Anche se riuscite a farlo a casa, la abbraccereste in mezzo alla strada?' In verità non ci riescono a causa delle loro inibizioni.[48] Ma Amma non ha questi problemi.

"Una madre prova grande amore, tenerezza e affetto per il suo bambino, e non un desiderio fisico. Amma vede tutti come Suoi figli. Questo potrebbe essere un tipo di follia, e potete

48 In india le persone si abbracciano raramente in pubblico.

rinchiudere Amma se volete – ma questo è il Suo modo. Se vi chiedete perché abbraccia le persone, la risposta è che questo è il flusso esteriore della Sua compassione interiore. Questo flusso si produce spontaneamente quando arrivate a Lei, proprio come le foglie fremono quando arriva il vento. Proprio come la dolcezza è la natura intrinseca di un frutto, il sentimento materno e la compassione sono la natura intrinseca di Amma. Che cosa ci può fare? È proprio così per Lei. Una mucca può essere bianca, nera o marrone, ma il latte è sempre bianco. Analogamente, c'è un solo Sé, non tanti. Appare come molteplice soltanto a coloro che considerano se stessi anime individuali. Questo è tutto. Amma non sente questa distinzione, e perciò non vede uomini e donne diversi gli uni dagli altri.

"Ciò che più manca nel mondo d'oggi è l'amore altruistico. La moglie non ha tempo di ascoltare le preoccupazioni di suo marito o di consolarlo, e il marito non consola la moglie e non l'ascolta quando lei ha bisogno di raccontargli i propri problemi. Le persone si amano nell'interesse della propria felicità. Nessuno va al di là di questo e ama qualcuno al punto di sacrificare il proprio comodo. Non si vede in nessuno l'attitudine di sacrificio che lo rende disposto a morire per gli altri. Invece dell'atteggiamento 'sono qui per te,' c'è solo l'atteggiamento 'tu sei qui per me.' Ma Amma non può avere una tale attitudine.

"Le persone che osservano dal loro livello, potrebbero pensare che sia strano. Ma non è colpa di Amma. Loro possono avere una loro follia – questa è la follia di Amma. Un pastore vede l'erba come cibo per la mandria; un guaritore considera la stessa erba come medicina. Ognuno vede le cose secondo il proprio samskara.

"Una volta, un guru e il suo discepolo partirono per un pellegrinaggio. Strada facendo, dovevano guadare un fiume. Sulla riva c'era una ragazza in lacrime. Doveva attraversare il fiume, ma non ne era capace perché l'acqua era troppo profonda per lei.

Il guru non esitò. Prendendosi la ragazza sulle spalle, attraversò il fiume e la rimise giù sulla riva opposta. Il guru e il discepolo proseguirono il viaggio. Quando quella sera si sedettero per la cena, il discepolo aveva un'espressione preoccupata sul volto. Il guru lo notò e chiese: 'Che ti succede?'

"Il discepolo disse: 'Ho un dubbio. Era corretto portare una ragazza sulle spalle in quel modo?'

"Il guru rise e disse: 'Beh, io l'ho messa giù sull'altra sponda del fiume. Ma tu, la stai ancora portando con te?'"

Subrahmanian: "Pratico sadhana da molti anni, ma non ho ancora avuto esperienze particolari. Perché?"

Madre: "Se si mischiano dieci pietanze, è possibile assaporarne il gusto? Vai avanti con un solo desiderio, il desiderio di vedere Dio. Poi avrai le esperienze."

Diversi giovani arrivarono per il darshan della Madre. Amma rimase seduta per un po' con loro, parlando di questioni spirituali. Alla fine si prostrarono e si alzarono. Prima di andarsene, un giovane disse: "Amma, dammi la tua benedizione affinché la mia fede in te diventi più forte!"

Madre: "La fede non dovrebbe essere cieca, figlio. Prima di decidere dove riporre la vostra fede dovete esaminare con attenzione. Siete tutti giovani. Non cominciate a credere istantaneamente. Ciò che vedete non è la vera natura di Amma. Amma è una pazza. Non credete ciecamente che Lei sia buona!"

Giovane: "Sta al figlio decidere se la Madre è buona!"

Le sue parole procurarono molte risate. Aveva appena conosciuto Amma, eppure si sentiva già così vicino a Lei! Ma d'altronde, chi può sfuggire alle ondate d'affetto della Madre, l'Oceano d'Amore?

## Anche coloro che sbagliano sono Suoi figli

La Madre e i brahmachari erano andati a Ernakulam, e tornarono all'ashram a mezzogiorno. Molti devoti che stavano aspettando Amma si prostrarono quando La videro entrare nell'ashram. Senza nemmeno andare in camera a riposare, la Madre si sedette sulla veranda della scuola di Vedanta e incominciò a dare il darshan ai devoti.

Durante un ricevimento che si era tenuto per la Madre a Ernakulam il giorno prima, gli organizzatori avevano impedito a un uomo di mettere la ghirlanda ad Amma. Riferendosi a quell'episodio, un brahmachari disse: "Ieri quell'uomo era distrutto. Solo quando Amma l'ha chiamato e gli ha offerto del prasad, si è sentito un po' meglio. Sarebbe crollato a pezzi se Amma non l'avesse fatto. Gli organizzatori credevano che la gente avrebbe criticato Amma, se a una persona con una così brutta reputazione fosse stato permesso di avvicinarsi."

Madre: "In passato quel figlio può aver commesso molti errori, ma ieri è venuto da Amma per la prima volta. Stiamo a vedere come si comporterà d'ora in avanti. La luce non ha bisogno della luce; è l'oscurità che ha bisogno della luce. Se Amma rifiutasse quel figlio, quale sarebbe la sua condizione? Ha commesso dei terribili errori a causa della sua ignoranza, ma per Amma è sempre uno dei Suoi figli. C'è qualcuno qui che non ha mai sbagliato? L'errore più grande è fare qualcosa di sbagliato pur sapendo qual è la cosa giusta. Lo scopo della spiritualità è di imparare a perdonare gli altri per i loro errori, e amarli – non rifiutarli. Tutti sono capaci di rifiutare gli altri, ma accettare chiunque – questo è difficile. Solo con l'amore possiamo portare gli altri dall'errore a ciò che è giusto. Se ripudiamo qualcuno per i suoi errori, continuerà semplicemente a commetterne.

"Il saggio Valmiki era un abitante della foresta e viveva di rapine e delitti. Un giorno stava per rapinare e uccidere dei saggi che passavano per la foresta. Per tutta risposta, essi lo perdonarono e lo trattarono con grande amore. Se quei saggi non gli avessero mostrato una tale compassione, non ci sarebbe stato Valmiki[49], e non ci sarebbe stato il *Ramayana* a dissipare l'oscurità di così tante persone. La compassione di quei saggi creò sia Valmiki, sia il *Ramayana*. Perciò, figli, dovreste perdonare gli errori degli altri e mostrare loro con amore la retta via. Non continuate a far riferimento agli errori che qualcuno può aver commesso nel passato, perché ciò spingerebbe soltanto quella persona a commetterne altri.

"Ieri, quel figlio ha detto ad Amma: 'Prima di conoscerti, riuscivo a pensare solo al suicidio. Ma oggi tutto ciò è svanito. Improvvisamente sento di voler vivere. Ho persino dormito bene la notte scorsa! Avevo creduto che la mia famiglia mi sarebbe sempre stata vicina, qualsiasi cosa fosse successa; ma quando ho passato momenti difficili, mi hanno abbandonato tutti, uno per uno. Alcuni mi hanno persino ripudiato. Ora so che solo Dio è fedele ed eterno. Se avessi fatto amicizia con Dio dall'inizio, non avrei dovuto soffrire così tanto.'

"Figli, rifugiamoci in Dio. Chiunque – anche un uomo d'affari con impegni pressanti – può passare un'ora al giorno a concentrarsi su Dio. Dio si prende cura di chi ha fede in Lui. Nei momenti di difficoltà, la nostra Divinità Prediletta viene in nostro soccorso. Dio farà persino cambiare idea ai nostri nemici. Ma chi ha bisogno di Dio, al giorno d'oggi?"

Un devoto: "Ho sentito dire che un giorno tutto il mondo diventerà induista."

---

49 Ratnakaran, il nome di Valmiki ai tempi in cui faceva il ladrone, in seguito divenne il grande saggio Valmiki, incarnazione di amore e compassione. Scrisse il Ramayana, il primo poema epico in sanscrito, che ancor oggi continua a ispirare e a influenzare la cultura indiana.

Madre: "Ciò non sembra probabile, ma la maggior parte delle persone assimilerà i princìpi del *Sanatana Dharma* (la Religione Eterna)."

Un altro devoto: "Deve succedere per forza, perché gli occidentali, che non accettano mai niente senza averlo verificato, non possono evitare di abbracciare il Sanatana Dharma, che è basato sui princìpi più logici."

Madre: "Ma le verifiche hanno dei limiti. Non ha senso affermare che crediamo in qualcosa solo dopo averlo verificato. La fede e l'esperienza sono requisiti fondamentali."

Devoto: "Oggigiorno, generalmente le persone non tengono in grande considerazione i mahatma. La loro fede è confinata ai templi."

Madre: "Questo è perché non si apprezzano le Scritture o i princìpi spirituali. L'uomo costruisce il tempio, fa l'icona e ce la mette dentro, ed è sempre l'uomo che venera l'icona e ci si inchina. Il potere di qualsiasi tempio viene dai devoti che pregano in quel posto. E quando un mahatma infonde la vita in un tempio, esso acquisisce un potere ancora maggiore, perché un mahatma ha realizzato pienamente la Divinità in se stesso. Nonostante ciò, le persone non hanno fede nel potere divino dell'uomo. Che potere ha un tempio se un mahatma non ci infonde la vita, o se le persone non vi pregano?"

Poiché il numero di devoti era in aumento, Amma entrò nella capanna del darshan. Un devoto portò un grappolo di noci di cocco giovani. Lo posò fuori dalla capanna, entrò e si inchinò alla Madre.

Devoto: "È il primo grappolo del nostro nuovo albero di cocco. Fin dall'inizio, avevo deciso di darlo ad Amma."

Madre: "La gente ti ha preso in giro quando l'hai portato sull'autobus, figlio?"

Devoto: "E se anche fosse? Per Ammachi sono pronto a sopportare qualsiasi dose di ridicolo! Posso aprirti una noce di cocco, Amma?"

La Madre acconsentì. Il devoto andò in cucina con la noce di cocco, e Amma continuò la sua conversazione con i devoti.

## La casa dovrebbe diventare un ashram

Devoto: "Si può realizzare Dio rimanendo un grihasthashrami?"[50]

Madre: "Sì, è possibile. Ma bisogna essere un vero grihasthashrami, considerando la propria casa come un ashram. Ma quanti grihasthashrami esistono oggi? Un autentico grihasthashrami ha affidato la sua vita a Dio e non ha attaccamenti. Non è attaccato a nessuna sua azione. Il dharma è la cosa più importante della sua vita. Sebbene viva con la famiglia, la sua mente è sempre su Dio. Non trascura mai di prendersi cura della moglie e dei figli, o di servire il mondo, perché lo vede come un dovere affidatogli da Dio, ed esegue quel dovere con grande attenzione. Ma non è attaccato alle proprie azioni come la maggior parte delle persone oggigiorno.

"Se comprendete i princìpi spirituali, potete essere costantemente impegnati nella sadhana, persino a casa vostra. Però non è così facile come si potrebbe pensare. Se abbiamo davanti una televisione mentre cerchiamo di svolgere un lavoro, finiremo col guardare lo schermo. Il nostro distacco deve essere eccezionalmente forte per essere in grado di resistere e di superare quella vasana. È una grande cosa riuscire a rivolgersi a Dio nel mezzo del prarabdha familiare. Molti dei figli sposati di Amma a casa fanno regolarmente meditazione, japa e archana. Molti di loro hanno fatto il voto di non mangiare o dormire prima di aver fatto

[50] Un grihasthashrami è una persona con famiglia che vive nel mondo e assolve alle proprie responsabilità, mentre conduce nello stesso tempo una vita spirituale autentica.

l'archana. Il cuore di Amma trabocca d'amore quando pensa a loro."

Volgendosi verso i brahmachari, la Madre continuò: "Voi brahmachari siete qui per dedicare tutti voi stessi al mondo. Dovreste legare la mente soltanto a Dio. Non lasciate spazio a nessun altro pensiero. Pensare alla vostra famiglia e agli amici creerebbe solo altre vasana. Basta sedersi in una stanza piena di carbone perché il vostro corpo si ricopra di fuliggine. Analogamente, l'affetto e l'attaccamento alla famiglia distruggono la mente di un sadhak."

Si stava svolgendo il Devi bhava darshan di Amma. I brahmachari erano seduti nel kalari mandapam e cantavano i kirtan. Sembrava che persino la natura avesse rinunciato al sonno e fosse incantata dai bhajan. Da quando era cominciato il darshan, ore prima, il fiume di devozione non era diminuito.

Gli uomini entravano nel piccolo kalari dal lato sinistro, e le donne da destra. Si inchinavano alla Madre, seduta su un *pitham*, e depositavano ai Suoi sacri piedi i loro dolori. Ogni persona s'inginocchiava davanti alla Madre, poggiava il capo nel Suo grembo materno, e Lei la abbracciava. Dopo aver ricevuto il prasad e l'acqua benedetta dalle Sue mani, lasciavano l'ashram con un senso di profondo appagamento. Ai Suoi piedi, la Madre riceveva i numerosi cumuli del prarabdha dei devoti. Come il fiume sacro Gange risolleva i caduti, Lei lavava via i loro peccati nel fiume del Suo Amore. Come il dio-fuoco Agni divora ogni cosa, Amma li purificava nel Suo fuoco sacro, bruciando le loro vasana.

Come sempre, la Madre restava imperturbabile davanti alle dimensioni della folla (in verità, più grande era la folla di devoti e più radioso diventava il Suo volto). In Lei risplendeva la presenza invincibile del Supremo, che protegge gli innumerevoli regni cosmici, ma allo stesso tempo Amma rideva con l'innocenza di una bambina, facendo ridere anche gli altri.

Un devoto entrò nel kalari con il figlio di quattro anni. Il padre si prostrò alla Madre. Proprio in quel momento, il figlio cominciò a comportarsi male, picchiando suo padre sulla schiena e tirandolo per la camicia. Poiché suo padre continuava a restare umilmente inginocchiato davanti ad Amma, il ragazzino lo colse come un invito a saltargli sulla schiena e cavalcarlo come un elefante!

La Madre si divertiva al gioco del bambino. Lo stuzzicò versandogli sul viso e sul corpo dell'acqua benedetta. Il bambino balzò all'indietro per evitare l'acqua. La Madre fece finta di mettere via il recipiente dell'acqua, e il bambino si avvicinò di nuovo. Ancora una volta gli versò l'acqua addosso, e lui indietreggiò di nuovo. Questo gioco continuò per un po', divertendo tutti. Quando uscì dal kalari con suo padre, il bambino giocherellone era completamente fradicio.

## Ognuno ha il proprio samskara

Il Devi bhava finì all'una di notte. La maggior parte dei devoti andò a letto. Ma la Madre, i brahmachari ed alcuni devoti rimasero in piedi per spostare i mattoni che sarebbero stati usati il giorno dopo per la costruzione dell'edificio principale. Essendo la stagione delle piogge, la laguna attorno all'ashram era straripata e il cortile dell'ashram era pieno d'acqua. Fra i devoti che davano una mano c'era una giovane donna di Delhi. Era arrivata con la madre il giorno prima, e incontrava Amma per la prima volta. Quando la giovane incominciava a parlare con i brahmachari, non smetteva più. A causa di ciò i brahmachari si sentivano a disagio. Alla fine, la donna se ne andò. Quando il lavoro fu terminato, la Madre si sedette con alcuni dei Suoi figli in un angolino asciutto sul lato sud del kalari. I brahmachari raccontarono ad Amma l'eccessiva familiarità della giovane.

Br: "Parla troppo e non sa come si parla alle persone. Mi ha detto che appena mi ha visto, le ho ricordato suo marito. Mi è venuta voglia di darle uno schiaffo in faccia quando me l'ha detto!"

Madre: "Figlio, è una debolezza che c'è in lei a causa della sua ignoranza. Ma tu avresti dovuto avere la forza della saggezza. In una situazione come questa, dovresti guardarti dentro. Al primo segno di debolezza mentale, allontanati. Se si è veramente maturi, si dovrebbe essere in grado di dare alle persone il consiglio adeguato. È inutile arrabbiarsi. Quella ragazza esprimeva semplicemente il proprio samskara. Non sa nulla di spiritualità. Tu, invece, dovresti avere il samskara di consigliarla sul modo migliore di comportarsi. Prima di prepararsi a punire qualcuno, bisognerebbe prendere in considerazione la cultura e le circostanze in cui è cresciuto. Indicando con gentilezza il sentiero giusto, possiamo rimuovere l'ignoranza delle persone."

## Il rapporto con le donne

Devoto: "Ramakrishna non ha detto che un sadhak non dovrebbe parlare con le donne e nemmeno guardarle in fotografia?"

Madre: "Chi ha un guru non deve temere. È sufficiente seguire le istruzioni del guru. Il discepolo di Ramakrishna, Vivekananda, non andò negli Stati Uniti e accettò donne come sue discepole? All'inizio, però, un aspirante dovrebbe tenersi il più lontano possibile dalle donne. Non dovrebbe nemmeno guardare la foto di una donna, e le donne sadhak dovrebbero mantenere la stessa distanza dagli uomini. Bisogna fare estrema attenzione. Nel periodo della sadhana, è meglio rinunciare completamente ai sensi e stare in solitudine. In seguito il sadhak, restando vicino al guru, dovrà affrontare varie situazioni. Dovrà considerare queste situazioni come parte della propria sadhana e dovrà superare gli ostacoli. Per esempio, non si può arrivare alla meta senza trascendere l'attrazione sessuale. Un sadhak che si è abbandonato al guru sarà in grado di farlo. Ma una persona che non ha un guru deve seguire le restrizioni esteriori in modo tassativo, altrimenti potrebbe cadere in qualsiasi momento.

"Un sadhak deve fare attenzione quando frequenta le donne. Ma stare lontano dalle donne per paura è inutile. Dopotutto, bisogna superare la propria paura. Come si può raggiungere Dio senza sviluppare la forza mentale per trascendere qualsiasi cosa? Nessuno otterrà la realizzazione del Sé senza imparare a vedere il Sé Supremo in tutti. Ma durante il periodo della sadhana, il ricercatore deve evitare di frequentare da vicino le donne. Va mantenuta una certa distanza. Per esempio, non deve star seduto in una stanza a parlare con una donna quando non c'è nessun altro presente, o restare da solo con una donna in un luogo appartato. La vostra mente comincerà a trovare piacere in tali situazioni, anche senza che ne siate consapevoli; se non siete abbastanza forti, cederete. Se dovete parlare con qualcuno dell'altro sesso, invitate un'altra persona ad unirsi a voi. Se è presente una terza persona, starete più attenti.

"La combinazione uomo-donna è come la benzina e il fuoco: la benzina brucerà se la si mette vicino al fuoco. Quindi dovete stare sempre attenti. Quando percepite una debolezza dentro di voi, pensateci e chiedetevi: 'Che cosa c'è di così attraente in un corpo pieno d'urina e di escrementi?' Comunque, alla fine dovrete superare anche questa avversione e vedere ogni cosa come una forma della Madre dell'Universo. Provate ad acquisire forza vedendo in tutti la Coscienza che pervade ogni cosa. Ma fino a che non avrete questa forza, dovete stare molto attenti. Il sesso opposto è come un mulinello che vi tira giù. È dura superare queste circostanze difficili senza una sadhana costante, lakshya bodha e, soprattutto, l'attitudine di abbandono verso il guru."

Un devoto: "I brahmachari non si stancano a trasportare tutti questi mattoni, oltre agli altri lavori che svolgono, e i viaggi che fanno?"

Madre: "Persino nelle notti di bhava darshan i figli trasportano i mattoni, alla fine del darshan. Magari vanno a letto dopo aver cantato i bhajan per tutto il darshan e poi vengono chiamati improvvisamente a trasportare i mattoni. Amma vuole vedere quanti dei Suoi figli hanno davvero lo spirito altruistico, o se vivono solo per i comfort del corpo. In queste occasioni si può vedere se la meditazione sta dando i suoi frutti. Bisogna sviluppare la disponibilità a dare una mano agli altri quando stanno faticando. A cosa serve altrimenti fare tapas?"

Devoto: "Amma, verrà mai il momento in cui tutti sulla terra saranno buoni?"

Madre: "Figlio, se c'è il bene, ci sarà anche il male. Supponiamo che una madre abbia dieci figli. Nove di loro sono buonissimi, e solo uno è cattivo. Quell'unico figlio cattivo basta a rovinare tutti gli altri. Ma poiché c'è lui, gli altri saranno obbligati a invocare Dio. Non ci può essere un mondo senza opposti."

Si era ormai fatta notte fonda. Immersi nelle parole della Madre, i devoti non si erano accorti del passare del tempo.

Madre: "Figli, è molto tardi. Andate a dormire; Amma vi vedrà domani."

La Madre si alzò. I devoti si inchinarono e si alzarono anche loro. Amma indicò ad ogni visitatore dove dormire. Vedendo la Madre guadare il terreno ricoperto d'acqua, i devoti dissero: "Non venire con noi, Amma. Riusciamo a trovare da soli le nostre camere."

Madre: "Con tutta quest'acqua, non riuscireste a trovare la strada, figli. Amma verrà con voi."

Erano ormai le tre del mattino quando la Madre finì di mostrare loro le stanze e se ne andò infine nella Sua camera. I devoti si coricarono per riposare un po' prima dell'alba.

## *Giovedì 10 luglio 1986*

Era un giorno di bhava darshan. La gente era arrivata in un flusso continuo per tutta la mattina. Verso le due del pomeriggio, Amma si inchinò a Madre Terra e stava per uscire dalla capanna, quando arrivò un nuovo gruppo di persone. Erano venuti da Nagercoil con un autobus preso in affitto, con la speranza di vedere Amma quel pomeriggio per poi ripartire immediatamente.

Con un sorriso, la Madre si sedette nuovamente sul lettino. I devoti appena arrivati si avvicinarono e si prostrarono. Chi era seduto da un po' nella capanna si alzò e cedette il posto ai nuovi arrivati. Fra loro c'erano tre bambini piccoli che cantavano bene, così la Madre fece richiesta di un canto.

Essi cantarono:

### Pachai mamalai

*O gente di Srirangam,*
*Quanto mi piace la dolcezza di Achyuta,*
*Il cui corpo è come un verde monte lussureggiante,*
*La cui bocca è come il corallo*
*E i cui occhi sono come il loto;*
*Il Pastorello Bambino,*
*Che le grandi anime*
*Desiderano ardentemente vedere.*
*Adoro quella dolcezza persino*
*Più del sapore del Paradiso.*

Verso le tre, dopo aver dato il darshan ai nuovi venuti e aver disposto che un brahmachari servisse loro il pranzo, Amma andò finalmente nella Sua camera. Lì, la Madre trovò un brahmachari che L'aspettava. Si sedette per terra e Gayatri Le servì il pranzo. Accanto alla Madre c'era una pila di lettere arrivata con la posta di quel giorno. Teneva le lettere con la mano sinistra e le leggeva mentre mangiava. Improvvisamente, senza preamboli, incominciò a parlare al brahmachari, rispondendo alla sua domanda. Sapeva cosa aveva in mente senza che nemmeno Le venisse detto.

## La meditazione dovrebbe essere focalizzata

Madre: "Figlio, quando ti siedi a meditare, tieni la mente completamente fissa su Dio, e assicurati che l'atten-zione non scivoli su altre cose. Nella mente ci dovrebbe essere solo la tua Divinità Prediletta. Bisogna avere un distacco di questo tipo.

"Una volta, un sannyasi era seduto in meditazione quando un uomo gli passò davanti, correndo a grande velocità. La cosa proprio non piacque al sannyasi. Poco dopo, l'uomo ripassò di lì tenendo per mano un bambino. Con rabbia il sannyasi gli chiese: 'Perché non mostri un po' di considerazione? Non vedi che sto meditando?' Con grande rispetto, l'uomo disse: 'Mi spiace, non mi ero reso conto che eri seduto qui.' 'Perché, sei cieco?', chiese il sannyasi. Rispose l'uomo: 'Mio figlio era andato a giocare con un amico, ma non tornava e mancava da tempo. Temevo che potesse essere caduto nello stagno qui vicino, così sono corso il più velocemente possibile per andare a vedere. Ecco perché non avevo notato che eri seduto lì.'

"L'uomo chiese scusa, ma il sannyasi era ancora arrabbiato. 'È stato estremamente scortese da parte tua disturbarmi mentre stavo meditando sul Signore!', disse. A ciò, l'uomo replicò: 'Tu, che stavi meditando su Dio, sei riuscito a vedere me che passavo di corsa, e invece io non sono riuscito a vedere te che eri seduto proprio davanti a me, perché correvo alla ricerca di mio figlio. Sembra che il tuo rapporto con Dio sia molto meno forte del rapporto che ho io con mio figlio. Che meditazione è allora? Inoltre, se non hai pazienza o umiltà, a cosa ti serve meditare?'

"La nostra meditazione non dovrebbe essere come quella del sannyasi della storia. Quando ci sediamo per meditare, dobbiamo essere in grado di focalizzare completamente la mente sulla nostra Divinità Prediletta. Qualsiasi cosa succeda attorno a noi, la mente non dovrebbe interessarsene. E se succede, bisogna riportarla indietro immediatamente e legarla all'oggetto della nostra meditazione. Se ci esercitiamo costantemente in questo modo, la nostra mente non vagabonderà da nessuna parte.

"Quando ti siedi a meditare, prendi la decisione di non aprire gli occhi o di non muovere il corpo per un certo numero di ore. Qualsiasi cosa accada, non deviare da questa decisione. Questo è il vero vairagya."

Br: "Amma, molti pensieri si insinuano e creano tanta agitazione. Alcune volte tutto ciò che desidero è vedere Dio ed amarLo con tutto il cuore. In altri momenti voglio capire i segreti dell'universo; li voglio svelare attraverso la sadhana. Altre volte, non voglio niente di tutto questo; voglio solo conoscere il Potere che lavora dentro di me. A causa di tutti questi pensieri, nella mia sadhana non c'è stabilità."

Madre: "Quando scoprirai il Sé, non credi che tutti questi segreti ti verranno automaticamente svelati? Cosa succederebbe se, cercando di scoprire i segreti nascosti, sprofondassi in essi? Quando viaggi su un autobus, vedi i paesaggi passare e poi sparire. Allo stesso modo, tutto ciò che vedi oggi, sparirà. Quindi non prestare alcuna attenzione a quei misteri e non sviluppare nessun attaccamento verso di loro. Molti esperti cercano di conoscere i segreti dell'universo, ma finora non ci sono riusciti, non è vero? Ma se tu realizzerai Dio, comprenderai l'intero universo. Quindi, tutto il tempo a tua disposizione, usalo per realizzare Dio. Pensare a qualsiasi altra cosa è inutile."

## Venerare una forma

Br: "Amma, Dio è all'interno o all'esterno?"

Madre: "È solo perché hai la coscienza del corpo che pensi in termini di dentro o fuori. In realtà, non c'è un dentro o un fuori. Non è a causa del tuo senso dell''io' che pensi all''io' e al 'tu' come fossero separati? In ogni modo, finché il senso dell''io' persiste, non si può dire che la separazione sia irreale. Dio è la forza vitale che permea ogni cosa. Quando Lo visualizzi fuori di te, dovresti sapere che stai in effetti visualizzando ciò che è dentro di te. Tuttavia, è grazie a questi mezzi che la mente si purifica."

Br: "C'è un potere speciale che guida l'universo, ma è difficile credere che sia un Dio con una certa forma."

Madre: "Tutte le forme di questo potere non sono altro che Dio. Egli è l'Onnipotente che controlla ogni cosa. Se accetti che Egli sia il potere dietro ogni cosa, perché quel potere, che controlla tutto, non può assumere una forma che piace al devoto? Perché è così difficile da credere?" Con grande fermezza nella voce, Amma continuò: "C'è un Potere primordiale in questo universo. Io considero quel Potere come mia Madre. Quel Potere è mia Madre, e se anche scegliessi di rinascere centinaia di volte, continuerebbe ad essere mia Madre ed io Sua figlia. Così, non posso fare affermazioni tipo: 'Dio non ha forma'.

"Per la maggior parte delle persone è difficile tenere la mente ferma senza una divinità prescelta. Dovresti provare ad arrivare sull'altra sponda usando la tua Divinità Prediletta come ponte. Non se ne può fare a meno – senza non si può attraversare. Che cosa farai se ti mancano le forze a metà strada? C'è bisogno di un ponte. Il guru sarà con te per indicarti la strada in mezzo ad ogni lotta o crisi – devi avere fede e abbandonarti. Perché stancarsi inutilmente? Ma non restare in ozio solo perché c'è qualcuno a guidarti e a portarti sull'altra sponda. Devi lavorare sodo.

"Quando la barca fa acqua, non basta starsene seduti a pregare Dio che il buco venga tappato. Mentre preghi, devi provare a fermare l'infiltrazione d'acqua tu stesso. Devi fare lo sforzo e, allo stesso tempo, pregare per la grazia di Dio."

Br: "Quanto ci vorrà prima che io raggiunga la realizzazione del Sé?"

Madre: "Figlio, la realizzazione non è così facile da raggiungere, perché hai accumulato molte tendenze negative. Che cosa succede quando laviamo i nostri abiti dopo un lungo viaggio? Non siamo scesi da nessuna parte, non ci siamo mai seduti per terra, eppure, quando li laviamo, i nostri vestiti sono sporchissimi! Allo stesso modo, lo sporco si accumula nella tua mente senza che tu ne sia consapevole. Sei venuto qui portando con te ciò che hai accumulato non solo in questa vita, ma anche nelle vite passate. Non puoi assolutamente realizzare il Sé standotene semplicemente seduto con gli occhi chiusi per un anno o due. Non basta per purificarti dentro.

"Prima devi abbattere la foresta e togliere il sottobosco; solo allora ti sarà possibile piantare lì il tuo albero. Se la tua mente non è ancora purificata, come farai a vedere il Sé? Non possiamo dare una mano di vernice su un vetro sporco e trasformarlo in uno specchio. Prima la mente ha bisogno di essere purificata. E mentre fai questo sforzo, devi abbandonare tutto a Dio."

Il brahmachari si inchinò alla Madre e si alzò. Amma finì di mangiare e, dopo aver letto ancora qualche lettera, scese per il programma di bhajan che precedeva sempre il bhava darshan.

Al crepuscolo cominciò a scendere una pioggia leggera. Con l'avanzare della notte la pioggia aumentò, e alla fine del bhava darshan, alle due del mattino, pioveva a dirotto. I devoti si rifugiarono nella scuola di Vedanta e sulla veranda del kalari. La gente dormiva dove poteva. Quando Amma uscì dal kalari dopo il Devi bhava, notò che molti devoti non erano stati in grado di trovare un posto per dormire. Li condusse nelle capanne dei brahmachari, mentre Gayatri cercava di proteggere la Madre dalla pioggia con un ombrello. Amma mise a dormire tre o quattro persone in ogni capanna. Quando assegnava un posto ad un devoto, gli asciugava la testa con un asciugamano. Nel flusso del Suo amore materno, diventavano tutti dei bambini.

"Amma, dove andranno a dormire i brahmachari? Non diamo loro troppi fastidi?", chiese un devoto.

Madre: "Loro sono qui per servirvi. Questi figli sono venuti qui per imparare l'altruismo. Saranno felici di sopportare un piccolo inconveniente per voi."

I brahmachari andarono ad aspettare l'alba nel kalari mandapam. Tre lati della veranda erano aperti e le raffiche di vento soffiavano dentro la pioggia, rendendo impossibile dormire. Almeno non avrebbero dovuto aspettare molto per l'alba.

Amma scoprì poi quattro anziani devoti che non avevano ancora trovato un posto per dormire. Li condusse in una stanza sul lato nord del kalari. La porta era chiusa. La Madre bussò, e due brahmachari con gli occhi assonnati aprirono la porta. Si erano coricati prima della fine del darshan e avevano dormito sodo, ignari di tutto.

"Figli, lasciate che queste persone dormano qui." Così dicendo, Amma affidò i devoti ai due brahmachari, e poi andò nella Sua stanza. I brahmachari diedero i loro letti ai devoti, poi andarono nella veranda della sala di meditazione e si sedettero vicino alla porta, dove non erano esposti alla pioggia, che era un po' diminuita.

Tutti i brahmachari erano venuti per vivere alla presenza dell'Incarnazione dell'altruismo. Avevano abbandonato ogni cosa ai Suoi Piedi. E adesso, in ogni momento, Lei insegnava loro come condurre la propria vita.

# Capitolo 5

*Giovedì 7 agosto 1986*

## Vairagya

Intorno alle due e mezzo del pomeriggio, la Madre tornò nella Sua camera dalla capanna del darshan, per incontrare la brahmacharini Saumya[51] che La stava aspettando. Da diversi giorni Saumya, originaria dell'Australia, sperava di parlare alla Madre, e Amma le aveva chiesto di venire quel giorno. La Madre si sedette a terra e Saumya Le mise davanti il pranzo.

Saumya: "Da tempo voglio fare diverse domande ad Amma. Posso farle adesso?

Madre: "Va bene, figlia, chiedi."

Saumya: "Quando provo attaccamento per una cosa e decido di non acquisirla o accettarla, è vairagya (distacco)?"

Madre: "Se l'attaccamento a quella cosa ti porta verso ciò che è irreale, allora la tua attitudine è vairagya.

"Bisogna conoscere la vera natura di ogni oggetto e capire che le cose materiali non ci possono dare vera felicità. Sebbene possiamo trarre da esse una soddisfazione temporanea, alla fine ci procureranno solo sofferenza. Quando lo comprenderemo pienamente, la nostra passione per gli oggetti dei sensi diminuirà automaticamente, e riusciremo a sganciare facilmente la mente da questo tipo di cose.

"Un uomo che aveva una voglia matta di payasam fu invitato alla festa di compleanno di un amico. Il piatto forte della festa era proprio il payasam. L'uomo era molto felice. Ricevette una scodella colma del budino di riso dolce e ne assaggiò un po'. Era

---

51 Swamini Krishnamritaprana.

eccellente. Il riso era stato cucinato proprio con la giusta quantità di latte e di zucchero, con il cardamomo, l'uvetta, e l'aggiunta di anacardi. Proprio mentre stava per prendere un'altra cucchiaiata, un geco cadde dal soffitto e finì nella sua tazza! Sebbene adorasse il payasam, buttò via tutto. Nel momento in cui si rese conto che il geco vi era caduto dentro, rendendolo immangiabile, perse tutto l'interesse per il budino. Allo stesso modo, una volta che capiamo che dipendere dai sensi ci causerà solo sofferenza, riusciremo ad evitare persino quelle cose che normalmente ci attirano molto. Sarà facile controllare la mente. Questo è vairagya. Nel vedere un cobra, un bambino, che non sa quanto sia velenoso, potrebbe provare a prenderlo, ma noi non lo faremmo, vero?

"Figlia, è meglio sviluppare distacco verso le cose imparando a conoscere le loro buone e cattive qualità, piuttosto che distogliere la mente da esse con la forza. Così il controllo della mente verrà naturalmente."

Saumya: "Mi sembra che la vera felicità venga dal distacco, e non dal dipendere dagli oggetti, accumularli e goderseli."

Madre: "Pensi che la felicità venga dal distacco? No, non è così. La felicità nasce dall'amore supremo. Ciò di cui hai bisogno per realizzare il Sé, o Dio, è l'amore. Solo grazie all'amore proverai un distacco completo."

Saumya: "Allora non bisogna rinunciare a niente?"

Madre: "*Tyaga* (rinuncia) non basta. Provi pace mentale quando sei arrabbiata con qualcuno? Non è vero che ti senti del tutto in pace solo quando ami? Ti senti felice quando godi del profumo di un fiore. Proveresti lo stesso piacere se ti tappassi le narici? Non ti gusti di più il sapore dello zucchero quando lo lasci sciogliere in bocca? Questa felicità viene dal vairagya verso lo zucchero? No, viene dall'amore.

"Quando vedi degli escrementi, ti tappi il naso. Questa è avversione. Non c'è amore in ciò, e non c'è neppure felicità.

Puoi chiamarlo vairagya quando rinunci alle cose terrene, pensando: 'Tutta la gioia che traggo dalle cose esteriori è transitoria e in seguito mi farà soffrire. La felicità che derivo dagli oggetti materiali non è permanente, è temporanea, e perciò irreale.' Per provare la vera felicità, però, non è sufficiente rinunciare alle cose illusorie del mondo col vairagya; devi anche raggiungere ciò che è reale, attraverso l'amore. Questa è la strada che porta alla beatitudine eterna.

"Non si deve odiare il mondo illusorio. Si può imparare dal mondo irreale come raggiungere il mondo reale ed eterno. Ciò che vogliamo è il mondo perenne, e solo attraverso l'amore possiamo espanderci verso quello stato. Quando la luna è crescente, tutte le acque dei laghi e degli oceani della terra si sollevano verso di essa per amore. Il fiore sboccia per godere del tocco del vento, e anche questo è per amore. Quindi, che cosa ci dà beatitudine? Non il distacco, ma l'amore."

Saumya (un po' a disagio): "Non voglio la felicità che proviene dall'amare qualcosa."

Madre: "Ciò che un aspirante spirituale ama non è qualcosa di separato da lui. Ama il proprio Sé, che pervade ogni cosa intorno a lui. Più cresce il suo amore per l'eterno, più diventa forte il suo impulso a conoscere l'eterno. Così, quando amiamo l'eterno, si sviluppa il vero vairagya.

"Supponiamo di scoprire che un amico che abita lontano sta venendo a trovarci. Quando veniamo a sapere che sta arrivando e che potrebbe giungere in qualsiasi momento, lo aspettiamo, rinunciando a mangiare e a dormire. Non è per l'amore che proviamo per lui che lo aspettiamo senza curarci di mangiare o di dormire?"

Saumya: "Cosa dovrebbe venire prima, il controllo di sé o l'amore?"

Madre: "Il vero controllo di sé nasce dall'amore. Senza l'amore, questo controllo di sé non può avere origine. Il controllo di sé senza amore non durerà mai a lungo, poiché la mente si stancherà e tornerà alla sua condizione originale. Appena abbiamo sentito che il nostro amico era in viaggio, abbiamo rinunciato a mangiare e a dormire nella nostra impazienza di vederlo. Ciò era la conseguenza del nostro amore per lui; la padronanza di noi stessi ci è venuta con naturalezza, e grazie al nostro amore, non ci è sembrata affatto una privazione o un sacrificio. Ma se non ci fosse amore, controllarci ci sembrerebbe un terribile sacrificio. Se rinunciamo a un pasto a causa di restrizioni che imponiamo a noi stessi, non penseremo ad altro che al cibo.

"Per avere distacco verso qualcosa, è necessario amare qualcos'altro. Figlia, è solo perché provi amore per l'obiet-tivo della realizzazione del Sé che sei in grado di vivere qui con un atteggiamento di pazienza e accettazione. Le persone hanno dentro di sé desideri, rabbia, avidità, gelosia e orgoglio. Com'è possibile allora per alcuni di voi controllare queste qualità negative e vivere qui con un'at-titudine di perdono e tolleranza? Lo fate solo grazie al vostro amore per la realizzazione del Sé. Altrimenti, tutti questi tratti negativi salterebbero fuori. Ma grazie a questo amore, quei tratti non possono sopravvivere e prosperare nella vostra mente. Il vostro amore per la Meta tiene sotto controllo tutti questi tratti negativi."

Saumya: "Se è così, perché devi essere così severa nelle regole dell'ashram? Non sono cose che dovrebbero avvenire spontaneamente?"

Madre: "Amma non ha detto che non c'è bisogno di vairagya. Bisogna praticare il vairagya, ma esso diventa completo solo grazie all'amore. All'inizio, le restrizioni sono assolutamente essenziali. Qui, al momento, ci sono circa trenta rinuncianti. Tutti desiderano la realizzazione, ma la loro mente è schiava del corpo. Vogliono la conoscenza del Sé, ma trovano difficile rinunciare ai comfort del corpo. Così diventa necessario imporre delle regole.

"Se qualcuno deve andare da qualche parte di mattina presto, ma non riesce a svegliarsi da solo, dobbiamo svegliarlo noi, vero? Supponiamo che un bambino voglia vedere l'alba ma, essendo sotto l'incantesimo del comfort del corpo, non riesca ad alzarsi al mattino. La madre sveglierà il bambino.

"Voi dovreste essere svegli e attenti, pronti ad incontrare l'Alba Divina. Il tempo non vi aspetterà. Ma i Miei figli non fanno il loro dovere. Se non sono vigili, Amma li deve svegliare. Altrimenti li imbroglierebbe. Amma sente che la Sua severità a questo proposito è il Suo più grande atto d'amore verso il Suoi figli all'ashram."

## In un ashram le regole sono importanti

Saumya: "A volte le regole dell'ashram mi sembrano molto rigide."

Madre: "Le regole sono necessarie in un ashram dove vivono molte persone e dove c'è un gran numero di visitatori. Per esempio, ragazzi e ragazze non dovrebbero parlarsi troppo liberamente. Chi vive all'ashram deve essere di esempio agli altri. Inoltre, coloro che vivono qui non hanno tutti la stessa natura. I figli che sono appena arrivati non hanno ancora molto controllo di sé. Hanno appena incominciato la loro sadhana. Ma i figli che sono qui dall'inizio hanno acquisito un certo controllo sulla loro mente. I nuovi venuti possono andar da loro per farsi chiarire dei dubbi, non c'è niente di male in questo. Ma Amma sta dicendo che ci devono essere dei limiti. Parlate solo quando è necessario, e non di più."

Saumya: "Ci sentiamo molto vigili nei giorni in cui Tu vieni a svegliarci, Amma!"

Madre: "I figli che amano Amma e che desiderano intensamente la realizzazione, al mattino si alzano senza aspettare che qualcuno li svegli. La notte, quando Amma torna in camera, deve leggere molte lettere. E poi non può andare a letto senza essersi prima informata se ci sono abbastanza verdure, riso, soldi e via dicendo per il giorno dopo. Se manca qualcosa, deve dare istruzioni su cosa comprare o cosa fare. Deve inoltre occuparsi dei visitatori, come pure della routine dei figli residenti, e prendersi cura delle loro necessità. Dopo tutto questo, come ci si può aspettare che venga in camera di ognuno di voi a svegliarvi?

"Se amate Amma, è sufficiente seguire le Sue parole con attenzione. Amare Amma significa obbedire alle Sue parole. Dovete sentirvi assetati. Quando avete un guru, il vostro amore per il guru e per la sua istituzione, e il vostro rapporto con il guru, vi aiuteranno a dimenticare tutto il resto e a crescere verso l'Infinito. Solo quando diventa una cosa sola con il terreno, il seme può diventare un albero."

Saumya: "Amma, solitamente non mi sgridi, perché?"

Madre: "Non lo faccio? Non ti sgrido nel kalari durante il Devi bhava?"[52]

Saumya: "Solo un po'."

Madre (ridendo): "Figlia, l'unica mancanza che Amma vede in te è quella di non alzarsi presto al mattino, ma tu vai a dormire tardi dopo aver lavorato sodo. E non passi forse tutto il Devi bhava in piedi nel kalari? Inoltre ti sforzi molto per raggiungere la realizzazione. Desideri seguire regolarmente la routine dell'ashram e non provi mai a sfuggirla nascondendoti o squagliandotela. Così non c'è bisogno di richiamarti al dovere."

## Eliminare gli errori

Saumya: "Qui vivono sia ragazzi che ragazze. Non desideri che si sia affettuosi con tutti?"

---

[52] Swamini Krishnamritaprana solitamente presta servizio ad Amma durante il Devi bhava.

Madre: "Non è necessario andare da tutti e mostrare loro il tuo amore; è sufficiente non nutrire alcun sentimento negativo. Il vero amore è l'assenza completa di qualsiasi sentimento negativo verso chiunque. Rimuovendo tutti questi sentimenti negativi, l'amore, che è sempre presente dentro di te, splenderà anche fuori. Non ci sarà allora nessuna distinzione, nessun senso di differenza. Non hai visto come quelli che ieri si amavano, oggi si disprezzano? Allora il loro amore non era vero. Dove c'è attaccamento, c'è anche collera. Il nostro obiettivo è di non avere né attaccamento né collera. Questo è il vero amore. Inoltre, noi facciamo servizio disinteressato, e questo è l'amore più grande di tutti."

Saumya: "Io mi sforzo di non avere sentimenti negativi verso nessuno."

Madre: "Attaccamento e avversione non sono cose che si possono prendere e buttare via. Le bollicine nell'acqua si rompono se proviamo a prenderle. Non si possono afferrare. Analogamente, non è possibile gettare semplicemente via dalla nostra mente i pensieri e le emozioni. Se proviamo a sopprimerli, si rafforzano e creano problemi. È solo grazie alla contemplazione che si possono eliminare le emozioni negative. Dovremmo esaminare le nostre tendenze negative ed indebolirle per mezzo di pensieri positivi. Non si possono eliminare con la forza.

"Se versiamo dell'acqua dolce in un bicchiere di acqua salata, e continuiamo a versarne anche quando il bicchiere è pieno, la salinità diminuisce, e alla fine arriviamo ad avere un bicchiere pieno di acqua dolce. Allo stesso modo, si possono eliminare i cattivi pensieri solo colmando la mente di buoni pensieri. Emozioni come il desiderio e la collera non si possono sradicare, ma possiamo avere l'accortezza di non lasciar loro nessuno spazio nella nostra mente. Dovremmo renderci conto di essere strumenti di Dio, e sviluppare l'attitudine di un servitore.

"In verità, dovremmo pensare a noi stessi come a dei mendicanti. Un mendicante va in una casa per avere del *bhiksha* (elemosina). Le persone di quella casa potrebbero dire: 'Non abbiamo bhiksha qui, vattene! Perché sei venuto qui?' Ma qualsiasi cosa dicano, egli non apre bocca e pensa: 'Sono solo un mendicante. Non c'è nessuno al mondo con cui posso dividere le mie pene. Solo Dio conosce il mio cuore.' Se provasse a spiegarlo a quella famiglia, non lo capirebbero – e lui lo sa. Così se qualcuno s'arrabbia con lui, se ne va via in silenzio e va alla casa accanto, senza protestare. È così che dovremmo essere. Non appena assumiamo l'attitudine del mendicante, l'ego si riduce enormemente. Sentiremo di non aver altro rifugio se non Dio, e allora le vasana negative scompariranno da sole. Solo provando a diventare più piccolo di ciò che c'è di più piccolo, si diventa più grande di ciò che c'è di più grande. Sviluppando l'attitudine ad essere il servo di tutti, si diventa il signore del mondo. Solo chi si inchina persino davanti ad uno *shava* (cadavere), diventa Shiva."

Saumya: "Se abbiamo qualcosa di cui qualcuno ha bisogno, è sbagliato darglielo?"

Madre: "Non farlo, figlia. Tu sei una brahmacharini. Sei venuta qui per fare sadhana. Se vuoi dare qualcosa a qualcuno, dallo all'ufficio, oppure dallo ad Amma, e Amma lo darà alla persona che ne ha bisogno. Se lo dai tu direttamente, avrai l'atteggiamento di 'io sto donando', e svilupperai attaccamento per quella persona. Quindi non darlo di persona. Quando raggiungerai il livello del guru, non ci sarà più problema, poiché allora non continuerai a pensare alla persona a cui doni. A questo livello, però, il tuo amore non deve essere manifestato esternamente – deve essere alimentato all'interno di te. Quando non ci sono più avversioni o ostilità, quello è amore. Quando dalla mente scompare ogni traccia di avversione, la mente diventa l'Amore stesso. Diventa come lo zucchero: tutti possono venire a gustarne la dolcezza, senza che tu debba dare nulla.

"Se una mosca cade nello sciroppo, muore. A questo livello quelli che ti avvicinano volendo qualcosa da te, con un motivo impuro nella mente, di cui tu non sei consapevole, sono come le mosche. Venendo da te non ne traggono alcun beneficio. Essi rovinano solo se stessi ed è dannoso anche per te.

"Quando una falena si avvicina alla fiamma di una lampada ad olio, è in cerca di cibo. La lampada ha la funzione di dare luce, ma le falene vengono per mangiarla. Nel loro tentativo muoiono, e anche la fiamma potrebbe spegnersi. Così, non dobbiamo offrire agli altri l'occasione di rovinare se stessi e anche noi. Noi siamo pieni di compassione, ma coloro che si rivolgono a noi potrebbero essere molto diversi. In futuro, quando ricoprirai una posizione di responsabilità in un ashram o in un gurukula, potrai essere avvicinata da persone le cui intenzioni non saranno proprio pure. Se a quel punto sarai progredita abbastanza, i loro pensieri impuri verranno distrutti dal tuo amore. L'incendio di una foresta resterà inalterato persino se un elefante ci cade dentro.[53] A questo stadio, però, il tuo amore aumenterà solo le debolezze degli altri."

Saumya: "Allora bisogna avere tanto amore dentro, ma non esternarlo?"

Madre: "Amma non sta dicendo che non lo si deve esternare, ma che bisogna comportarsi secondo il dharma dell'ashram. Fa' sempre attenzione alle circostanze. Se i visitatori vedono i brahmachari e le brahmacharini che si parlano, incominceranno ad imitarli. Non sono consapevoli di quanto sia puro il vostro cuore. Inoltre, non c'è bisogno che vi parliate – per amore non si intendono queste cose. Vero amore significa non avere assolutamente nessun sentimento negativo dentro di voi."

---

[53] Qui il fuoco rappresenta il sadhak avanzato, mentre l'elefante rappresenta i pensieri impuri degli altri.

Saumya: "Quando noi ci parliamo, è su questioni spirituali, circa gli interrogativi che abbiamo sugli insegnamenti."

Madre: "Ma la gente non lo sa, figlia. Quello che vedono i presenti è una conversazione tra un brahmachari e una brahmacharini. Ogni volta che la gente vede un uomo e una donna che si parlano, fraintende. Il mondo è fatto così oggigiorno."

A causa della sua compassione, Saumya aveva l'abitu-dine di dare a tutti qualsiasi cosa le chiedessero. Molte persone in visita all'ashram avevano incominciato a chiederle i soldi per il biglietto dell'autobus per il viaggio di ritorno. Amma aveva proibito a Saumya di continuare a donare in questo modo, poiché alcune persone cercavano di sfruttarla. Chiedere soldi ai residenti era anche contro le regole dell'ashram. Sebbene all'inizio questo avesse contrariato Saumya, ora era soddisfatta delle spiegazioni della Madre.

## Come discernere tra giusto e sbagliato

Saumya continuò a fare domande:

"Ho fatto certe cose ritenendo che fossero giuste, ma poi si sono rivelate sbagliate, anche se non ne avevo alcuna idea nel momento in cui le facevo. Come posso fare a distinguere ciò che è giusto da ciò che è sbagliato e ad agire in modo corretto?"

Madre: "Per ora segui le parole di Amma. Prendi nota dei tuoi sentimenti, come: 'Ho avuto questo cattivo pensiero', oppure 'Mi sono innervosita con questa persona'. Poi chiedi ad Amma di aiutarti, e correggi te stessa.

"Ai residenti, Amma dice che all'inizio i brahmachari e le brahmacharini non dovrebbero parlare tra loro. Dopo un certo periodo di sadhana, tuttavia, questo non è più un problema. Amma non è così rigida nel proibire ai Suoi figli occidentali di parlare l'uno con l'altro, poiché vengono da un mondo diverso.

Nella loro cultura non esiste la stessa distinzione tra maschio e femmina."

Saumya: "Quando otteniamo dei buoni risultati dalle nostre azioni, è perché abbiamo l'attitudine mentale giusta, oppure dipende soltanto dall'azione in se stessa?"

Madre: "Otteniamo buoni risultati grazie alla purezza della nostra risoluzione mentale. Dobbiamo comunque fare attenzione all'azione e osservare i risultati. Compiere azioni con un'attitudine mentale pura richiede pratica."

Saumya: "Dio ci perdonerà per gli errori che abbiamo commesso?"

Madre: "Ci perdonerà fino a un certo punto, ma non oltre. Ci perdonerà tutti gli errori che commettiamo senza saperlo, perché, dopotutto, non siamo consapevoli di questi errori. Ma se sappiamo che stiamo facendo qualcosa di sbagliato, da un certo punto in poi Dio non lo tollererà più. E ci punirà. Il neonato chiama suo padre 'da da'. Il papà sa che lo sta chiamando, e ride. Ma se il bambino continuerà a chiamare suo papà 'da da' quando è ormai grande, suo padre non riderà più, lo sculaccerà. Allo stesso modo, se agiamo in modo erroneo, ben sapendo che ciò che stiamo facendo è sbagliato, allora Dio ci punirà senz'altro. Ma anche questa punizione è una forma di grazia. Dio può punire un devoto anche per un piccolo errore, in modo che egli non commetta più lo stesso sbaglio. Quella punizione viene dall'illimitata compassione di Dio per il devoto ed ha lo scopo di salvarlo. È come una luce nel buio.

"Un ragazzo aveva l'abitudine di saltare uno steccato di filo spinato per andare dal vicino di casa. Sua madre gli disse: 'Figlio, non arrampicarti sullo steccato, perché, se cadi, ti taglierai. Vai per la strada normale, anche se ci metti un po' più di tempo.' 'Ma finora non mi è mai successo niente!', protestò il ragazzo e continuò a passare di lì. Un giorno, mentre saltava lo steccato, cadde e si tagliò un piede. Piangendo, corse dalla madre. Lei lo consolò con tanto amore, gli bendò la ferita, e gli disse di non saltare più lo steccato. Ma il ragazzo le disobbedì, scivolò di nuovo, cadde e si tagliò. Ancora una volta corse dalla madre piangendo. Ma questa volta, prima di medicargli le ferite, lei lo sculacciò.

Se il ragazzo si fosse fatto davvero male la prima volta, non avrebbe ripetuto lo stesso errore. La seconda volta che andò da lei piangendo, la madre lo sculacciò, non per collera, ma per amore. Allo stesso modo, la punizione che Dio ci dà è espressione della Sua compassione ed ha lo scopo di tenerci lontani da ulteriori errori.

"Molte matite hanno una gomma all'estremità, per cancellare immediatamente gli errori. Ma se continuiamo a fare errori nello stesso punto e cerchiamo di cancellarli, uno dopo l'altro, finiremo col fare il buco nel foglio."

Amma finì di mangiare. Si lavò le mani e si sedette di nuovo.

Saumya: "Quando penso a una cosa, mi sembra giusta in quel momento, e poi subito dopo penso sia sbagliata. Non riesco a prendere nessuna decisione. Ho sempre dubbi su ciò che è giusto e ciò che è sbagliato."

Madre: "Se una persona non riesce a distinguere il giusto dallo sbagliato, deve chiedere consiglio a un guru o a una persona saggia. Allora il sentiero giusto diverrà chiaro. È difficile fare progressi senza abbandonarci o aver fede in una persona che può guidarci verso la Meta. Quando troviamo una tale anima, che può indicarci la giusta via d'azione, dovremmo sviluppare un'attitudine di abbandono verso di lei e seguire i suoi consigli. Se non riusciamo a trovare una tale persona, dovremmo cercare di capire lo scopo della vita e il sentiero da seguire leggendo libri spirituali. Se il nostro desiderio è sincero, troveremo certamente un guru. Ma aver trovato un guru non basta; se vogliamo progredire, dobbiamo abbandonarci completamente a lui. Non faremo alcun progresso se critichiamo il guru quando lui mette in evidenza i nostri errori o ci rimprovera."

Saumya: "Perché i desideri diventano ostacoli nelle nostre pratiche spirituali?"

Madre: "Supponiamo che un tubo collegato ad un rubinetto abbia tanti buchi. Dal rubinetto uscirà un flusso d'acqua molto debole. Allo stesso modo, se nella mente ci sono desideri egoistici, non potremo concentrarci completamente su Dio, e quindi non riusciremo ad avvicinarci a Lui. Come fa ad attraversare a nuoto l'oceano chi non riesce nemmeno ad attraversare un fiumiciattolo? Non è possibile raggiungere lo stato supremo senza abbandonare ogni egoismo."

Saumya: "Japa, meditazione e preghiera – quale di queste pratiche rimuove le vasana in modo più efficace?"

Madre: "Tutti questi metodi ci aiutano a superare le nostre vasana. Se preghiamo con totale concentrazione, la preghiera da sola è sufficiente. Ci sono persone che pregano continuamente, ma non hanno concentrazione mentale. Questa è la ragione per cui usiamo altri metodi, come japa, meditazione e canto devozionale.

In questo modo possiamo mantenere sempre vivo il ricordo di Dio. Quando piantiamo dei semi, dobbiamo mettere il fertilizzante, innaffiarli con la giusta quantità d'acqua, e distruggere i vermi e gli insetti che li attaccano. Si fa tutto questo per migliorare il raccolto. Allo stesso modo, tutte le pratiche spirituali che facciamo servono ad accelerare il nostro progresso verso la Meta."

Saumya: "Amma mi ha chiesto di recitare 'Om Namah Shivaya' dalle sette alle otto, ma così non posso partecipare ai bhajan."

Madre: "Non preoccuparti, figlia. Amma chiederà a qualcun altro di recitare a quell'ora."

Amma guardò l'orologio alla parete. Erano le cinque meno un quarto. Disse: "Presto sarà l'ora dei bhajan. Adesso Amma deve fare il bagno. Figlia, ogni volta che hai un problema vieni a parlarne con Amma."

Saumya si prostrò alla Madre, con il volto raggiante di gioia per aver parlato con Amma per così a lungo, e per aver chiarito ogni suo dubbio.

Poco dopo la Madre andò al kalari, ed iniziarono i bhajan che precedono sempre il Devi bhava darshan. La stessa Madre che, nella forma del Guru, era rimasta pazientemente seduta per tanto tempo a rispondere alle domande di una Sua discepola, assumeva ora lo stato d'animo di una devota che riversa nel canto il Suo desiderio per Dio. Cantò con tutto il Suo essere, dimenticando ogni altra cosa nel rapimento della devozione.

*Mercoledì 20 agosto 1986*

## Conquista la tua collera

All'ashram avevano lavorato tutti senza sosta sin dal mattino. Era ormai tardo pomeriggio. Il lavoro consisteva nel pulire e riordinare l'ashram e spostare i materiali da costruzione usati per la gettata di cemento per il nuovo edificio. La Madre stava aiutando a spostare alcune sbarre d'acciaio. Il Suo sari bianco era coperto di alghe verdi provenienti dalle sbarre umide.

Un devoto che lavorava in Rajasthan era arrivato la sera precedente. Aveva un brutto carattere e pregava che la Madre lo aiutasse a vincere la collera. Amma, che dimora in ognuno, lo sapeva. Si rivolse a lui con un sorriso e disse: "Figlio mio, Amma sente che c'è un po' troppa rabbia in te. La prossima volta che ti arrabbi, prendi una foto di Amma e sgridala. Dille: 'Questa collera è ciò che ottengo venerandoti? Devi eliminarla immediatamente! Se non lo fai, io Ti' Poi prendi un cuscino e dagli dei pugni, immaginando che sia Amma. Se vuoi, puoi anche tirare della terra ad Amma. Però, figlio, non ti arrabbiare con gli altri."

L'amore della Madre riempì di lacrime gli occhi dell'uomo.

Al crepuscolo il lavoro era quasi finito. Adesso la Madre si mise a trasportare pietre. Quando videro che Si metteva sulla testa la pietra più grande, i Suoi figli protestarono e cercarono di dissuaderLa, chiedendoLe di prendere soltanto le pietre più piccole. Ma Lei provava dolore nel vedere i Suoi figli sollevare le pietre più pesanti. Disse loro: "Nessun dolore fisico è così terribile come quello mentale."

Il duro lavoro si trasformò in una forma di venerazione; tutti cercavano di trasportare carichi più pesanti di quanto non riuscissero a sollevare. Gocce di sudore cadevano come fiori di venerazione ai piedi della Madre dell'Universo – fiori che contenevano i semi dorati di una nuova era.

## *Sabato 23 agosto 1986*

La Madre era seduta nel kalari mandapam insieme ad alcuni devoti con famiglia. Vijayalakshmi, sposata da circa un anno, era tra loro. Recentemente un'amica l'aveva portata a incontrare la Madre. Lei aveva adorato Amma sin dal primo momento e aveva completa fede in Lei. Sebbene da allora fosse venuta regolarmente a incontrare Amma, suo marito non aveva molta fede in Lei. Non aveva interesse per cose spirituali, ma non si opponeva al fatto che sua moglie facesse visita alla Madre. Dopo aver incontrato Amma, Vijayalakshmi non si curava più del suo aspetto esteriore. Si era tolta i gioielli ed i sari costosi, e indossava soltanto vestiti bianchi. Però suo marito si era opposto a tutto questo, poiché era un ingegnere di successo e aveva una larga cerchia di amici.

Madre: "Figlia, se ti vesti soltanto di bianco, a mio figlio piacerà?"

Vijayalakshmi: "Non importa, Amma. Ho messo via tutti gli altri sari e le camicette. Voglio darli alle persone bisognose. Ho tanti vestiti di cui non ho bisogno."

Madre: "Non fare niente del genere per il momento, figlia! Non fare niente che possa ferire tuo marito. Hai un certo dharma, non lo trascurare. In ogni caso mio figlio non si oppone a che tu venga qui. Non è una cosa meravigliosa?"

Vijayalakshmi: "Amma, lui trova il tempo per fare centinaia di cose ma non per venire a incontrarTi almeno una volta. Per anni mi sono vestita elegante e sono andata dappertutto insieme a lui, ma adesso basta. Sono stufa di tutta questa pompa e del mettersi in mostra. Questo sari di cotone e questa camicetta sono più che sufficienti per me."

Madre: "Non parlare in questo modo, figlia. È vero che non viene da Amma, ma nonostante ciò ha tanta devozione."

Vijayalakshmi: "Cosa vuoi dire? Non va neanche al tempio. Quando gli ho chiesto di venire con me al tempio di Guruvayur, ha detto: 'Quando ero all'università, ho deciso che non avrei mai messo piede in un tempio. Ma a causa tua, una volta ho dovuto rompere quel voto. Poiché la tua famiglia è tanto pia, ho dovuto rimangiarmi la parola.' Amma, devo ancora sentire le sue lamentele per il fatto che ci siamo sposati in un tempio."

La Madre rise e disse: "Figlia, anche se non viene qui e non va al tempio, ha comunque un buon cuore. Ha compassione per chi soffre, e questo è sufficiente. Figlia, non fare nulla che non sia di suo gradimento."

Il volto di Vijayalakshmi mostrava disappunto.

Madre: "Non ti preoccupare. Non è Amma che ti sta dicendo ciò? Se ti vesti soltanto di bianco, lui se la prenderà. Cosa dirà ai suoi amici? Per cui vestiti di bianco quando vieni qui, ma quando sei a casa o in viaggio con lui, vestiti come al solito e mettiti i gioielli. Altrimenti la gente darà la colpa ad Amma, non è vero? Anche tuo marito è figlio di Amma. Non ti preoccupare, figlia."

Vijayalakshmi non ebbe nulla da replicare, ma la sua espressione rivelava che accettava ciò che Amma le aveva detto.

## Compiere azioni

Un altro devoto, Ramachandran, fece una domanda: "Molti libri dicono che negli antichi gurukula si dava più importanza a compiere azioni che a praticare la sadhana. Sebbene nelle *Upanishad* si affermi che il karma yoga da solo non porta alla realizzazione del Sé, i guru erano soliti assegnare ai nuovi discepoli il compito di seguire il gregge o di tagliare la legna per il fuoco per dieci o dodici anni. Perché lo facevano?"

Madre: "Non è possibile purificare la mente senza impegnarsi in azioni disinteressate. Ciò di cui una persona ha bisogno è innanzi tutto l'altruismo. Al discepolo venivano assegnati certi compiti per mettere alla prova quanto fosse altruista. Se svolgeva il lavoro con un'attitudine di altruismo e sacrificio, ciò dimostrava la fermezza del suo impegno a voler raggiungere la Meta.

"L'attitudine del discepolo ad abbandonarsi e accettare ogni parola del Guru lo fa diventare il Re dei re, il sovrano dei tre mondi.

"Un aspirante ha bisogno di essere messo alla prova in modo adeguato prima di essere accettato come discepolo nel vero senso della parola. Un vero maestro accetterà un discepolo soltanto dopo averlo sottoposto a tali prove.

"Dopotutto, una persona che finora è andata in giro a vendere noccioline sta per diventare il responsabile di un deposito di diamanti. Andava tutto bene se perdeva una nocciolina, ma un diamante è ben più prezioso. Una persona spirituale deve dare pace e felicità al mondo. È compito del guru metterlo alla prova e vedere se il discepolo ha la shraddha e la maturità necessarie; altrimenti il discepolo farà soltanto danni.

"Una volta un giovane andò in un ashram con la speranza di stabilirsi lì. Il guru cercò di dissuaderlo, dicendogli che non era ancora arrivato il momento. Ma il giovane si rifiutò di tornare a casa. Alla fine il guru cedette. Assegnò al nuovo discepolo il compito di fare da guardia a un frutteto non troppo lontano dall'ashram.

"Quando il giovane tornò all'ashram la sera, dopo aver svolto il suo compito per tutto il giorno, il guru gli chiese: 'Che cosa hai mangiato oggi?' Il discepolo rispose: 'Ho mangiato alcune mele dagli alberi.' Il guru lo rimproverò: 'Chi ti ha detto di mangiarle?' Il discepolo rimase in silenzio.

"Il giorno seguente il discepolo andò di nuovo al lavoro. Questa volta non prese nessun frutto dagli alberi, ma mangiò solo quelli che erano caduti a terra. La sera il guru lo rimproverò di nuovo. Il giorno seguente non mangiò nessun frutto. Quando gli venne fame, mangiò le bacche di una pianta selvatica. Ma queste bacche erano velenose. Svenne e rimase lì sdraiato, incapace di alzarsi.

"Mentre era lì disteso, implorò ad alta voce il perdono del guru. Sentendolo gridare, alcuni discepoli arrivarono e lo trovarono. Gli offrirono dell'acqua da bere, ma lui si rifiutò, dicendo che non avrebbe né bevuto né mangiato senza il permesso del guru. A questo punto gli apparve Dio che gli disse: 'Ti ridarò la forza e ti porterò dal tuo guru.' Il discepolo rispose: 'No, Dio! Voglio che tu mi dia la forza soltanto se il mio guru acconsente.' Poiché il discepolo aveva raggiunto quel livello di abbandono, il guru andò da lui e lo benedì. Il discepolo ritrovò immediatamente le forze. Si prostrò al guru e si alzò.

Questo è il tipo di prova a cui i guru del passato sottoponevano i potenziali discepoli per giudicare le loro credenziali."

## La pazienza

Ramachandran: "Amma, osservando come ti comporti con i tuoi figli, si ha la sensazione che, per la loro crescita, i tuoi rimproveri siano più utili delle tue lodi."

Madre: "Per sviluppare disciplina e umiltà adeguate, il discepolo dovrebbe provare sia timore reverenziale che devozione per il guru. All'inizio i bambini imparano la lezione per paura dell'insegnante, ma quando arrivano all'università studiano di loro iniziativa perché hanno un obiettivo nella vita.

"Nella vita spirituale la pazienza è una qualità necessaria dall'inizio alla fine. Affinché l'albero possa emergere, l'involucro che avvolge il seme deve rompersi. Allo stesso modo, dovete liberarvi dall'ego prima di poter conoscere la Realtà. Il guru sottoporrà il discepolo a varie prove per vedere se è venuto per un impeto di entusiasmo momentaneo oppure per vero amore per la Meta. Come le interrogazioni a sorpresa a scuola, il guru vi metterà alla prova senza dare alcun preavviso. È compito del guru determinare quanta pazienza, altruismo e compassione ha il discepolo. Egli osserverà se il discepolo in certe situazioni perde il controllo oppure ha la forza di superare le varie prove. Un domani il discepolo è destinato guidare il mondo. Migliaia di persone andranno da lui e riporranno in lui la loro fiducia. Per non ingannare queste persone, il discepolo deve possedere una certa forza, maturità e compassione. Se va nel mondo senza avere queste qualità, sarà un grave tradimento per il mondo.

"Il guru sottopone il discepolo a varie prove per modellarlo. Un giorno un guru diede al discepolo una grande pietra chiedendogli di scolpirla per farne un'imma-gine sacra. Il discepolo non mangiò né dormì e in poco tempo creò una statua. La pose ai piedi del guru, s'inchinò a mani giunte e si mise di lato.

"Il guru diede uno sguardo alla statua e la lanciò lontano, mandandola in frantumi. 'È questo il modo di fare una statua?', chiese furioso. Il discepolo guardò la statua rotta e pensò: 'Ho lavorato a quella statua per molti giorni, senza fermarmi per mangiare o dormire, eppure non ha pronunciato neanche una parola di elogio.' Conoscendo i suoi pensieri, il guru gli diede un'altra pietra e gli chiese di riprovare.

"Con molta cura e attenzione il discepolo fece una statua ancor più bella della prima e la portò al guru. Questa volta era sicuro che al guru sarebbe piaciuta. Ma il volto del guru divenne rosso dalla rabbia nel momento in cui vide la statua. 'Ti stai prendendo gioco di me? Questa è anche peggio dell'altra!' Nel dire così il guru gettò a terra la statua, che andò in pezzi. Il guru studiò il volto del discepolo. Il discepolo aveva umilmente il capo chino. Non era arrabbiato, era triste. Il guru gli diede un'altra pietra e gli disse di fare un'altra statua.

"Obbediente, il discepolo fece un'altra statua con grande cura. Era molto bella. Ancora una volta la offrì ai piedi del guru. Nel momento in cui la posò a terra, il guru la prese e la lanciò lontano, rimproverando severamente il discepolo. Questa volta, tuttavia, il discepolo non si sentì né risentito né triste per la reazione del guru, poiché aveva sviluppato un'attitudine di totale abbandono. Pensò: 'Se questa è la volontà del mio guru, va bene; ogni azione del mio guru è per il mio bene.' Il guru gli diede un'altra pietra, e il discepolo l'accettò con gioia. Tornò con un'altra bellissima statua, e ancora una volta il guru la fece a pezzi. Ma nelle emozioni nel discepolo non ci fu alcun cambiamento. Il guru fu soddisfatto. Abbracciò il discepolo, gli mise le mani sulla testa e lo benedì.

"Una persona che avesse osservato le azioni del guru avrebbe potuto pensare che il guru fosse crudele, oppure pazzo. Soltanto il guru e il discepolo, che si era abbandonato a lui, potevano sapere ciò che stava davvero accadendo. Ogni volta che rompeva la statua, in realtà il guru stava scolpendo un'immagine di Dio nel cuore del discepolo. Ciò che andava in pezzi era l'ego del discepolo. Soltanto un satguru è in grado di fare una cosa simile, e soltanto un vero discepolo può assaporare la gioia che ne deriva.

"Il discepolo dovrebbe capire che il guru sa meglio di lui ciò che è bene o male per il discepolo, e ciò che è bene o male in generale. Non ci si dovrebbe mai avvicinare al guru con un desiderio di fama e successo, ma soltanto con lo scopo di abbandonarsi. Se ci arrabbiamo con il guru perché non loda le nostre azioni, allora dobbiamo riconoscere che non siamo ancora qualificati a diventare discepoli. Dobbiamo pregare il guru affinché rimuova questa collera. Dobbiamo capire che ogni azione del guru è per il nostro bene.

"Se il discepolo della storia avesse lasciato il guru, pensando che la sua opera non riceveva le lodi che meritava, per lui le porte della beatitudine eterna sarebbero rimaste chiuse. I guru assegnano vari compiti ai discepoli perché sanno che essi non possono acquisire pazienza e maturità soltanto con la meditazione. Le qualità che si derivano dalla meditazione dovrebbero essere evidenti nelle proprie azioni. Provare pace soltanto in meditazione, e non in altri momenti, non è un segno di vera spiritualità. Dovremmo riuscire a vedere ogni azione come una forma di meditazione. Allora *karma* (azione) diventerà davvero *dhyana* (meditazione)."

Vijayalakshmi: "Recentemente un mio amico ha ricevuto il *mantra diksha* (iniziazione al mantra) nell'ashram di Ramakrishna. Amma, qual è lo scopo del mantra diksha?"

Madre: "Il latte non si trasforma in yogurt da solo. Per avviare il processo dobbiamo mettere nel latte una piccola quantità di yogurt. Soltanto allora otterremo lo yogurt. Allo stesso modo, il mantra dato dal guru risveglia il potere spirituale nel discepolo.

"In verità, proprio come il figlio nasce dal seme del padre, il discepolo vive grazie al prana del guru. Il prana che il guru infonde nel discepolo e l'impegno che egli si prende al momento dell'iniziazione, aiutano il discepolo a raggiungere la perfezione. Durante l'iniziazione, il guru unisce il discepolo al filo che è dentro di sé."

Vijayalakshmi: "Mi dai un mantra, Amma?"

Madre: "La prossima volta che vieni, figlia."

Arrivò un gruppo di devoti che si unirono agli altri e si sedettero intorno ad Amma. Uno di loro menzionò un sannyasi che aveva recentemente raggiunto il *mahasamadhi* (lasciare il corpo in piena consapevolezza).

Devoto: "Sono andato a vederlo mentre lo sotterravano nella tomba. Hanno costruito una cella, piena di sale, canfora e cenere sacra, ed il corpo vi è stato interrato."

Ramachandran: "Il corpo non verrà mangiato dai vermi anche se è messo nel sale e nella canfora?"

Un altro devoto: "Ho saputo che Jnanadeva apparve in sogno a un devoto, molti anni dopo aver raggiunto il mahasamadhi. Nel sogno Jnanadeva diede istruzioni al devoto di aprire la tomba dove era conservato il suo corpo. Quando l'aprì, il devoto scoprì che le radici di un albero avevano avvolto il corpo e facevano pressione su di esso. Sul corpo non c'era alcun segno di decadimento. Le radici dell'albero furono rimosse e la tomba del samadhi fu richiusa."

Madre: "Una volta che la vita se ne è andata, che differenza fa? Ci dispiace se nei nostri escrementi si sviluppano dei vermi? Il corpo è così: è periturо. Soltanto l'anima è eterna."

Un devoto raccontò alla Madre di aver letto sul giornale una storia relativa l'ashram. Riguardava il caso di Shakti Prasad, un giovane che era venuto all'ashram per diventare brahmachari. Il padre musulmano, nel tentativo di forzarlo a tornare a casa, aveva fatto causa presso Corte Suprema per impedirgli di trasferirsi all'ashram.

La Madre sussurrò: "Shiva!", e poi rimase in silenzio per un po'. Alla fine, continuò con una risata: "Raccontiamolo all'Antico. Ma Lui è in meditazione profonda e niente di tutto ciò lo tocca. Ha un occhio in più di tutti, eppure non sembra che ci guardi. Non scende a noi, per cui siamo noi che dobbiamo sforzarci."

Devoto: "Amma, cosa intendi dire?"

Madre: "Il terzo occhio di Shiva è l'occhio dello jnana, la conoscenza suprema. Lui è in jnana bhava. Niente ha effetto su di Lui. Amma, invece, è la Madre. Lei considera tutti gli esseri come Suoi figli, ed è mossa dalla compassione."[54]

Mentre la Madre parlava, un brahmachari si sedette vicino a Lei con le lacrime che gli rigavano il volto. Era turbato perché aveva sentito che Amma sarebbe presto partita per un tour negli Stati Uniti. Non è che gli dispiacesse che la Madre andasse in America, ma non riusciva a sopportare l'idea di separarsi da Lei per tre mesi. La notizia del viaggio di Amma all'estero si era diffusa in un baleno in tutto l'ashram. Questa era la prima volta che la Madre sarebbe stata via dall'ashram per così tanto tempo. Anche se mancavano ancora mesi all'inizio del tour, molti residenti dell'ashram scoppiavano in lacrime ogni volta che ci pensavano.

La Madre si volse verso il brahmachari e con tenerezza gli asciugò le lacrime. Gli disse: "Figlio mio, è in tali occasioni che Amma vedrà chi tra di voi è meritevole. Vuole vedere se manterrete il lakshya bodha e la disciplina anche quando Lei è lontana."

Fu un momento in cui l'amore materno della Madre lasciò il posto al dovere del Guru che istruisce i Suoi discepoli. Nonostante ciò, il flusso divino del Suo amore sembrava che stesse per rompere gli argini, perché il Suo cuore si scioglieva sempre alla vista delle lacrime dei Suoi figli. Persino il Suo ruolo di Guru veniva addolcito enormemente dal Suo affetto materno.

[54] Il padre di Shakti Prasad alla fine perse la causa. Questa fu una pietra miliare nella legislazione della Corte Suprema in vigore in India, che è ora a favore del diritto individuale di scegliere liberamente la propria religione.

*Lunedì 25 agosto 1986*

Kuttan Nair, di Cheppad, era uno dei devoti con famiglia della Madre. Incontrando per la prima volta Amma, aveva pensato, come molti altri, che durante il Devi bhava la Madre Divina dimorasse nel corpo di Amma. Ma osservando le azioni della Madre dopo ogni Devi bhava, si convinse gradualmente che la presenza della Madre Divina risplendeva sempre in Amma. Dopo che il suo figlio maggiore Srikumar era diventato un residente permanente dell'ashram, la Madre faceva spesso visita alla casa del sig. Nair. Ogni volta che andava, era una festa per i bambini di quella famiglia. Avevano riservato per Amma una stanza nell'angolo sud-ovest della casa, e Lei meditava spesso lì. Ogni volta che la Madre e i Suoi figli andavano a far visita, cantavano i bhajan nella stanza della puja di famiglia, e in tali occasioni anche Amma faceva la puja.

La Madre aveva acconsentito a far visita quella mattina alla residenza dei Nair, lungo la strada per Kodangallur. Si era fatto però quasi mezzogiorno e Amma e i Suoi figli non erano ancora arrivati. Aspettando l'arrivo della Madre, nessuno a casa Nair aveva ancora mangiato. Poiché la mattinata era quasi finita, arrivarono alla conclusione che la Madre avesse deciso di non far loro visita. Cosa avrebbero fatto di tutto quel cibo che era stato preparato per Amma e per chi la accompagnava?

Kuttan Nair andò nella stanza della puja e chiuse la porta. Sentì che qualcuno fuori stava gridando, ma non vi prestò attenzione. Guardò la foto di Amma e mentalmente si lamentò: "Perché ci hai fatto sperare invano?"

Proprio in quel momento dall'esterno risuonò la voce della Madre, come un limpido scampanellio.

"Come avremmo fatto ad arrivare prima? Pensa a com'è difficile partire per un viaggio per una famiglia con solo due figli! Abbiamo dovuto organizzare così tante cose all'ashram, soprattutto perché staremo via due giorni. Arriveranno i muratori, e si doveva setacciare la sabbia. Inoltre, bisognava consolare i figli che restavano lì. C'erano così tante cose da fare"

Un brahmachari spiegò: "Amma è uscita dalla Sua stanza alle sette di stamattina ed ha dato il darshan ai devoti. Poi è venuta con noi a trasportare due carichi di sabbia dal traghetto all'ashram. A quel punto si erano fatte le undici e avevamo previsto di partire per Kodangallur al mattino. Siamo venuti via di corsa, senza mangiare nulla."

E neanche adesso c'era il tempo di mangiare. Amma andò direttamente nella stanza della puja, cantò un paio di kirtan ed eseguì la puja. Quando uscì, i bambini La circondarono.

La Madre disse loro semplicemente: "Amma tornerà più tardi. Adesso non c'è tempo." I bambini La guardarono delusi. Ormai c'erano poche opportunità di giocare con Amma come facevano una volta. La Madre li accarezzò e li consolò uno ad uno, e diede loro dei dolcetti. La colazione fu impacchettata e messa nel furgone. Dopo aver dato il darshan a tutti, Amma e i Suoi discepoli ripresero il viaggio, progettando di far colazione lungo il percorso.

Br. Balu stava aspettando Amma alla periferia di Ernakulam. Era arrivato lì il giorno prima per dei servizi per l'ashram. Disse alla Madre che un devoto di Ernakulam La stava aspettando con la speranza che passasse da casa sua.

Madre: "Come facciamo ad andarci? I figli di Kodangallur volevano che Amma andasse da loro venerdì e sabato scorsi, ma la data è stata spostata ad oggi perché uno dei figli doveva tornare in Europa domenica. Domani dobbiamo andare ad Ankamali, per cui abbiamo ridotto il programma da due giorni a un giorno solo. Se non arriviamo a Kodangallur il più presto possibile, faremo un'ingiustizia alle persone che sono lì. Non possiamo andare da nessun'altra parte. Abbiamo già il cibo sul furgone, in modo da mangiare per strada e risparmiare il tempo che perderemmo facendo visita a qualcuno."

Mentre il furgone ripartiva, i brahmachari non persero tempo e fecero delle domande alla Madre.

Brahmachari: "Amma, è possibile raggiungere la Meta soltanto attraverso la sadhana e i satsang, senza l'aiuto di un guru?"

Madre: "Non si può imparare a riparare una macchina semplicemente leggendo un libro. Bisogna andare in officina e imparare da qualcuno che conosce quel lavoro. Bisogna imparare da qualcuno che ha esperienza. Allo stesso modo, vi serve un guru che possa spiegarvi gli ostacoli che incontrate durante la sadhana, e il modo per superare questi ostacoli e raggiungere la Meta."

Br: "Le Scritture parlano spesso degli ostacoli nella sadhana. Non basta leggere le Scritture e svolgere la propria pratica su queste basi?"

Madre: "Sull'etichetta di una bottiglia di un medicinale ci possono essere le istruzioni sul dosaggio, ma non dovreste prendere la medicina senza il consiglio del medico. L'etichetta fornisce soltanto istruzioni generali, mentre il dottore decide quale medicina particolare si debba prendere, in quali dosi, e in quale modo, secondo la costituzione e lo stato di salute di ogni paziente. Se si prende la medicina in modo scorretto, può fare più male che bene. Allo stesso modo, dai satsang e dai libri si possono imparare cose sulla spiritualità e sulla sadhana fino a un certo punto, ma quando ci si impegna seriamente nelle pratiche spirituali può essere pericoloso farle senza un guru. Non si può raggiungere la Meta senza un satguru."

Br: "Non è sufficiente avere un guru? È necessario essere fisicamente vicini al guru?"

Madre: "Figlio, quando si trapianta una pianticella da un posto all'altro, si sposta insieme ad essa anche un po' della terra del luogo d'origine. Questo facilita l'acclima-tarsi della pianta alle nuove condizioni; altrimenti sarebbe difficile per la pianta mettere radici nella nuova terra. La presenza del guru è simile alla terra presa dal sito originale che aiuta la pianta ad adattarsi. All'inizio, il ricercatore troverà difficile seguire la sadhana in modo regolare, senza interruzioni. La presenza del guru gli dà la forza per superare tutti gli ostacoli e restare con fermezza sul sentiero spirituale.

"Per crescere, gli alberi di mele hanno bisogno di un clima favorevole. Bisogna annaffiarli e concimarli al momento giusto e distruggere gli insetti che li infestano. Allo stesso modo, in un gurukula un sadhak è nell'am-biente più adatto per le pratiche spirituali, e il guru lo protegge da ogni ostacolo."

Br: "Non basta se facciamo soltanto il tipo di sadhana che più ci piace?"

Madre: "Il guru prescrive la sadhana più adatta al discepolo. Decide se dobbiamo seguire la contemplazione o il servizio altruistico, oppure se bastano il japa e la preghiera. Alcune persone non hanno la costituzione adatta per le pratiche yoga, mentre altri non riescono a meditare a lungo. Cosa succederebbe se centocinquanta persone salissero su un autobus che ne può portare soltanto venticinque? Non si può far funzionare un piccolo frullatore allo stesso modo di uno macinatore industriale, perché se lo facciamo funzionare in continuazione, si surriscalda e si rompe. Il guru prescrive le pratiche spirituali adatte alla costituzione fisica, mentale e intellettuale di ogni persona."

Br: "Ma la meditazione non va bene per tutti?"

Madre: "Il guru conosce meglio di noi lo stato del nostro corpo e della nostra mente. Dà consigli in base alle qualifiche dell'aspirante. Se non lo capite e incominciate a fare sadhana seguendo istruzioni prese da qualche parte, potreste perdere l'equilibrio mentale. Troppa meditazione fa surriscaldare la testa, e può anche causare insonnia. Il guru consiglia ad ogni discepolo, in base alla sua natura, su quale parte del corpo concentrarsi durante la meditazione, e per quanto meditare.

"Se stiamo andando da qualche parte e viaggiamo con un compagno che vive lì e conosce la strada, possiamo arrivare a destinazione facilmente. Altrimenti, un viaggio che dovrebbe durare soltanto un'ora potrebbe mettercene dieci. Anche se abbiamo una mappa, potremmo perderci, e cadere addirittura nelle mani di rapinatori. Ma se viaggiamo con qualcuno che conosce la strada, non abbiamo nulla da temere. Il ruolo del guru nelle pratiche spirituali è simile. In ogni stadio della nostra sadhana ci possono essere ostacoli, e in quelle circostanze è difficile procedere senza un guru. La compagnia di un satguru è il vero tipo di satsang."

Mentre la Madre parlava di argomenti spirituali, i Suoi figli persero la nozione del tempo. Ma Amma sapeva meglio di loro quanta fame avessero. "Che ora è, figli?", chiese.

"Le tre, Amma."

"Fermate il furgone non appena trovate un posto all'ombra."

Si fermarono per pranzare sul ciglio della strada e si sedettero sotto un albero. I brahmachari recitarono il quindicesimo capitolo della *Gita*. Persino in viaggio la Madre insisteva che si mantenesse l'abitudine di recitare la *Gita* prima di mangiare. Poi Lei servì a tutti il pranzo, che consisteva in riso e *chammandi* (salsa al cocco). L'acqua la presero da una casa lì vicino. Mentre mangiavano, una coppia in motorino li oltrepassò a gran velocità. Indicando la coppia, la Madre chiese: "Vi piacerebbe viaggiare così con qualcuno? Amma non dice che non avrete desideri del genere ma che, se vi viene un tale desiderio, dovete liberarvene immediatamente con la contemplazione. Potete immaginare di far precipitare la donna dei vostri sogni in un burrone. Lei non ritornerà!" La Madre scoppiò a ridere.

## Darshan sul ciglio della strada

Poiché la strada era in cattive condizioni, alcuni dei brahmachari suggerirono di prendere una via alternativa, passando per una città chiamata Alwaye. Ma Amma non fu d'accordo, per cui continuarono per l'itinerario da Lei scelto. Poco più avanti, videro alcune persone sul ciglio della strada che aspettavano la Madre. Forse era per loro che Amma aveva deciso di non prendere l'altra strada.

"Amma, fermati qui per un po' prima di ripartire", chiese la gente.

"Oh, figli miei, non c'è tempo! La prossima volta", disse la Madre con grande tenerezza, e loro si arresero alle Sue parole. Mentre il furgone di Amma stava per ripartire, arrivò di corsa una donna, implorando il furgone di aspettare.

Donna: "Amma, ho preparato il caffè per i brahmachari alle dieci di stamattina. Ho aspettato qui per tutto il tempo. Sono dovuta andare a casa soltanto per un minuto. Amma, ti prego, passa un attimo da casa mia prima di andare!"

La Madre fece notare che era molto tardi e che quindi non potevano fermarsi.

Donna: "Devi, Amma! Per favore! Entra soltanto per un attimo!"

Madre: "Abbiamo promesso di essere a Kodangallur per le tre, e sono già le quattro. La prossima volta, figlia. Amma tornerà a Kodangallur."

Donna: "Allora, per favore, aspetta solo un minuto. Ho messo del latte per te in una bottiglia e mando mio figlio a prenderlo. Bevi almeno un po' di latte prima di andare!"

La Madre si arrese a quella richiesta fatta con tanta devozione, e la donna mandò il ragazzo di corsa a prendere il latte. Nel frattempo, una signora anziana che era in piedi vicino al furgone mise una ghirlanda di fiori al collo della Madre. Tenendola mano nella mano, Amma la benedisse. Gli occhi della vecchia si riempirono di lacrime di devozione.

In quel momento il ragazzo tornò con il latte. Sua madre lo versò in un bicchiere e lo diede ad Amma. Soltanto allora la donna si ricordò delle banane che aveva cucinato per i brahmachari. Ancora una volta spedì di corsa il figlio a casa. Lasciò andar via la Madre soltanto dopo che le banane furono messe nel furgone. La Devi è davvero la schiava dei Suoi devoti!

Arrivarono a Kodangallur alle cinque e i bhajan iniziarono alle sette. Come sempre, il dolce canto di Amma sollevò nell'aria ondate di devozione.

## *Martedì 2 settembre 1986*

La Madre era nella capanna del darshan a ricevere i visitatori. Un dottore e la sua famiglia erano venuti da Kundara. La giovane figlia del dottore era seduta vicino ad Amma, in meditazione.

La Madre stava parlando del putiferio sollevato il giorno precedente da uno dei vicini dell'ashram contro i brahmachari.

Madre: "Ieri, i figli hanno sentito dei veri mantra vedici! Il nostro vicino non ha risparmiato parole. Non volendo sentirlo, i figli qui si sono messi ad ascoltare una cassetta di bhajan ad alto volume. Non potevano mettersi a discutere con il vicino, vero? Dopotutto indossano questi abiti."

La Madre si rivolse ai brahmachari e disse: "Siamo mendicanti, figli! I mendicanti sopportano tutto quello che sentono. Questa è l'attitudine di cui abbiamo bisogno. Se perdiamo il discernimento nel sentire qualche parola del vicino e ci mettiamo a far baccano anche noi, perderemo la pace della mente. Dobbiamo forse sciupare per questioni così triviali la forza che abbiamo acquisito facendo sadhana per tanto tempo? Se non prestiamo attenzione al vicino, le sue parole rimarranno con lui. Le sue parole possono avere un effetto su di noi soltanto se le prendiamo seriamente. Dio ci sta mettendo alla prova con le sue parole. Dio ci sta dando la possibilità di valutare se abbiamo assimilato le cose imparate – che non siamo questo corpo, mente o intelletto. Cosa ci possono fare le parole di quell'uomo? La nostra tranquillità e pace dipendono forse da altre persone?

"Si sarebbe comportato così con dei furfanti? Ha osato comportarsi male con questi figli perché sono gentili come bambini. Sapete cosa hanno detto? Hanno detto: 'Amma, anche se ci ha insultati con delle brutte parole, non ce la siamo sentiti di rispondergli a tono. Per noi era come se a parlare fosse una persona fuori di sé, e chi prende sul serio le parole di un matto?"

Il dottore incominciò a parlare: "La famiglia che vive vicino al nostro ospedale non dà a nessuno neanche un goccio d'acqua da bere. Anche se diciamo che siamo disposti ad andare noi stessi a prendere l'acqua nel pozzo, con corda e secchio, loro non ce lo permettono. Dicono che così facendo smuoveremmo il fango nel pozzo. Non danno neanche acqua ai pazienti dell'ospedale. Com'è triste vedere che esistono persone così cattive!"

Madre: "Preghiamo perché diventino migliori."

Dottore: "Dio trasforma per noi l'acqua dell'oceano in pioggia. È triste che qualcuno si proclami proprietario di quell'acqua."

Madre (guardando la figlia del dottore): "Mia figlia sta meditando dal momento in cui si è seduta. Che cosa le è successo?"

Dottore: "Amma, quando ti ha incontrato la prima volta, tu le hai detto: 'Dovresti meditare; allora Dio ti renderà così intelligente che andrai molto bene a scuola.' Da allora medita ogni giorno." La Madre sorrise e guardò la ragazza con amore.

Una donna si inchinò e si alzò. La Madre chiese: "Figlia, sei venuta perché mio figlio Satish ti ha parlato di Amma?"

Gli occhi della donna si spalancarono dalla meraviglia. Poi incominciò a piangere in modo incontrollabile, mentre la Madre le asciugava le lacrime. Dopo essersi calmata un po', la donna disse: "Sì, Amma. Vengo da Delhi. Sono andata a Sivagiri e lì ho incontrato Satish. È da lui che ho saputo di Amma e di come fare ad arrivare qui. Quando mi sono inchinata davanti a te, mi chiedevo mentalmente se saresti stata capace di dirmi il suo nome, ed appena mi sono alzata, tu l'hai fatto!"

Amma rise con innocenza, come una bambina, e la donna sedette vicino al lettino della Madre.

## Meditazione in riva ai canali

Alcuni brahmachari erano andati ad Ernakulam per acquisti. Era notte fonda, e non erano ancora tornati. La Madre si sedette sul bordo del canale per aspettarli, e i brahmachari si sedettero intorno a Lei. Quando un residente dell'ashram andava da qualche parte e non tornava in tempo, Amma di solito lo aspettava al molo del traghetto, per quanto tardi fosse. Solo dopo il suo ritorno si sarebbe ritirata per la notte.

Una barca a motore passò davanti a loro sul canale ad alta velocità, alzando onde che si infransero sulla riva. Il suono svanì in fretta.

Madre: "Potrebbero tornare molto tardi, per cui non restate seduti senza far niente, figli. Meditate." Tutti si avvicinarono ad Amma.

Madre: "Prima recitiamo l'Aum alcune volte. Mentre cantate l'Aum, immaginate che il suono nasca dal *muladhara* e salga verso il *sahasrara*, e poi si diffonda in tutto il corpo, per dissolversi infine nel silenzio."

La Madre recitò Aum tre volte. Prima di ripetere l'Aum faceva una breve pausa, cosicché tutti potessero rispondere e recitare dopo di Lei. La sillaba sacra sgorgava come il suono prodotto soffiando in una conchiglia, echeggiava nella quiete della notte, e lentamente si dissolveva nel silenzio. Tutti si immersero in meditazione. Tutto era quieto ad eccezione del vicino mormorio del mare e del soffio della brezza tra le palme.

Passarono circa due ore. Recitarono di nuovo tutti insieme l'Aum. La Madre cantò un kirtan e il gruppo cantò ogni verso dopo di Lei.

**Adbhuta charitre**

*O Tu, a cui gli esseri celesti si inchinano,*
*Il cui racconto è colmo di meraviglie,*
*Concedimi la forza per essere devoto ai tuoi Piedi.*
*Ti offro ogni azione che ho fatto*
*Nelle tenebre dell'ignoranza.*
*O Protettrice degli afflitti, perdonami*
*Per tutte le azioni compiute per ignoranza.*

*O Governatrice dell'Universo,*
*O Madre, ti prego, splendi nel mio cuore*
*Come il sole nascente all'alba.*
*Fa' che veda tutti allo stesso modo,*
*Liberami da ogni senso di differenza.*

*O Grande Dea,*
*Causa di tutte le azioni, peccaminose e virtuose,*
*O Liberatrice da ogni legame,*
*Donami i tuoi sandali*
*Che proteggono le virtù basilari*
*Sul sentiero della Liberazione,*
*Il sentiero del dharma.*

Non appena finì il canto, si sentì il suono del clacson di un'auto provenire dall'altra sponda, ed apparvero le luci di un furgone.

La Madre si alzò immediatamente. "Figli, quello è il nostro furgone?", chiese. Dopo un po', il battello che trasportava i brahmachari arrivò scivolando sull'acqua e raggiunse la riva dell'ashram. I brahmachari furono felicissimi nel vedere che Amma li stava aspettando. Saltarono fuori dalla barca e si prostrarono con ardore, come se non La vedessero da settimane.

Quando scesero dalla barca, la Madre chiese: "Mio figlio Ramakrishnan non è tornato con voi?"

"Arriverà presto. Ha dovuto portare un uomo in ospedale. Sulla via del ritorno un gruppo di persone ha fermato il furgone; trasportavano un uomo che era stato pugnalato durante una rissa. Volevano che lo portassimo all'ospedale. All'inizio abbiamo detto che dovevamo chiedere a te, Amma; ma non c'era nessun altro veicolo disponibile, così Ramakrishnan lo ha portato in ospedale."

Madre: "In circostanze simili non avete bisogno di chiedere ad Amma. Se qualcuno viene da voi, malato o ferito, dovete cercare di portarlo immediatamente all'ospe-dale. Non state a vedere se è un amico o un nemico. Se non aiutiamo le persone in situazioni simili, quando possiamo farlo?"

Erano le due e trenta del mattino quando Ramakrishnan finalmente tornò. Soltanto allora Amma si ritirò in camera.

## *Domenica 14 settembre 1986*

L'ashram era in completo subbuglio a causa dei lavori in corso per la costruzione del nuovo edificio. C'erano mattoni e pietre dappertutto. Anche se i residenti cercavano sempre di mettere tutto in ordine, il giorno seguente c'era di nuovo il caos. Alla Madre non piaceva vedere l'ashram in disordine, per cui, ogni volta che usciva dalla Sua camera in quei giorni, si metteva a riordinare.

Quel giorno Amma era uscita presto ed aveva chiesto ai brahmachari di portare pale e secchi. Iniziarono a trasportare un grande cumulo di sabbia da un angolo del cortile verso un posto più lontano. La Madre si mise un asciugamano in testa e iniziò a riempire i secchi. Lavorava con grande vigore ed il Suo entusiasmo si trasmise anche agli altri.

Notando che un brahmachari parlava in continuazione durante il lavoro, la Madre disse: "Figli, non parlate mentre lavorate. Recitate il mantra! Questo non è semplicemente lavoro, è sadhana. Qualsiasi lavoro stiate facendo, continuate a recitare mentalmente il vostro mantra. Solo allora diverrà karma yoga. Non basta leggere cose sulla vita spirituale, ascoltare discorsi, o soltanto parlarne – dovete metterla in pratica. È questo lo scopo di lavori come questo. La mente non dovrebbe essere lontana da Dio neanche un minuto."

La Madre cominciò a cantare, e tutti si unirono al canto.

**Nanda Kumara Gopala**

*O figlio di Nanda*
*Protettore delle mucche*
*Bel Ragazzo di Vrindavan*
*O Incantatore di Radha*
*Gopala dalla pelle scura*
*O Gopala,*
*Che hai sollevato la Collina di Govardhana*
*E che giochi nelle menti delle Gopi*

Il cumulo di sabbia scomparve in pochi minuti. Poi si incominciò a lavare la ghiaia e a livellare la sabbia in due posti separati.

Un devoto arrivato con la sua famiglia voleva che la Madre conducesse l'*anna prasana* per il suo bambino. Dopo aver finito il lavoro che stava facendo, Amma si incamminò con la famiglia verso il kalari, dove erano stati completati i preparativi per la cerimonia. La Madre si prese il bimbo in grembo. Gli mise della pasta di sandalo sulla fronte e gli gettò dei petali di fiori sulla testa, e poi eseguì l'arati al bambino. Era seduta con il bimbo in braccio, lo accarezzava e lo imboccava dandogli del riso. Nel vedere tutto ciò, si sarebbe potuto pensare che Lei fosse Yashoda che nutriva e giocava con Krishna Bambino. Per Amma, questo non era un bambino qualsiasi; non era altri che il Caro Figlio di Ambadi.

Quando la Madre uscì dalla Sua camera, quella sera, durante l'ora dedicata alla meditazione, due brahmachari erano impegnati in un acceso dibattito fuori della sala di meditazione. Amma rimase a sentire quello che stavano dicendo. Completamente coinvolti nel dibattito, non si accorsero della Sua presenza.

Br: "La Verità ultima è l'advaita (non-dualità). Non c'è nient'altro che Brahman."

Secondo Br: "Se non c'è nient'altro che Brahman, qual è la base dell'universo di cui abbiamo esperienza?"

Primo Br: "L'ignoranza. L'universo è il prodotto della mente."

Secondo Br: "Se non ci sono due entità, chi è affetto dall'ignoranza? Brahman?"

"Figli!", li chiamò la Madre. Voltandosi immediatamente, videro Amma e fecero silenzio.

Madre: "Figli, va bene parlare dell'advaita, ma per farne l'esperienza dovete compiere la sadhana. A cosa serve essere custodi delle ricchezze altrui? Invece di perdere tempo in discussioni, a quest'ora dovreste meditare. Questa è l'unica ricchezza che avete. Dovreste fare japa costantemente. Questo è l'unico modo per ottenere qualcosa: sfrattare l'impostore (l'ego individuale) che ha preso residenza in voi.

"L'ape cerca il miele ovunque vada. Nient'altro l'attira. Ma una comune mosca preferisce posarsi sugli escrementi, persino in un giardino di rose. La nostra mente è ancora come la mosca. Questo deve cambiare. Dobbiamo sviluppare una mente che ricerca soltanto il buono in ogni cosa, proprio come l'ape cerca il miele ovunque vada. Le discussioni non ci aiuteranno mai ad arrivare a quello stato, figli! Dobbiamo cercare di mettere in pratica quello che abbiamo imparato.

"La non-dualità è la verità, ma dobbiamo portarla nella nostra vita. Dovremmo essere capaci di rimanere stabili in quella verità in ogni situazione."

## La Madre consola un giovane cieco

Amma s'incamminò verso la foresteria, dove c'era un giovane cieco, ed entrò in camera sua. Appena capì che la Madre era lì, il giovane si prostrò ai Suoi piedi. Era all'a-shram da alcuni giorni. In quel momento era molto agitato.

Sin dal giorno in cui era arrivato all'ashram, i brahmachari si erano presi cura di lui. Lo avevano accompagnato in sala da pranzo e lo avevano aiutato nei suoi bisogni personali. Quel giorno erano arrivati molti devoti per il pranzo, ed il riso era finito in fretta. Era stato cucinato altro riso. A causa della folla, il brahmachari che doveva assistere il giovane cieco non aveva pouto accompagnarlo alla mensa all'inizio del pranzo. Quando il brahmachari finalmente andò a prenderlo, vide che il giovane stava scendendo le scale con l'aiuto di un devoto. "Ti prego, scusami", disse il brahmachari. "Nella fretta ho dimenticato di venirti a prendere prima. C'è così tanta gente oggi, e non è rimasto neanche un po' di riso. Stanno cucinando dell'altro riso e presto sarà pronto."

Ma il giovane non riusciva a perdonare il brahmachari. "Ho dei soldi. Perché dovrebbe essere un problema avere del riso quando posso pagare?" Dicendo così, il giovane tornò in camera sua. Il brahmachari attribuì le parole dure alla fame. Prese della frutta e la portò in camera del giovane. "Il riso sarà presto pronto", disse il brahmachari. "Te lo porterò. Nel frattempo, ti prego, mangia questa frutta". Ma il giovane si mise ad urlare e rifiutò la frutta.

Quando venne a saperlo, Amma andò alla foresteria. Al brahmachari disse con severità: "Quanto sei sbadato! Perché non hai dato da mangiare con puntualità a questo figlio? Non capisci che non vede, e che non può andare in sala da pranzo da solo? Se questo figlio non fosse cieco, sarebbe andato a mangiare appena suonata la campana. Se ti ci voleva troppo tempo ad accompagnarlo perché avevi da fare, avresti potuto portargli il cibo in camera. Se non riesci ad avere compassione per persone come lui, chi mai riceverà compassione da te?

"Figli, non sprecate neanche una singola occasione per servire i devoti. Non sempre c'è qualcuno da aiutare quando fa comodo a voi. Il servizio che fate a persone come questa è vera preghiera."

Accarezzando leggermente la schiena del giovane, Amma disse: "Ti ha fatto star male, figlio? È stato soltanto a causa del tanto lavoro che non è potuto venire a prenderti quando è suonata la campana del pranzo. Il brahmachari che in genere ti aiuta ad andare alla mensa non è qui oggi, e l'altro figlio a cui aveva dato la responsabilità di prendersi cura di te è andato ad aiutare a servire il pranzo, perché c'era tantissima gente. Si è dimenticato di te perché era immerso nel lavoro che stava facendo. Questa è la ragione per cui nessuno è venuto da te in tempo. Non pensare che l'abbiano fatto apposta, figlio.

"Ovunque ci si trovi, bisogna adattarsi alle circostanze. C'è bisogno di pazienza in ogni cosa. Qui all'ashram abbiamo l'opportunità di imparare a vivere con spirito di sacrificio. Soltanto allora potremo ricevere la grazia di Dio. Figlio, dovresti capire che questo è un ashram. Se vedi delle mancanze negli altri, dovresti perdonarli; questo è un'espressione del tuo legame con Amma e l'ashram."

Il giovane scoppiò in lacrime. Con grande tenerezza la Madre gli asciugò le lacrime e chiese: "Hai mangiato qualcosa, figlio mio?" Lui scosse il capo. Amma chiese a un brahmachari di portare del cibo, che ormai era pronto. Poi si sedette sul pavimento e, prendendo la mano del giovane, lo tirò verso di Sé e lo fece sedere vicino a Lei. Il brahmachari portò un piatto colmo di riso e curry. La Madre fece delle palle di riso e diede da mangiare al giovane con le proprie mani. Catturato dal Suo amore, si trasformò in un bambino piccolo. Amma gli diede da mangiare tutto il cibo che era nel piatto. Poi lo fece alzare, lo guidò verso i lavandini e lo aiutò a lavarsi le mani. Alla fine lo riportò in camera sua.

Ogni battito del suo cuore deve aver proclamato ad alta voce: "Sebbene non abbia occhi per vedere, oggi ho visto Amma con gli occhi del mio cuore!"

***Lunedì 15 settembre 1986***

## Festa di Onam all'ashram

La festività di Onam è un giorno di grande gioia per la gente del Kerala. È un giorno in cui, per tradizione, i membri della famiglia si riuniscono a festeggiare. I figli della Madre erano arrivati da ogni angolo del Paese per passare Onam con Lei. Molti bambini piccoli erano venuti con i genitori. Amma stava giocando con i piccoli. I bambini e le bambine si tenevano per mano formando un cerchio intorno alla Madre, imprigionandoLa. In genere si preparava un'altalena già alcuni giorni prima, e la Madre andava in altalena insieme ai bambini durante Onam. Ma stavolta non c'era nessun'altalena. A causa della costruzione del nuovo edificio non c'era posto dove metterla. Ma adesso, vedendo tutti i bambini riuniti, la Madre voleva per loro un'altalena. Così i brahmachari Nedumudi e Kunjumon misero rapidamente una trave tra due pilastri della nuova costruzione, e vi agganciarono un'altalena. I bambini vi fecero sedere la Madre e poi La spinsero, con gran delizia di tutti.

Anche Amma prese parte ai preparativi della festa di Onam per i Suoi figli. Tagliò le verdure, aiutò ad attizzare il fuoco per cucinare, e supervisionò ogni cosa. A mezzogiorno la Madre fece sedere tutti i bambini piccoli nell'angolo nord-occidentale della sala da pranzo e, sedendo in mezzo a loro, fece recitare loro l'Aum. La Madre recitava per prima e loro rispondevano. Per un po' l'ambiente circostante riverberò del suono sacro. Sgorgando dal cuore immacolato dei bambini, il suono riempì l'atmosfera di una dolcezza rinfrescante.

Poi Amma chiese che fossero disposte le foglie di banana, a mo' di piatti, davanti ai bambini. Il cibo era pronto, ma non era ancora stato messo nei recipienti di servizio, né erano stati fritti i papadam. La Madre aveva fretta di servire i bambini, per cui mise le varie pietanze in piccoli contenitori e iniziò a servirle. Non soddisfatta, si chinò davanti a ogni bambino, fece delle palle di riso sui piatti di foglie di banana, e diede da mangiare ad ogni bimbo con le Sue stesse mani.

Quando Amma ebbe finito di nutrire i piccoli, i Suoi figli grandi (devoti con famiglia e brahmachari) si erano ormai seduti nelle due sale adiacenti. Adesso la Madre servì anche loro. Era per questo momento che i Suoi figli laici avevano lasciato le famiglie a casa ed erano venuti da Lei. Servendoli con le Sue stesse mani, Annapurneswari[55] deliziò tutti.

Mentre mangiavano, qualcuno esclamò: "Ayyo! (Oh no!)" Forse era incappato in un peperoncino piccante. Nel sentire ciò Amma disse: "Qualsiasi cosa gli capiti, i bambini piccoli non dicono mai 'ayyo!' Gridano soltanto 'Amma!' Questo 'ayyo!' viene fuori con l'età. Qualunque siano la nostra età o le circostanze, sulla nostra lingua ci dovrebbe essere prima di ogni altra cosa il nome di Dio. E per questo, la mente ha bisogno di pratica: questa è la ragione per cui si raccomanda di recitare costantemente il mantra. Figli, dovreste allenare la mente a dire 'Krishna!' o 'Shiva!', invece di 'ayyo!', quando inciampate, o quando vi succede qualche cosa."

---

[55] La Madre Divina nell'aspetto di Colei che dona il cibo.

Una devota: “Si dice che quando diciamo: ‘ayyo!’, chiamiamo il dio della morte.”

Madre: “È vero, perché ogni volta che non pronunciamo il nome di Dio, ci avviciniamo alla morte. Pronunciare qualcosa che non sia il nome di Dio è un invito alla morte. Per cui, se non vogliamo morire, dobbiamo soltanto cantare continuamente il nome di Dio!” La Madre rise.

Dopo aver servito il payasam ai figli, diede loro spicchi di limone, traendo spunto, anche in questa occasione, per gettare semi di spiritualità nella loro mente: “Figli, il payasam e il limone sono come la devozione e la conoscenza. Il limone vi aiuta a digerire il payasam. Allo stesso modo, la conoscenza vi aiuta ad assimilare la devozione con la giusta comprensione dei suoi princìpi. Dovete avere saggezza se volete assaporare pienamente la devozione. Ma la conoscenza senza devozione è amara; non ha dolcezza. Quelli che dicono: ‘Io sono tutto’, raramente hanno compassione. La devozione contiene in sé la compassione.”

Amma non dimenticò di chiedere ai presenti, ad uno ad uno, se avessero mangiato. Come la matriarca di un grande clan, prestava attenzione ai minimi dettagli di ciò che riguardava i Suoi figli. Una famiglia che di solito arrivava presto a Onam, quell’anno arrivò tardi. La Madre chiese loro cosa fosse successo per farli arrivare così tardi, e si informò anche sugli studi dei figli.

Dopo pranzo, i brahmachari e i devoti laici iniziarono a pulire l’ashram. A causa dei lavori in corso, c’era molta confusione nell’ashram, ed i lavori di pulizia continuarono fino a sera. Dopo i bhajan anche la Madre si unì a loro. Riempirono di terra le buche e i fossi di fronte al luogo delle costruzioni, e coprirono l’area con sabbia pulita e bianca. Tutto ciò faceva parte dei preparativi per il compleanno della Madre, che sarebbe stato celebrato la settimana successiva. Quel giorno si aspettavano migliaia di devoti.

Dopo cena arrivarono altre persone, che si radunarono intorno alla Madre. Amma parlò con loro per un po', e poi si sdraiò sulla sabbia con il capo sul grembo di una devota. La Madre guardò Markus, un giovane proveniente dalla Germania, e rise: "Guardate la sua testa!", disse.

Markus era quasi calvo. Solo una piccola corona di capelli biondi circondava il grande spazio vuoto della sua testa. "Lavora, lavora – lavora sempre, con la pioggia o con il bel tempo, giorno e notte", disse la Madre riferendosi a Markus.

Markus: "Tutta la terra è stata usata per le celebrazioni del compleanno. Non ce n'è più. (Poi, toccandosi la testa) Ora è qui che faremo le coltivazioni." Tutti risero.

Un devoto: "Perché, lì dentro c'è molto fango?" La Madre si unì alle risate generali. Anche Markus rideva.

Un altro devoto: "È ciò che si definisce Chertala[56]!"

Un brahmachari, che era tornato dopo aver visitato la famiglia, si prostrò e sedette vicino ad Amma. La Madre gli disse: "Figlio, quando stavi per partire Amma non ti ha detto che ti avrebbe servito il payasam se fossi tornato oggi?"

Br: "Ma non può essere rimasto del payasam, Amma. Tutto il cibo servito a mezzogiorno sarà ormai finito."

Madre: "Dio ne porterà un po'. Può permettere che Amma dica il falso?"

In quel momento, una famiglia di Kollam, che era arrivata un po' prima, si avvicinò ad Amma e Le offrì un piatto di payasam, che aveva portato da casa. La Madre lo servì al brahmachari e a tutti gli altri. Lei mangiò soltanto alcuni anacardi. Un bambino li prese dal payasam e li diede ad Amma.

Madre: "In realtà, ad Amma non piacciono troppo gli anacardi. Ce ne sono molti in camera Sua, portati dai figli. In genere

[56] Chertala è una città costiera a nord dell'ashram. La parola in malayalam significa letteralmente 'testa piena di fango' (cher: fango, tala: testa).

Amma non li mangia, ma a volte ad Amma piace assaggiare gli anacardi che sono nel payasam o in certe pietanze al curry." La Madre prese un chicco d'uva, un cardamomo e un pezzo di anacardio dal payasam e li mise nel palmo della Sua mano. Disse: "Questi aggiungono sapore al payasam, proprio come la spiritualità aggiunge dolcezza alla vita."

## I rinuncianti in visita a casa

La Madre disse al brahmachari che era appena tornato dalla sua famiglia: "Figlio mio, dici che non hai parenti, possedimenti, e così via, eppure vai a casa. Allo stesso tempo, coloro che dicono di esserti molto affezionati, vengono qui raramente. Rifletti attentamente su ciò che fai. Il nostro Onam è un'occasione spirituale. Quando assumiamo un ruolo nel mondo, dobbiamo svolgerlo bene. Abbracciamo la vita spirituale per liberarci dal senso del-l''io'. 'I miei genitori, mio fratello e mia sorella, i miei amici e parenti' – tutti sono inclusi in questo 'io'. Quando l''io' scompare, anche loro scompaiono. Allora rimane soltanto il 'Tu' – cioè Dio. Dovremmo abbandonare ogni cosa alla Sua volontà e vivere di conseguenza. Soltanto allora trarremo beneficio dall'aver abbracciato la vita spirituale.

"Ogni volta che lasci l'ashram, perdi un po' del tuo tempo dedicato alla sadhana. Ogni momento della vita è prezioso. Se tuo padre e tua madre hanno un desiderio tanto forte di pranzare con il loro figlio in occasione di Onam, possono venire qui. Abbiamo fatto tutti i preparativi perché essi possano venire. Se tu continui ad andare a casa, perderai tutti i samskara che hai sviluppato qui, e rimarranno soltanto i tuoi attaccamenti.

"All'inizio i sadhak dovrebbero stare lontani dalla famiglia. Altrimenti, a causa del loro attaccamento alla famiglia, non faranno alcun progresso nella sadhana. Avere attaccamento per la propria famiglia è come conservare cose acide in recipienti di alluminio: il recipiente si bucherà, e non potrete più conservarci niente. L'attac-camento a qualsiasi cosa che non sia Dio corrode la nostra forza spirituale. L'attaccamento è il nemico del sadhak. Lui dovrebbe considerarlo come un nemico e tenersi lontano da tali relazioni. Se remi una barca legata a riva, non andrai da nessuna parte.

"Siamo figli del Sé. Con la nostra famiglia dovremmo avere lo stesso rapporto che abbiamo con chiunque altro. Se i nostri genitori sono vecchi e malati, non c'è niente di male a stare con loro e prendersene cura. Ma anche in questo caso, se abbiamo il sentimento di '*mio* padre' o '*mia* madre', va tutto perduto. Bisogna provare compassione per i sofferenti; dovremmo trattarli come Dio, e questo dovrebbe essere il nostro atteggiamento anche a casa. Se chi dice 'mio figlio' e 'mia figlia' provasse un vero amore, non verrebbe a trovarvi? Se venite all'ashram come aspiranti spirituali, dovete vivere come tali; altrimenti non sarete di alcun beneficio né alla vostra famiglia né al mondo. E questo non va bene, figli!

"L'acqua va versata alle radici di un albero, e non sulla sua cima, perché soltanto così l'acqua raggiungerà ogni parte dell'albero. Allo stesso modo, se davvero amiamo Dio, ameremo tutti gli esseri viventi dell'universo, perché Dio dimora nel cuore di tutti gli esseri. Dio è il fondamento di ogni cosa. Quindi dobbiamo vedere Dio in tutte le forme e amarLo e venerarLo in tutte le forme."

## Dio è nel tempio

Uno dei devoti cominciò a parlare di Dayananda Saraswati[57]. Descrisse l'opera di Dayananda contro l'ado-razione degli idoli e raccontò la storia di come egli avesse preso quella direzione.

[57] Il fondatore dell'Arya Samaj, il movimento di riforma induista. Egli cercò di riportare in vita le pratiche vediche, e denunciò l'adorazione degli idoli.

"Un giorno Dayananda vide un topo portare via un dolce che era stato offerto di fronte all'immagine della Devi. Pensò: 'Che potere c'è in un'immagine della Devi se non riesce neanche a impedire che un topo rubi il cibo ad essa offerto? Come facciamo allora ad aspettarci che un'icona risolva i problemi della nostra vita?' E da quel giorno in poi Dayananda divenne uno strenuo oppositore dell'adorazione delle icone."

La Madre, che aveva ascoltato tutto in silenzio, disse: "Quando un figlio guarda un quadro del padre, si ricorda dell'artista che ha dipinto l'immagine, oppure di suo padre? I simboli di Dio ci aiutano a focalizzarci su di Lui. Ad un bambino indichiamo l'immagine di un pappagallo e gli diciamo che è un pappagallo. Quando il bambino cresce, è capace di riconoscere un pappagallo senza bisogno dell'immagine. Se Dio è dappertutto e ogni cosa è Dio, non è anche in quell'immagine di pietra? Per cui come possiamo rifiutare l'immagine? E se il topo prese ciò che era stato offerto alla Devi, possiamo vederla così: la piccola creatura aveva fame, e prese ciò che era stato offerto a sua Madre. Dopotutto, la Devi è la Madre di tutti gli esseri."

Devoto: "Molti brahmini hanno fatto japa e puja per anni senza realizzare il Sé."

Madre: "La cosa importante è il distacco, e il desiderio ardente di conoscere la Verità. Non si può raggiungere Dio soltanto facendo tapas. Per arrivare a Dio dovete amare e avere un cuore puro."

Devoto: "La *Gita* dice che il corpo è uno *kshetra* (tempio)."

Madre: "Facciamo affermazioni del tipo: 'Dio è dentro di noi e non fuori', perché abbiamo ancora il senso del dentro e del fuori. Dovremmo vedere tutti i corpi come templi, e dovremmo considerare ogni cosa come il nostro corpo."

## Le differenze di casta sono senza significato

Devoto: "Amma, ancora oggi la gente osserva l'*ayi-tham*[58] basato sulle caste. Anche guru eruditi lo seguono."

Madre: "Conosci la storia dello spazzino di bassa casta che si avvicinò a Sri Shankaracharya? Shankaracharya gli disse di spostarsi dal suo sentiero. Lo spazzino chiese: 'Cosa dovrei spostare? Il corpo o l'anima? Se vuoi che sposti l'anima, dove dovrei spostarla? La stessa anima è dappertutto. Se vuoi che sposti il corpo, qual è la differenza tra il mio corpo e il tuo? Sono composti dagli stessi elementi. L'unica differenza è il colore della pelle."

Un devoto cantò un distico. "Alcuni si vantano di essere brahmini e dicono che neanche il Signore Brahma può eguagliarli!" Amma si mise a ridere.

Madre: "Un vero brahmino è colui che conosce Brahman, colui che ha fatto salire la *kundalini* fino al sahasrara (il fiore di loto dai mille petali) nella testa. La ragione per cui si consiglia a chi ha un samskara altamente evoluto di non mescolarsi con chi ha un samskara impuro è che tale mescolanza avrà un effetto negativo sul loro samskara. Ma oggi dove si trova un vero brahmino? Le Scritture dicono che nel Kali yuga i brahmini diverranno sudra[59] e i sudra brahmini. Per cui, al momento attuale, le ingiunzioni basate sul sistema delle caste non hanno senso.

"Nei tempi antichi, alle persone veniva dato il tipo di lavoro che meglio si adattava al loro samskara. Ma oggi non è così. A quei tempi, ai brahmini di valore venivano conferite mansioni nei templi. Oggi non possiamo definire brahmino il figlio di un brahmino, o kshatriya il figlio di uno kshatriya. Ci sono molti

---

[58] Il termine malayalam ayitham (dal sanscrito asuddham) si riferisce alla credenza che una persona di casta superiore sia contaminata dalla vicinanza o dal contatto con una persona di determinate caste inferiori.

[59] Secondo l'antico sistema indiano, sudra è la più bassa delle quattro caste principali, mentre quella dei brahmini è la più alta.

membri della casta tradizionale dei pescatori in quest'area che sono ben istruiti e hanno un buon lavoro. Non sanno niente del lavoro tradizionale della loro comunità."

Un giovane fece una domanda: "Il Signore non ha detto nella *Gita*: 'Io stesso ho stabilito le quattro *varna* (caste principali)'? In questo caso, non è il Lui responsabile di tutte le ingiustizie prevalenti al giorno d'oggi nel nome delle caste e della religione?"

Un altro devoto rispose: "Perché non citare anche il verso seguente? Dice: 'Secondo le *guna*.' Ciò significa che si diventa brahmini o chandala (fuoricasta)[60] secondo le proprie azioni e la propria condotta, e non per nascita."

Madre: "Non si diventa brahmini finché non si esegue la cerimonia del cordoncino sacro (*upanayana*), proprio come non si diventa cristiani se non si è battezzati. Anche i musulmani hanno riti simili. Finché un bambino non partecipa a una tale cerimonia, cos'è in realtà? Vedete, è l'uomo ad aver creato tutte queste caste, non Dio. È inutile dare la colpa a Dio per tutte le ingiustizie compiute in nome delle caste e della religione."

Le parole della Madre misero fine al dibattito. Si era fatto piuttosto tardi, ma neppure i bambini erano ancora andati a letto. Nel frattempo si era radunata una folla intorno all'altalena. Alcuni adulti cercarono di persuadere una bambina a cantare un canto dedicato a Onam. Dapprima resistette timidamente, ma infine cantò con voce innocente:

[60] Un chandala appartiene a una casta bassissima, persino inferiore a quella dei sudra.

**Maveli nadu vanidum kalam**

*Quando Maveli*[61] *governava il paese,*
*Tutti gli uomini erano uguali.*
*Non c'erano ladri e truffe,*
*E non veniva pronunciata una singola parola falsa*

A coloro che sedevano vicino alla Madre, e che guardavano le nuvole autunnali di ovatta andare alla deriva nel cielo illuminato dalla luna, sembrava che, se Onam era la festività per commemorare i tempi antichi, quando il mondo era bello perché c'era ovunque uguaglianza, allora qui, in presenza di Amma, era Onam ogni giorno, perché genti di razze, caste e fedi diverse vivevano insieme come figli di un'unica, amorevole Madre.

## *Mercoledì 17 settembre 1986*

Era in corso una lezione per i brahmachari. La Madre scese dalla Sua camera e si incamminò verso la stalla. La cisterna che era stata costruita per raccogliere l'urina e lo sterco delle mucche era piena. Amma riempì un secchio con il contenuto della cisterna e lo versò sotto gli alberi di cocco. Finita la lezione, arrivarono i brahmachari. Presero il secchio dalle mani della Madre e continuarono il lavoro che aveva iniziato. A causa della loro insistenza, Lei smise di lavorare e se ne andò via.

Le Sue mani, i piedi e i vestiti erano imbrattati e schizzati dallo sterco delle mucche. Una devota aprì il rubinetto dell'acqua e cercò di lavare le mani e i piedi di Amma, ma la Madre non lo permise. "No, figlia mia, Amma lo farà da sola. Perché sporcare anche le tue mani?"

---

[61] Maveli, o Mahabali, era un re demone che si dice abbia governato la terra con giustizia e rettitudine. La tradizione del Kerala afferma che egli visita la terra ogni anno durante Onam, per vedere come se la passano i suoi ex-sudditi.

Devota: "Amma, perché fai lavori di questo tipo? Non ci sono qui i tuoi figli per questo?"

Madre: "Figlia, se Amma se ne stesse da parte senza fare alcun lavoro, loro La imiterebbero e diventerebbero pigri, risultando un peso per il mondo. Questo non deve succedere. Amma è soltanto felice di lavorare. Le dispiace per Gayatri, però. Quando Amma fa queste cose, i Suoi vestiti si sporcano ed è Gayatri a lavarli. Anche se Amma cerca di lavarli, Gayatri non glieLo permette. Ma a volte Amma la imbroglia e riesce a lavarli lo stesso!" La Madre rise.

Un'altra donna si fece avanti e si prostrò.

Madre: "Non prostrarti ora, figlia! Le vesti di Amma sono piene di sterco di mucca. Lascia che Amma si faccia un bagno e poi torni."

La Madre andò in camera e tornò dopo pochi minuti. I devoti, che erano in piedi intorno al kalari, si radunarono intorno a Lei. Vennero anche i brahmachari.

## Il satsang è importante, la sadhana indispensabile

Un brahmachari chiese: "Amma, perché dai così tanta importanza al satsang?"

Madre: "Il satsang ci insegna a vivere nel modo giusto. Quando viaggiamo verso un posto lontano, se abbiamo una mappa possiamo arrivare in tempo, senza perderci per strada. Allo stesso modo, con il satsang possiamo dirigere la nostra vita sul sentiero giusto, evitando ogni pericolo. Se avete imparato a cucinare, potete facilmente preparare un pasto, e se avete studiato agraria, vi sarà facile coltivare la terra. Se capite qual è il vero scopo della vita e lavorate nel modo giusto per realizzarlo, la vostra vita sarà colma di gioia. Il satsang ci aiuta in questa direzione.

"Possiamo usare il fuoco per incendiare la nostra casa oppure per cucinare. Possiamo usare un ago per infilzarci un occhio o per cucire dei vestiti. Dobbiamo scoprire l'uso corretto di ogni cosa.

Il satsang ci aiuta a capire il vero significato della vita, e come vivere di conseguenza. Ciò che guadagniamo con il satsang è un tesoro che durerà per tutta la vita."

Br: "Il satsang basta, da solo, a raggiungere la realizzazione di Dio?"

Madre: "Partecipare ad una conferenza sull'arte culinaria non basta a togliervi la fame. Per sfamarvi, dovete cucinare e mangiare. Se volete far crescere della frutta, il solo studio dell'agricoltura non basta. Dovete piantare degli alberi da frutto e prendervene cura.

"Non basta sapere che in un certo posto c'è l'acqua sottoterra, perché ciò non vi darà l'acqua. Dovete scavare un pozzo in quel punto. Né potete placare la sete guardando soltanto la foto di un pozzo. Dovete attingere acqua da un pozzo vero e berla. Basta starsene seduti in un'auto ferma e guardare una cartina? Per arrivare a destinazione dovete viaggiare lungo la strada indicata sulla mappa. Allo stesso modo, non è sufficiente partecipare soltanto ai satsang, o leggere le Scritture. Per avere l'esperienza della Verità, dovete vivere in accordo a quelle parole.

"Soltanto attraverso la sadhana possiamo evitare di diventare schiavi delle circostanze, e incorporare nella nostra vita ciò che abbiamo imparato. Dovremmo imparare i princìpi spirituali ascoltando i satsang, e poi vivere secondo questi princìpi. Dovremmo liberarci da tutti i desideri e venerare Dio senza desideri o aspettative.

"Anche se le Scritture dicono: 'Io sono Brahman', 'Tu sei Quello', etc., dobbiamo dissipare l'ignoranza che è in noi prima che la conoscenza della realtà possa risplendere. Continuare a ripetere 'Io sono Brahman', senza fare alcuna sadhana, è come dare ad un bambino cieco il nome Prakasham (luce).

"C'era una volta un uomo che tenne un discorso e disse: 'Noi siamo Brahman, non è vero? Per cui non c'è bisogno di fare sadhana.' Dopo il discorso gli servirono la cena. Il cameriere gli mise davanti un piatto su cui c'erano pezzi di carta con su scritte le parole 'riso', 'sambar' e 'payasam'. Non c'era alcun cibo sul piatto. L'oratore si arrabbiò. 'Cosa credi di fare? Stai cercando di insultarmi?', chiese.

"Il cameriere disse: 'Ho ascoltato il vostro discorso di stasera. Vi ho sentito dichiarare che siete Brahman, che questo è abbastanza, e che non c'è bisogno di fare sadhana. Così ho pensato che certamente sareste stato d'accordo col fatto che per voi è sufficiente pensare al cibo per togliervi la fame. È ovvio che non avete bisogno di mangiare.'

"Parlare soltanto non basta, figli! Dobbiamo agire. Soltanto attraverso la sadhana possiamo realizzare la Verità. Per chi non fa alcuno sforzo, il satsang è come una noce di cocco data a uno sciacallo: non gli toglierà mai la fame. Un tonico potrà migliorare la vostra salute, purché seguiate le prescrizioni indicate sulla bottiglia e ne assumiate il giusto dosaggio. Il satsang equivale a conoscere tali prescrizioni, e la sadhana a bere il tonico. Il satsang ci insegna ciò che è eterno e ciò che è transitorio, ma soltanto attraverso la sadhana saremo capaci di avere l'esperienza e realizzare ciò che abbiamo imparato.

"Se mettiamo insieme le varie parti di una radio nel modo indicato e la colleghiamo a una batteria, potremo sentire i programmi trasmessi da una stazione lontana restando a casa nostra. Allenando la mente nel modo appropriato attraverso la sadhana e vivendo secondo gli insegnamenti dei mahatma, possiamo godere di una beatitudine infinita mentre siamo ancora in questo corpo. Se facciamo sadhana e servizio altruistico non abbiamo bisogno d'altro.

"Per quanto studiamo il Vedanta, senza fare sadhana non possiamo fare l'esperienza della Realtà. Ciò che cerchiamo è dentro di noi, ma per raggiungerlo dobbiamo fare sadhana. Per trasformare un seme in un albero, dobbiamo piantarlo nel suolo, innaffiarlo, e mettere del fertilizzante. Non è sufficiente tenerlo in mano."

Ascoltando le parole di nettare della Madre, nessuno si accorse del tempo che passava. Alla fine Lei ricordò loro: "Andate a letto, figli. È molto tardi. Domani mattina non dovete alzarvi per fare l'archana?"

Tutti si alzarono e si allontanarono a malincuore. Dopo aver fatto qualche passo, si fermarono per voltarsi indietro, e videro l'incantevole forma della Madre al chiaro di luna. Non era lo splendore di quel volto che veniva riflesso nella luna, nel sole e nelle stelle?

*Tameva bhantam anubhati sarvam*
*Tasya bhasa sarvamidam vibhati.*

Quando Egli splende,
Ogni cosa risplende nella Sua scia.
Grazie alla Sua luce, tutte le cose risplendono.

– Kathopanishad

# Glossario

*Achyuta:* "Imperituro, immortale." Uno dei nomi di Vishnu.

*Adharma:* Iniquità, peccato, contrapposto all'Armonia Divina.

*Advaita:* Non-dualismo. La filosofia che insegna che la Realtà Suprema è "Una e indivisibile".

*Ahimsa:* Non fare del male, non-violenza. Evitare di fare del male a ogni creatura vivente con pensiero, parola e azione.

*Ambika:* "Madre". La Madre Divina.

*Ammachi:* Madre.

*Anna prasana:* Rito in cui si nutre per la prima volta un bimbo con cibo solido.

*Annapurna:* La Dea dell'Abbondanza. Una forma di Durga.

*Arati:* Il rituale nel quale si offre la luce, nella forma di canfora ardente, e si suona una campanella di fronte alla Divinità nel tempio o di fronte ad un santo, come parte culminante di una puja. La canfora brucia senza lasciar traccia, simboleggiando la completa distruzione dell'ego.

*Archana:* "Offerta di adorazione." Una forma di adorazione in cui si recitano i nomi di una divinità, di solito 108, 300, o 1000 volte.

*Asana:* Un tappetino su cui l'aspirante siede durante la meditazione. Posizione yoga.

*Ashram:* "Luogo d'impegno." Un luogo in cui ricercatori e aspiranti spirituali conducono una vita spirituale e praticano la sadhana. Di solito è la dimora di un maestro spirituale, santo o asceta, che guida gli aspiranti.

*Atman:* Il vero Sé. La natura essenziale del nostro vero essere. Uno dei princìpi fondamentali del Sanatana Dharma è che noi non siamo il corpo fisico, i sentimenti, la mente, l'intelletto o la personalità. Siamo il Sé eterno, puro e immacolato.

*Aum:* Sillaba sacra. Il Suono o Vibrazione Primordiale, che rappresenta Brahman e l'intero Creato. Aum è il mantra principale e di solito lo si trova all'inizio degli altri mantra.

*Avadutha:* Un'anima che ha realizzato il Sé e che, vedendo soltanto l'unità in ogni cosa, ha trasceso ogni convenzione sociale.

*Avatar:* "Discesa". Un'incarnazione del Divino. Lo scopo di un'incarnazione divina è di proteggere il bene, distruggere il male, riportare la rettitudine nel mondo e guidare l'umanità verso la Meta spirituale. È molto raro che un'incarnazione sia una discesa piena e totale (Purnavatar).

*Ayitham:* La parola malayalam ayitham (dal sanscrito asuddham) si riferisce all'osservanza della credenza secondo cui una persona di casta superiore è contaminata dalla vicinanza o dal contatto con una persona di determinate caste inferiori.

*Ayurveda:* "Scienza della vita". Antico sistema olistico indiano di medicina e salute. Le medicine ayurvediche sono generalmente preparate con erbe e piante medicinali.

*Bhagavad Gita:* "Il Canto del Signore". Bhagavad = del Signore; Gita = canto, inteso particolarmente come una serie di consigli. Gli insegnamenti che Krishna diede ad Arjuna sul campo di battaglia di Kurukshetra all'inizio della guerra del Mahabharata. È una guida pratica per la vita quotidiana dell'uomo e contiene l'essenza della saggezza vedica.

*Bhagavan:* Il Signore, Dio. Secondo il Vedanga, un ramo della letteratura vedica, Bhagavan è Colui che distrugge l'esistenza trasmigratoria e concede l'unione con lo Spirito Supremo.

*Bhagavata:* vedi Srimad Bhagavatam.

*Bhajan:* Canto devozionale.

*Bhakti:* Devozione.

*Bhakti Yoga:* "Unione attraverso la bhakti". Il Sentiero della Devozione. La via per raggiungere la realizzazione del Sé attraverso la devozione e il completo abbandono a Dio.

*Bhasma:* Cenere sacra.

*Bhava:* Stato d'animo divino.

*Bhava darshan:* L'occasione in cui la Madre riceve i devoti nello stato sublime della Madre Divina. Ai primi tempi la Madre manifestava anche il Krishna bhava.

*Bhiksha:* Elemosina.

*Bijakshara:* Una lettera-seme nel mantra.

*Brahmachari(ni):* Un/a discepolo/a celibe, che pratica discipline spirituali ed è solitamente istruito/a da un Guru.

*Brahmacharya:* "Dimorare in Brahman". Celibato e disciplina della mente e dei sensi.

*Brahman:* La Realtà Assoluta, il Tutto, l'Essere Supremo, che abbraccia e pervade ogni cosa, ed è Uno e indivisibile.

*Brahma Sutra:* Aforismi del Saggio Badarayana (Veda Vyasa) che espongono la filosofia del Vedanta.

*Ceci:* (malayalam) "Sorella maggiore". È più affettuoso chiamare qualcuno "Ceci" piuttosto che col suo nome.

*Chammandi:* Salsa al cocco.

*Chandala:* Fuoricasta.

*Dakshayani:* Un nome della Madre Divina Parvati.

*Darshan:* Incontro con, o visione di Dio o di un santo.

*Devi:* "La Splendente". La Madre Divina.

*Devi Bhava:* "Lo stato d'animo della Devi". Lo stato in cui Amma rivela la Sua unione e identità con la Madre Divina.

*Dhara:* Un flusso continuo di liquido. Il termine viene usato spesso per denotare una forma di trattamento medico con il quale un liquido medicinale viene versato continuamente sul paziente. È anche una forma di bagno cerimoniale dell'icona di una divinità.

*Dharma:* "Ciò che sostiene l'universo". Dharma ha molti significati, tra cui: Legge Divina, legge dell'esistenza, in accordo con l'armonia divina, rettitudine, religione, dovere, responsabilità, giusta condotta, giustizia, bontà e verità. Dharma si riferisce ai princìpi interiori della religione.

*Dhyana:* Meditazione, contemplazione.

*Diksha:* Iniziazione.

*Dosha:* Frittella di farina di riso.

*Durga:* Un nome della Shakti, la Madre Divina. È spesso descritta con tante armi e a cavallo di un leone. È la distruttrice del male e la protettrice del bene. Distrugge i desideri e le tendenze negative (vasana) dei suoi figli e svela il Sé Supremo.

*Dwaraka:* La città-isola dove Krishna visse e adempì alle sue responsabilità di re. Dopo che Krishna lasciò il corpo, Dwaraka fu sommersa dall'oceano. Recentemente, archeologi hanno scoperto i resti di una città nell'oceano vicino al Gujarat, che si ritiene fosse Dwaraka.

*Ekagrata:* Concentrazione focalizzata su un punto.

*Gayatri:* Il mantra più importante dei Veda, associato alla Dea Savita. Quando un brahmino riceve l'upanayana, deve recitare questo mantra. Anche: la Dea Gayatri.

*Gita:* Canto. Vedi Bhagavad Gita.

*Gopala:* "Pastorello". Uno dei nomi di Krishna.

*Gopi:* Le gopi erano pastorelle e mungitrici; vivevano a Vrindavan. Erano le devote più vicine a Krishna ed erano conosciute per la loro suprema devozione al Signore. Sono l'esempio dell'amore più intenso per Dio.

*Grihasthashrami:* Un grihasthashrami è chi si è dedicato alla vita spirituale, pur conducendo una vita di famiglia.

*Guna:* La Natura Primaria (Prakriti) consiste di tre guna, cioè qualità fondamentali, tendenze o spinte, che sono alla base del mondo manifesto: sattva (bontà, purezza, serenità), rajas (attività, passione) e tamas (oscurità, inerzia, ignoranza). Queste tre guna interagiscono continuamente l'una con le altre. Il mondo fenomenico è composto da differenti combinazioni delle tre guna.

*Guru:* "Colui che rimuove le tenebre dell'ignoranza". Maestro/guida spirituale.

*Gurukula:* Un ashram con un guru vivente, dove i discepoli abitano e studiano con il guru.

*Guruvayur:* Luogo di pellegrinaggio nel Kerala, sede di un famoso tempio dedicato a Krishna.

*Haimavati:* Un nome della Madre Divina Parvati.

*Hatha Yoga:* Un sistema di esercizi fisici e mentali, concepito in tempi antichi, con lo scopo di rendere il corpo e le sue funzioni vitali strumenti perfetti, per poter raggiungere la realizzazione del Sé.

*Homa:* Fuoco sacrificale.

*Hridayasunya:* Senza cuore.

*Hridayesha:* Il Signore del proprio cuore.

*Japa:* Ripetizione di un mantra, una preghiera o uno dei Nomi di Dio.

*Jarasandha:* Il potente re di Magadha, che combatté 18 battaglie contro il Signore Krishna, e fu ucciso da Bhima.

*Jivatman:* L'anima individuale.

*Jnana:* Saggezza spirituale o divina. La Vera Conoscenza è un'esperienza diretta, al di là di ogni possibile percezione di mente, intelletto e sensi, tutti limitati per natura. La si raggiunge attraverso le pratiche spirituali e la grazia di Dio o del Guru.

*Kali:* "Dal colore scuro". Un aspetto della Madre Divina. Dal punto di vista dell'ego, può apparire terrorizzante perché lo distrugge. Ma Kali distrugge l'ego e ci trasforma soltanto per la Sua illimitata compassione. Kali ha molte forme; nella Sua forma benevolente è conosciuta come Bhadra Kali. Un devoto sa che, dietro l'aspetto feroce, si trova la Madre amorevole, che protegge i Suoi figli ed elargisce la grazia della Liberazione.

*Kamandalu:* Un recipiente con manico e beccuccio, usato dai monaci per raccogliere l'acqua e il cibo.

*Kamsa:* Lo zio malvagio del Signore Krishna, che fu da Lui ucciso.

*Kanji:* Riso nella sua acqua di cottura.

*Kanna:* "Dagli occhi belli". Un soprannome di Krishna bambino. Ci sono molte storie sull'infanzia di Krishna ed Egli è a volte venerato nella forma di Bambino Divino.

*Kapha:* vedi: "Vata, pitta e kapha".

*Karma:* Azione, atto, destino.

*Karma Yoga:* "Unione attraverso l'azione". Il sentiero spirituale che consiste nel servizio altruista e disinteressato e nel dedicare il frutto di tutte le proprie azioni a Dio.

*Karma Yogi:* Colui che segue il sentiero dell'azione disinteressata.

*Kartyayani:* Un nome della Madre Divina Parvati.

*Kaurava:* I cento figli di Dhritharasthra e Gandhari. I Kaurava erano nemici dei Pandava, contro cui combatterono nella guerra del Mahabharata.

*Kindi:* Un contenitore tradizionale, di bronzo o di ottone, con beccuccio, usato di solito per i riti devozionali.

*Kirtan:* Inno, canto.

*Krishna:* "Colui che ci attira a lui", "dalla pelle scura". La principale incarnazione di Vishnu. Nacque in una famiglia reale, ma fu allevato da genitori acquisiti e visse come giovane pastore a Vrindavan, amato e adorato dai suoi devoti compagni, le gopi ed i gopa. Krishna in seguito divenne il governante di Dwaraka. Era amico e consigliere dei suoi cugini, i Pandava, in particolare di Arjuna, a cui rivelò i suoi insegnamenti nella Bhagavad Gita.

*Krishna bhava:* Lo stato in cui Amma rivela la sua unione e identità con Krishna.

*Kumkum:* Curcuma.

*Kshatriya:* La casta dei guerrieri.

*Kshetra:* Tempio, campo, corpo.

*Kundalini:* "Il Potere del Serpente". L'energia spirituale che riposa alla base della spina dorsale, avvolta a spirale come un serpente. Attraverso le pratiche spirituali viene fatta salire lungo il canale sushumna, un nervo sottile dentro la spina dorsale, salendo attraverso i chakra (centri di energia). Quando la kundalini sale di chakra in chakra, l'aspirante spirituale comincia a fare l'esperienza di livelli più sottili di coscienza. La kundalini alla fine raggiungerà il chakra più alto alla sommità della testa (il Loto del Sahasrara), il che conduce alla Liberazione.

*Lakshya bodha:* Costante consapevolezza e determinazione a raggiungere la Meta Suprema.

*Lalita Sahasranama:* I mille nomi della Madre Divina nella forma di Lalitambika.

*Lila:* "Gioco". Le attività del Divino, che per natura sono libere e non necessariamente soggette alle leggi di natura.

*Mahatma:* "Grande anima". Quando la Madre usa la parola "mahatma", si riferisce a chi ha realizzato il Sé.

*Mahasamadhi:* Il decesso di un'anima realizzata è detto mahasamadhi, ovvero "il grande samadhi".

*Mala:* Rosario, solitamente fatto di semi di rudraksha, oppure di grani di legno di tulasi o sandalo.

*Mantra:* Formula sacra o preghiera che viene ripetuta costantemente. Risveglia i poteri spirituali dormienti ed aiuta a raggiungere la meta. È più efficace se ricevuto da un maestro spirituale durante un'iniziazione.

*Mantra diksha:* Iniziazione al mantra.

*Mataji:* "Madre". Il suffisso "ji" indica rispetto.

*Maya:* "Illusione". Il Potere o velo divino con cui Dio, nel suo Gioco Divino della Creazione, si nasconde e dà l'impressione della molteplicità, creando così l'illu-sione della separazione. Maya, velando la Realtà, ci illude, facendoci credere che la Perfezione si trovi all'esterno di noi stessi.

*Mudra:* Segno o gesto sacro della mano, simboleggiante verità spirituali.

*Mukambika:* La Madre Divina, come è venerata nel famoso tempio di Kallor (India del Sud).

*Mukti:* Liberazione.

*Muladhara:* Il più basso dei sei chakra, situato alla base della spina dorsale.

*Nanda:* Il padre adottivo di Krishna.

*Narayana:* Nara = conoscenza, acqua. "Colui che dimora permanentemente nella Conoscenza Suprema". "Colui che dimora nelle acque causali". Nome di Vishnu.

*Nasyam:* Un trattamento depurativo ayurvedico, che consiste in un infuso nasale di olio medicamentoso.

*Ojas:* Energia sessuale trasmutata in energia vitale sottile attraverso le pratiche spirituali.

*Om Namah Shivaya:* Il Panchakshara Mantra (mantra di cinque sillabe), che significa: "Omaggio a Shiva, Colui che è di Buon Auspicio".

*Pada Puja:* L'adorazione dei piedi di Dio, del Guru o di un santo. Come i piedi sostengono il corpo, il Principio del Guru sostiene la Verità Suprema. Per cui i piedi del Guru simboleggiano la Verità Suprema.

*Pandava:* I cinque figli del re Pandu, eroi dell'epica del Mahabharata.

*Paramatman:* Lo Spirito Supremo, Brahman.

*Parvati:* "Figlia della montagna". La consorte divina di Shiva. Un nome della Madre Divina.

*Payasam:* Un budino dolce di riso.

*Pitham:* Sedile sacro.

*Pitta:* Vedi: "Vata, pitta, kapha".

*Pradakshina:* Forma di adorazione che consiste nell'ef-fettuare una circumambulazione di un luogo sacro, un tempio o un santo.

*Prarabdha:* "Responsabilità, fardelli". Il frutto delle azioni compiute in questa vita e in quelle passate, che si manifesterà in questa vita.

*Prasad:* Le offerte consacrate distribuite dopo la puja. Qualsiasi cosa dia un mahatma, come segno della propria benedizione, viene considerato prasad.

*Prema:* Amore supremo.

*Prema bhakti:* Amore supremo e devozione.

*Puja:* Rito di adorazione.

*Purnam:* Pieno, perfetto.

*Radha:* Una delle gopi di Krishna. Era più vicina a Krishna di qualsiasi altra gopi e simboleggia l'amore più alto e puro per Dio. A Goloka, la dimora celeste di Krishna, Radha è la Divina Consorte di Krishna.

*Rajas:* Attività, passione. Una delle tre guna o qualità fondamentali della Natura.

*Rama:* "Colui che dona gioia". L'eroe Divino dell'epica Ramayana. È un'incarnazione di Vishnu, ed è considerato l'ideale della virtù.

*Ramayana:* "La vita di Rama". Uno dei più grandi poemi epici dell'India, in cui è descritta la vita di Rama; fu composto da Valmiki. Rama era un'incarnazione di Vishnu. Una considerevole parte del poema descrive come Sita, la moglie di Rama, fu rapita e portata nello Sri Lanka da Ravana, il re dei demoni, e come fu salvata da Rama e dai suoi devoti.

*Rasam:* Un brodo fatto con tamarindo, sale, peperoncino, cipolla e spezie.

*Ravana:* Il re dei demoni dello Sri Lanka, che è il furfante nel Ramayana.

*Rudraksha:* I semi dell'albero di rudraksha, dotati poteri medicinali e spirituali, e associati al Signore Shiva.

*Sadhak:* Un aspirante spirituale che pratica la sadhana allo scopo di raggiungere la realizzazione del Sé.

*Sadhana:* Discipline e pratiche spirituali, come la meditazione, la preghiera, il japa, la lettura delle sacre Scritture e il digiuno.

*Sahasrara:* "Dai mille raggi" (fiore di loto). Il chakra più alto, situato alla sommità del capo, dove la Kundalini (Shakti) si unisce a Shiva. Ricorda un fiore di loto con mille petali.

*Samadhi:* Sam = con; adhi = il Signore. Unità con Dio. Uno stato di concentrazione profonda, focalizzata, in cui tutti i pensieri scompaiono, la mente entra in uno stato di quiete completa in cui rimane soltanto la Pura Coscienza, e si dimora nell'Atman (Sé).

*Sambar:* Un brodo di vegetali e spezie.

*Samsara:* Il mondo della pluralità; il ciclo di nascita, morte e rinascita.

*Samskara:* Samskara ha due significati: 1) cultura; 2) la totalità delle impressioni incise nella mente dalle esperienze (di questa vita e di quelle precedenti), che influenzano la vita di un essere umano – la sua natura, le sue azioni, i suoi stati mentali, etc.

*Sanatana Dharma:* "La Religione Eterna". Il nome tradizionale dell'induismo.

*Sandhya:* Alba, mezzogiorno, tramonto – in genere tramonto.

*Sankalpa:* Una risoluzione creativa, integrale, che viene concretizzata. Il sankalpa di una persona ordinaria non sempre dà luogo al frutto corrispondente, ma il sankalpa di un essere che ha realizzato il Sé manifesta inevitabilmente il risultato a cui mira.

*Sannyasi:* Monaco o monaca che ha preso i voti formali di rinuncia. Per tradizione il sannyasi veste con abiti color ocra, che rappresentano il fuoco che brucia ogni attaccamento.

*Satguru:* Maestro spirituale che ha realizzato il Sé.

*Satsang:* Sat = verità, essere; sanga = associazione con. Essere in compagnia di saggi e virtuosi. Inoltre: discorso spirituale di un saggio o uno studioso.

*Shakti:* Energia, potere. Shakti è anche il nome della Madre Universale, l'aspetto dinamico di Brahman.

*Shastri:* Dotto religioso.

*Shiva:* "Di buon auspicio; Benevolo; Buono". Una forma dell'Essere Supremo. Il Principio maschile; l'aspetto statico di Brahman. Anche l'aspetto della Trinità associato alla distruzione dell'universo, la distruzione di ciò che non è Reale.

*Shraddha:* In sanscrito, Shraddha significa fede radicata nella conoscenza e nell'esperienza; in malayalam lo stesso termine significa dedizione al proprio lavoro e consapevolezza attenta in ogni azione. La Madre usa spesso il termine nel secondo significato.

*Sri o Shree:* "Luminoso, santo". Un prefisso che indica rispetto e onore.

*Shridara:* "Colui che sostiene Lakshmi". Un nome di Vishnu.

*Srimad Bhagavatam:* Una delle 18 Scritture conosciute come Purana, che tratta delle incarnazioni di Vishnu e molto dettagliatamente della vita di Krishna. Pone l'accento sul sentiero della devozione.

*Tamas:* Buio, inerzia, apatia, ignoranza. Tamas è una delle tre guna o qualità fondamentali della Natura.

*Tandava:* La danza di beatitudine di Shiva, in particolare al crepuscolo.

*Tapas:* "Calore". Auto-disciplina, austerità, penitenza e sacrificio personale; pratiche spirituali che bruciano le impurità della mente.

*Tapasvi:* Chi è impegnato in tapas, o austerità spirituali.

*Tenga:* Cocco in malayalam.

*Tirtham:* Acqua benedetta.

*Tyaga:* Rinuncia.

*Upanayana:* La cerimonia tradizionale in cui un bambino nato da genitori brahmini riceve il cordoncino sacro e viene iniziato agli studi sacri.

*Upanishad:* "Sedersi ai piedi del Maestro". "Ciò che distrugge l'ignoranza". La quarta e ultima parte dei Veda, che tratta la filosofia del Vedanta.

*Vada:* Polpetta fritta di lenticchie.

*Vairagya:* Distacco.

*Vanaprastha:* La fase di vita dell'eremita. Nell'antica tradizione indiana, ci sono quattro stadi di vita. Prima il bambino è inviato al gurukula dove vive da brahmachari. Poi si sposa e fa vita di famiglia, conducendo comunque una vita spirituale (grihasthashrami). Quan-do i figli della coppia sono abbastanza grandi da poter provvedere a se stessi, i genitori si ritirano in un eremitaggio o in un ashram, dove vivono una vita puramente spirituale, facendo pratiche spirituali. Nel quarto stadio della vita, rinunciano completamente al mondo e vivono da sannyasi.

*Varna:* Casta principale. Le quattro caste principali sono: brahmini, kshatriya, vaishya e sudra.

*Vasana:* Da "vas" = vivente, rimanente. Le vasana sono tendenze latenti o desideri sottili della mente che hanno la tendenza a manifestarsi nell'azione e nelle abitudini. Le vasana provengono dalle impressioni delle esperienze (samskara) che esistono nel subconscio.

*Vata, pitta, kapha:* Secondo l'antica scienza dell'ayurve-da, ci sono tre forze vitali principali o umori biologici, detti vata, pitta e kapha, che corrispondono agli elementi aria, fuoco e acqua. Questi tre elementi determinano i processi vitali della crescita e del decadimento, e sono le forze alla base del processo della malattia. La predominanza di uno o più di questi elementi determina la natura psicofisica dell'individuo.

*Veda:* "Conoscenza, saggezza". Le antiche, sacre Scritture dell'induismo. Una collezione di testi sacri in sanscrito, divisi in quattro parti: Rig, Yajur, Sama e Athar-va. Sono tra le più antiche Scritture del mondo. I Veda sono considerati la rivelazione diretta della Verità Su-prema concessa da Dio ai Rishi.

*Vedanta:* "Fine dei Veda". La filosofia delle Upanishad, la parte conclusiva dei Veda, in cui si afferma che la Verità Ultima è "Uno senza Secondo".

*Vrindavan:* Il luogo in cui il personaggio storico Krishna visse come pastorello.

*Vyasa:* Il saggio che divise i Veda in quattro parti. Compose anche 18 Purana (testi epici), il Mahabharata e i Brahma Sutra.

*Yaga:* Elaborato rito sacrificale vedico.

*Yajna:* Offerta.

*Yama e niyama:* Ingiunzioni e proibizioni nel sentiero dello yoga.

*Yashoda:* La madre adottiva di Krishna.

*Yoga:* "Unire". Un insieme di metodi attraverso cui si può raggiungere l'unione con il Divino. Un sentiero che porta alla realizzazione del Sé.

*Yogi:* Colui che pratica lo Yoga, oppure è stabile nell'u-nione con lo Spirito Supremo.

www.ingramcontent.com/pod-product-compliance
Lightning Source LLC
LaVergne TN
LVHW051543080426
835510LV00020B/2828

* 9 7 8 1 6 8 0 3 7 6 1 3 5 *